“十四五”普通高等教育精品系列教材

U0497768

基础会计学

（第五版）

▶主　编◎吕　南　王　睿　陈　丙
▶副主编◎杜晓梅　庞　敏　张　雯

西南财经大学出版社
中国·成都

图书在版编目(CIP)数据

基础会计学/ 吕南,王睿,陈丙主编;杜晓梅,庞敏,张雯副主编.—5 版.—成都:西南财经大学出版社,2023. 8
ISBN 978-7-5504-5922-9

Ⅰ. ①基… Ⅱ. ①吕…②王…③陈…④杜…⑤庞…⑥张…
Ⅲ. ①会计学 Ⅳ. ①F230

中国国家版本馆 CIP 数据核字(2023)第 162301 号

基础会计学(第五版)

JICHU KUAIJIXUE

主　编　吕　南　王　睿　陈　丙
副主编　杜晓梅　庞　敏　张　雯

责任编辑:李特军
助理编辑:李建蓉
责任校对:冯　雪
封面设计:墨创文化　张姗姗
责任印制:朱曼丽

出版发行	西南财经大学出版社(四川省成都市光华村街 55 号)
网　　址	http://cbs. swufe. edu. cn
电子邮件	bookcj@ swufe. edu. cn
邮政编码	610074
电　　话	028-87353785
照　　排	四川胜翔数码印务设计有限公司
印　　刷	郫县犀浦印刷厂
成品尺寸	185mm×260mm
印　　张	18. 5
字　　数	394 千字
版　　次	2023 年 8 月第 5 版
印　　次	2023 年 8 月第 1 次印刷
印　　数	1— 2000 册
书　　号	ISBN 978-7-5504-5922-9
定　　价	42. 00 元

Foreword 总序

为推进中国高等教育事业可持续发展，经国务院批准，教育部、财政部启动实施了“高等学校本科教学质量与教学改革工程”（下面简称“本科质量工程”），《国家教育中长期发展规划纲要（2010—2020）》也强调全面实施“本科质量工程”的重要性。这是落实“把高等教育的工作重点放在提高质量上”的战略部署，在新时期实施的一项意义重大的本科教学改革举措。“本科质量工程”以提高高等学校本科教学质量为目标，以推进改革和实现优质资源共享为手段，按照“分类指导、鼓励特色、重在改革”的原则，对推进课程建设、优化专业结构、改革培养模式、提高培养质量发挥了重要的作用。为满足本科层次经济类、管理类教学改革与发展的需求，培养具有国际视野、批判精神、创新意识和精湛业务水平的高素质应用型和复合型人才，迫切需要普通本科院校经管类学院开展深度合作，加强信息交流。在此背景下，我们协调和组织部分高等院校特别是四川高校，通过定期召开普通本科院校经济管理学院院长联席会议，就教育教学改革、人才培养、学科建设、师资建设和社科研究等方面的问题进行了广泛的研讨和合作。

为了切实推进“本科质量工程”，2008 年的第一次联席会议将“精品课程、教材建设与资源共享”作为讨论、落实的重点。与会人员对普通本科的教材内容建设问题进行了深入探讨并认为，在高等教育进入大众化教育的新时期，目前各普通高校使用的教材与其分类人才培养模式脱节，除少数“985 高校”定位培养创新拔尖型和学术型人才外，大多数高校定位于培养复合型和应用型经管人才，而现有的经管类教材存在理论性较深、实践性不强、针对性不够等问题，目前各高校使用的教材存在实用性和实践性不强、针对性不够等问题，需要编写一套高质量、应用型的普通本科教材，以促进人才培养和课程体系的合理构建，推动教学内容和教学方法的改革创新，形成指向明确、定位清晰和特色鲜明的课程体系，奋力推进经济管理类高等教育质量的稳步提高。与会人员一致认为，共同打造符合高教改革潮流、深刻把握普通本科教育内涵特征、满足教学需求的系列规划教材，非常必要。鉴于此，本编委会与西南财经大学出版社合作，组织了三十余所普通本科院校的经济学类、管理学类的学院教师共同编写本系列规划教材。

本系列规划教材编写的指导思想是：在适度的基础知识与理论体系覆盖下，针对普通本科院校学生的特点，夯实基础，强化实训。编写时，一是注重教材的科学性和前沿性，二是注重教材的基础性，三是注重教材的实践性，力争使本系列教材做到“教师易教、学生乐学、方便实用”。

本系列规划教材以立体化、系列化和精品化为特色，包括教材、辅导读物、课件、案例分析等系列教学资源；同时，力争做到“基础课横向广覆盖，专业课纵向成系统”；力争把每本教材都打造成精品，让多数教材能成为省级精品课教材、部分教材成为国家级精品课教材。

为了编好本系列教材，在西南财经大学出版社的协调下，经过多次磋商和讨论，成立了首届编委会，首届编委会主任委员由西华大学管理学院院长章道云教授担任。最近由于相关学院院长职务变动，经协商调整了编委会的构成。调整后的编委会由西南财经大学副校长张邦富教授任名誉主任，蒋远胜教授任主任，李成文教授、张华教授、周佩教授、赵鹏程教授、傅江景教授、董洪清教授任副主任，二十余所院校经济管理及相关学院院长或教授任编委会委员。

在编委会的组织、协调下，该系列教材由各院校具有丰富教学经验并有教授或副教授职称的教师担任主编，由各书主编拟订大纲，经编委会审核后再编写。同时，每一种教材均吸收多所院校的教师参加编写，以集众家之长。自2008年启动以来，经过近十年的打造，现在已出版了公共基础、工商管理、财务与会计、旅游管理、电子商务、国际商务、专业实训、金融经济、综合类九大系列近百种教材。该系列教材出版后，社会反响好，师生认可度高。截至2016年年底，已有30多种图书获评四川省“十二五”规划教材，多个品种成为省级精品课程教材，其教材在西南地区甚至全国普通高校的影响力也在不断增强。

在当前经济新常态、全面深化改革和创新驱动发展战略的背景下，“双一流”建设已成为我国高等教育改革与发展的中心议题，各高校围绕对接“双一流”建设，根据国务院印发《统筹推进世界一流大学和一流学科建设总体方案》和《四川省统筹推进一流大学和一流学科建设总体方案（征求意见稿）》，各高校已争相启动了双一流建设行动计划，发挥各个大学、各个学科的自主性，办成有特色的大学和学科。

为适应“双一流”建设的需要，全面提升高校人才培养质量，构建学术人才和应用人才分类、通识教育和专业教育结合的培养制度，满足普通本科院校教师和学生需求，我们正在做两件事：一是结合教学需要对现有教材进行精心打造。具体而言，贯穿厚基础、重双创的理念，突出创新性、应用性、操作性的特色，反映新知识、新技术和新成果的学科前沿；利用数字技术平台，加快数字化教材建设，打造立体化的优质教学资源库，嵌入可供学生自主学习和个性化学习的网络资源模块。二是根据学科发展的需要，不断补充新的教材，特别是规划旅游类、实训类、应用型教材。

我们希望，通过编委会、主编和编写人员及使用教材的师生共同努力，将此系列教材打造成适应新时期普通本科院校需要的高水平高质量教材。在此，我们对各经济管理学院领导的大力支持、各位作者的智力成果以及西南财经大学出版社的辛勤劳动表示衷心的感谢！

21世纪普通高等院校系列规划教材编委会

2017年7月

Preface 再版前言

《基础会计学》自2010年推出第一版至今，已经有13个年头了。其间我国经济实现了高速发展，会计制度与会计准则也发生了较大变化，大学会计教育无论从规模还是质量来看都有了很大的进步。随着信息技术的快速发展，社会经济环境日趋复杂，对会计专业人才的要求日益提高。每一次再版，我们都在努力适应环境的变化，尽可能满足老师和同学们的需要，始终以财政部最新颁布的企业会计准则及其应用指南为依据，同时借鉴和吸取国内外相关的会计理论和方法，结合经济环境的变化对会计学教学要求以及会计的基本理论、基础知识和基本方法，按照会计的账务处理流程，进行系统地介绍会计的确认、计量、记录和报告。

本书是全体执笔教师愉快合作的成果，具体分工是：第一章由陈丙执笔；第二章、第九章由杜晓梅执笔；第三章由吕南执笔；第四章由王睿执笔；第五章由庞敏执笔；第六章由尹光辉执笔；第七章由刘沛东执笔；第八章由张雯执笔；最后由主编吕南对全书进行统筹、修改和定稿。另外，钟文、赵艺、刘可、谢苇也参与了部分章节的修订。

本书为西南石油大学2022年校级规划立项教材，从教材的申报、修改到出版，均得到了西南石油大学教材委员会、西南石油大学经济管理学院的大力支持；同时本成果受四川省产教融合示范项目“四川省光伏产业产教融合综合示范基地（川财教【2022】106号)”、西南石油大学2022年度“课程思政”示范建设项目——课程思政示范专业“会计学”资助。在此深表感谢！

衷心地希望第五版能够继续得到老师和同学们的认可，也希望老师和同学们能提出批评和改进意见，以便教材进一步完善。

编者

2023年8月

目录 Contents

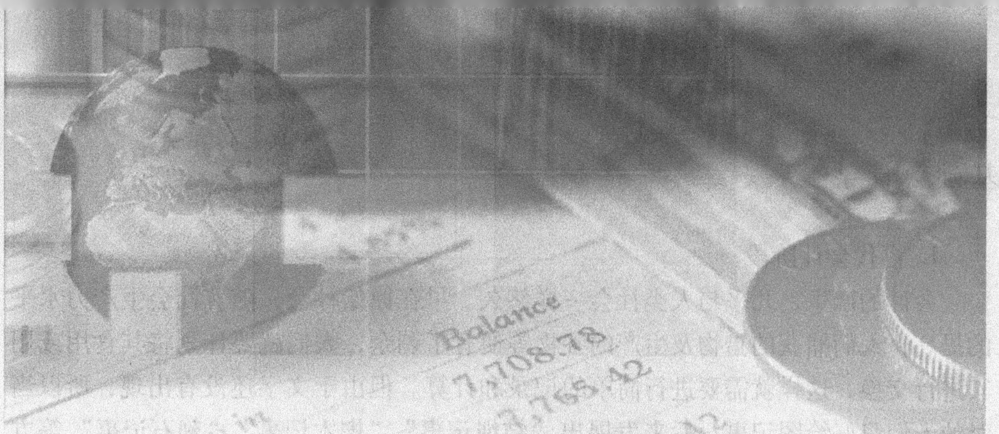

第一章　总论

第一节　会计的基本概念

一、会计的产生与发展

（一）会计的产生

人类会计行为产生是以人类生产行为的产生、发展为根本前提的。如果没有生产活动的发生，就不会有会计思想与行为的产生。但是这并不意味着生产活动一发生，就产生了会计思想与行为。会计史学研究表明：会计并不是在生产活动发生伊始就产生的，而是直到原始社会末期，生产力的发展使生产有了剩余，人类开始从事生产、交换、分配和消费的活动，人们需要对剩余劳动成果进行管理和分配计量，一个有记录的时代开始，这才有了会计的萌芽。当初的会计记录只是由生产者在生产时间之外附带地把收支、节余等记载下来。只有当社会生产力发展到一定阶段和水平时，会计才从生产职能中分离出来，成为独立的职能，由专人负责。

（二）会计的发展

会计是生产活动发展到一定阶段的产物，它伴随着生产活动的产生而产生，也将随着生产活动的发展而发展和完善。随着社会生产的日益发展和科学技术水平的不断进步与发展，会计经历了一个由简单到复杂，由低级到高级的漫长发展过程。它的发展过程主要有以下三个阶段：

1. 古代会计阶段

会计的产生，几乎与人类社会一样悠久。早在原始社会，随着社会生产力水平的提高，人们捕获的猎物及生产的谷物等便有了剩余，人们就要计划将其食用或用其进行交换，这样就需要进行简单的记录和计算。但由于文字还没有出现，所以当时的人们只好绘图记事，后来发展出“结绳记事”“楔木记事”“刻石记事”等方法。这些原始的简单记录，就是会计的萌芽。随着生产的进一步发展和技术的进步，劳动消耗和劳动成果的种类不断增多，出现了大量的剩余产品，会计便逐渐从生产职能中分离出来，成为特殊的、当事人专门委托的独立职能。马克思在《资本论》中提到的印度公社的记账员在生产之余从事的简单的刻画、记录行为，便是早期的会计的写照。

在古代会计阶段，许多现代会计中大家已经熟知的概念或思想已经初露端倪，会计所具有的专门方法、对象已基本形成，会计已经成为一项独立的工作。

2. 近代会计阶段

一般认为，从单式记账法过渡到复式记账法，是近代会计的形成标志，即15世纪末期，意大利数学家卢卡帕乔利在《算术、几何、比与比例概要》一书中专门有一章阐述了复式账簿的基本原理。这被会计界公认为会计发展史上的一个里程碑，标志着近代会计的开端。

从15世纪到18世纪，会计的理论与方法的发展仍然是比较缓慢的。直到蒸汽技术的发明实现了社会的工业革命，生产技术的进步及工商业活动的迅速扩展，促使会计理论和方法出现了明显的发展迹象，从而完成了簿记向会计的转变。这一时期会计思想突出表现在：折旧会计思想、划分资本性支出与收益性支出的思想、成本会计、资产的估价方法、财务报表审计制度等。特别值得一提的是，1854年苏格兰成立了世界上第一家特许会计师协会，这被誉为是继复式簿记后会计发展史上的又一个里程碑。

3. 现代会计阶段

一般认为现代会计阶段从20世纪30年代开始，确切地说是以1939年第一份代表美国的“公认会计原则”（GAAP）的“会计研究公告”的出现为起点的。从20世纪初到20世纪50年代前后，特别是第二次世界大战结束后，科学技术迅猛发展，科技成果转化为生产力的速度大大加快，市场竞争日趋激烈，促使企业组织规模不断扩大。与此同时，大量科学管理方法和技术引入会计领域。会计从单纯的核算开始转向核算与管理并重，出现了以决策和控制为主要内容的管理会计。1952年世界会计学年会正式认定“管理会计”这一会计分支，从此将会计划分为财务会计和管理会计两个体系。管理会计体系的确立，被看作会计发展史上的第三个里程碑。

从20世纪50年代开始到现在，随着电子计算机及网络技术在会计领域的广泛应用，会计在数据处理、传输、保存方面发生了巨大的变化，会计工作效率及会计信息的准确性、及时性得到了极大的提高。会计信息系统的形成与完善已成为现代会计的重要标志。管理会计与会计信息系统被公认为现代会计的两个重要标志。

从会计发展的三个阶段可以看出，随着社会的进步与发展，会计学科分别经过古代、近代而发展到现代。在会计产生与发展过程中，生产力发展与技术进步所带来的经济与管理的发展，是会计发展的原动力。随着科技的不断进步，会计还将面对更多的挑战，但也将有更多的机遇，得到更好的发展。

（三）会计学科体系简介

会计学是建立在经济学、管理学、数学基础上的经济管理应用科学，是经济管理科学的一个分支。现代科学管理方法和系统论、信息论、控制论等在会计实践中的运用极大地丰富了会计学的内容。随着会计学研究的深入发展，会计学分化出许多分支，每一分支都形成了一个独立的学科。这些学科相互促进、相互补充，构成了一个完整的会计学科体系。其内容大致如图 1.1 所示。

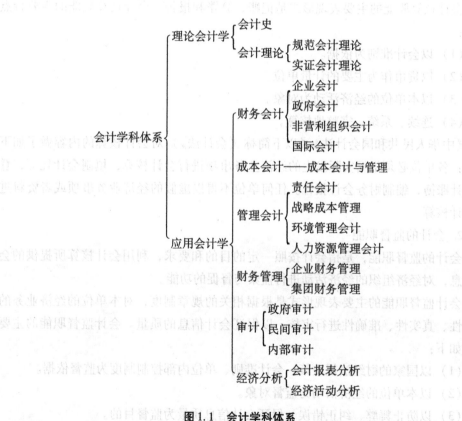

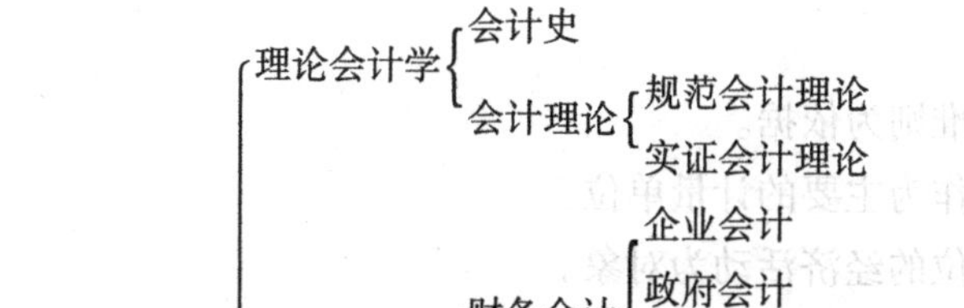

图 1.1　会计学科体系

二、会计的职能

职能是指某一事物本身所固有的功能。会计职能就是指，会计在经济管理中应具有的功能。

会计的职能随着经济的发展、会计内容和作用的不断扩大而发展着，经历了一个由简单到复杂、由单一到全面的发展过程。

（一）会计的基本职能

1. 会计的核算职能

会计的核算职能也称会计的反映职能，是指会计通过确认、计量、记录、报告，从数量上反映经济组织已发生或完成的经济活动，为会计信息使用者的决策提供相关会计信息的功能。

会计核算职能的主要表现形式是记账、算账和报告。会计核算职能的主要特点如下：

（1）以会计准则为依据。

（2）以货币作为主要的计量单位。

（3）以本单位的经济活动为对象。

（4）连续、系统、完整地核算。

《中华人民共和国会计法》（以下简称《会计法》）对会计核算的内容做了如下规定：各单位必须根据实际发生的经济业务事项进行会计核算，填制会计凭证，登记会计账簿，编制财务会计报告。任何单位不得以虚假的经济业务事项或者资料进行会计核算。

2. 会计的监督职能

会计的监督职能，是指会计按照一定的目的和要求，利用会计核算所提供的会计信息，对经济组织的经济活动进行监察与督促的功能。

会计监督职能的主要表现形式是根据相关的规章制度，对本单位的经济业务的合法性、真实性、准确性进行审核，以保证会计信息的质量。会计监督职能的主要特点如下：

（1）以国家的财经法规政策、会计准则、单位内部控制制度为监督依据。

（2）以本单位的经济活动为监督对象。

（3）以防止舞弊、纠正错误、保证会计信息质量为监督目的。

（4）对本单位的经济活动进行事前、事中、事后监督。

《会计法》对会计监督的内容做了如下规定：会计机构、会计人员对违反本法和国家统一的会计制度规定的会计事项，有权拒绝办理或者按照职权予以纠正。会计机构、会计人员发现会计账簿记录与实物、款项及有关资料不相符的，按照国家统一的会计制度规定有权自行处理的，应当及时处理；无权处理的，应当立即向单位负责人报告，请求查明原因，做出处理。

（二）会计职能的拓展

随着经济和管理理论的发展，会计职能也不断丰富和拓展。会计在核算与监督职能的基础上，拓展出预测经济活动、参与经济决策、控制经济活动、分析经济效益等职能。会计在经济管理中的地位和作用，随着会计职能的拓展日益突出。

三、会计的特点

会计的特点是指会计工作区别于其他经济管理工作的主要特征。

（一）以货币为主要计量单位

会计是从数量方面反映经济活动的。经济活动的数量方面是通过实物、货币、劳动等具体内容的变化体现出来的。但实物、货币、劳动三者计量属性不同，无法进行综合反映。只有能够充当一般等价物的货币，才能把它们的数量变化转换成为统一的价值指标。在实际工作中，会计核算有时也需要使用实物、劳动的计量单位，如千克、件、工日与工时等，但最后还必须利用货币单位计量，求得统一的价值指标，以便进行综合核算与监督。

（二）具有连续性、系统性与完整性

1. 连续性

连续性是指会计对经济业务的发生或完成情况，按其时间先后顺序依次进行核算与监督，从不中断。

2. 系统性

系统性是指会计对所有经济业务，都要利用专门的方法，进行科学的分类与加工处理，从而有序地形成相互联系的系统会计数据。

3. 完整性

完整性是指凡属于会计所能反映的经济活动，会计必须全部予以计量、计算与记录，不得遗漏。

（三）有一套科学完备的方法体系

为了适应经济发展与管理的需要，会计在核算、监督经济活动的长期实践中，经过不断地积累经验、改革创新，逐渐形成了一整套严密、系统、科学、完备的专门方法。这些专门的方法既有各自独立的作用，又相互联系、相互配合，在会计管理工作中缺一不可。会计方法体系是会计进行经济管理工作所独有的方法。

四、会计的目标

会计的目标也称会计的任务，是会计工作应该达到的目的和要求。会计目标是会计理论体系的基础，取决于经济管理对会计的客观需求，受到会计职能的约束。

我国2006年2月颁布的《企业会计准则——基本准则》第四条规定：财务报告的目标是向财务会计报告使用者提供与企业财务状况、经营成果和现金流量等有关的会计信息，反映企业管理层受托责任履行情况，有助于财务报告使用者做出经济决策。财务报告使用者包括投资者、债权人、政府及其有关部门和社会公众等。第十三条规定：企业提供的会计信息应当与财务会计报告使用者的经济决策需要相关，有助于财务会计报告使用者对企业过去、现在或者未来的情况做出评价或者预测。

由此可见，我国会计的目标是向会计信息使用者提供决策有用的信息，并反映管理层受托责任的履行情况。

五、会计的定义

综上所述，本书对会计的定义为：会计是以货币为主要计量单位，利用专门的方法，对经济组织的经济活动进行连续、系统、完整的核算与监督，旨在向信息使用者提供会计信息和提高经济效益的一种管理活动。

第二节　会计对象

会计对象也称会计的客体，是指会计核算与监督的内容。研究会计对象的目的，是要明确会计在经济管理中的活动范围，从而确定会计的任务，建立和发展会计的方法体系。会计对象可分为会计的一般对象与会计的具体对象。

一、会计的一般对象

会计的一般对象是指社会再生产过程中的资金运动。

社会再生产过程由生产、分配、交换、消费四个环节构成，它是由各种经济组织共同参与进行的。不同经济组织的工作性质与任务不尽相同，但其活动却不同程度地与社会再生产过程有关，是社会再生产过程的组成部分。社会再生产过程的进行，首先需要占用一定数量的财产物资，而且需要耗费人力、物力和财力。在商品货币经济条件下，社会再生产过程可以表现为使用价值的运动——各种物资在生产与交换过程中运动及实物形态的改变；也可以表现为价值的运动——各种物资在生产与交换过程中价值形态的改变，即商品价值的形成、实现与分配。

在商品货币经济条件下，财产物资的价值是用货币单位来计量和表现的。在我国，财产物资的货币表现被称为资金，而财产物资由于实物形态变化所引起的价值形态的不断变换就是资金运动。

由此可见，会计的一般对象的具体含义是：社会再生产过程中能够以货币表现的经济活动，不能够以货币表现的经济活动不属于会计对象的范畴。

由于不同的经济组织在社会再生产过程中所处的环节不同，因此其经济活动的具体内容也不同，由此导致其资金运动的过程及内容有所不同，从而产生会计具体对象的差异。

二、企业会计对象

会计的具体对象是指不同经济组织的会计核算与监督的具体内容。按照经济组织的类型，会计的对象可具体划分为政府会计对象、企业会计对象、非营利组织会计对象。在所有经济组织中，企业的经济活动最为复杂，以下以企业的资金运动为例说明会计的具体对象。

企业会计对象是指企业的再生产过程中能够以货币表现的经济活动，即企业再生产过程中的资金运动。企业的类型较多，其资金运动的过程与内容不尽相同。其中以制造业的资金运动过程与内容最为全面。以下以制造业的资金运动为例具体说明企业会计对象。

（一）制造业的资金运动

制造业的生产经营过程是由供应过程（也称生产准备过程）、生产过程和销售过程构成的。随着企业供、产、销过程的不断进行，企业的物资运动依次表现为用货币购买劳动要素、为生产商品发生劳动要素的消耗、商品生产完工、销售商品、收回垫支的货币。随着企业供、产、销过程的不断进行，物资的运动周而复始地延续下去。

伴随企业的物资运动，资金也在不断地进行着循环和周转：资金的形态由货币资金转化为固定资金、储备资金，再转化为生产资金、成品资金、结算资金，最后又转化为货币资金。制造业的资金运动过程图示如图 1.2 所示。

（二）商品流通企业的资金运动

商品流通企业的生产经营过程是由供应过程和销售过程构成的。随着企业供、销过程的不断进行，企业的物资运动依次表现为用货币购买劳动要素及商品、发生劳动要素的消耗、销售商品、收回垫支的货币。随着企业供、销过程的不断进行，物资的运动周而复始地延续下去。

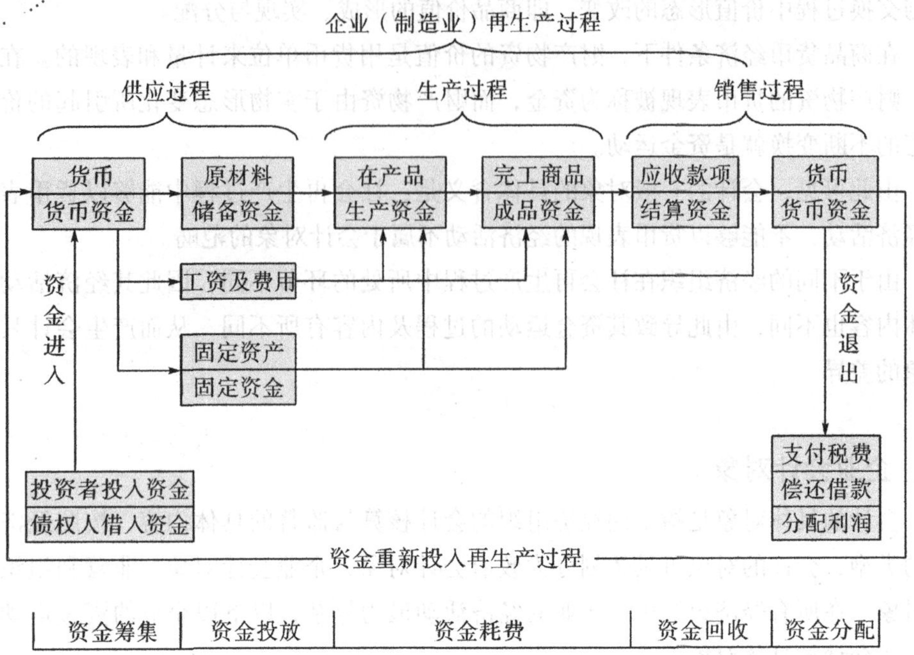

图 1.2　制造业资金运动过程

伴随企业的物资运动，资金也在不断地进行着循环和周转：资金的形态由货币资金转化为固定资金、商品资金，再转化为结算资金，最后又转化为货币资金。商品流通企业的资金运动过程如图 1.3 所示。

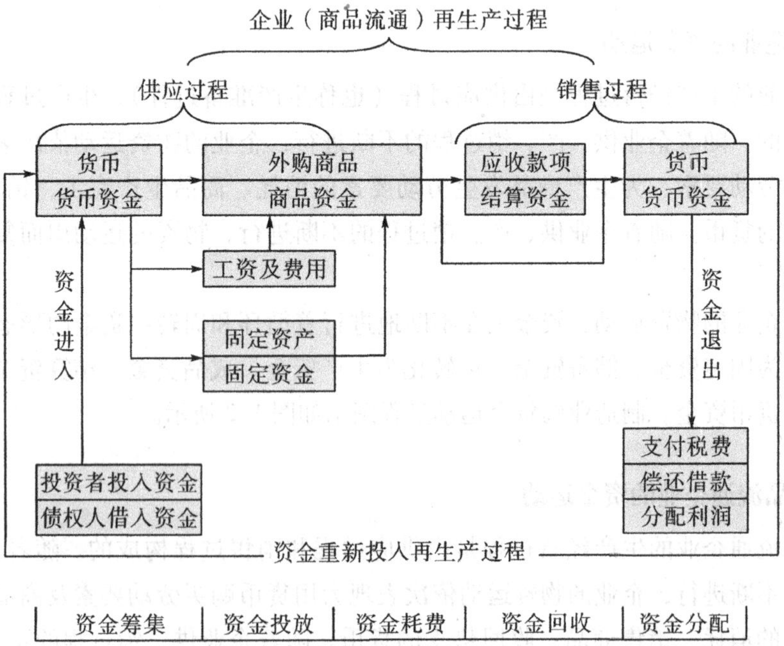

图 1.3　商品流通企业资金运动过程

（三）资金运动的相关术语

（1）资金。资金是企业财产物资的货币表现，主要包括流动资金和长期资金。

（2）货币资金。货币资金是指企业在货币形态上的那部分资金，是流动资金的组成部分。货币资金的实物形态为库存现金、银行存款和其他货币资金。

（3）储备资金。储备资金是指企业从支付货币购买原材料等物资起到原材料等物资出库（投入生产或销售）为止，这一阶段所占用的资金，是流动资金的组成部分。制造业的储备资金的实物形态主要是存货。存货主要包括原料及主要材料、外购商品、辅助材料、燃料、修理用备件、包装物、低值易耗品等物资储备。

（4）商品资金。商品资金是指商品流通企业从购买商品起到商品销售为止，这一阶段所占用的资金，是流动资金的组成部分。商品资金的实物形态主要是商品流通企业的库存商品。

（5）固定资金。固定资金是固定资产的货币表现，是企业在固定资产上占用的资金，是企业长期资金的主要组成部分。

（6）生产资金。生产资金是从劳动要素投入生产起到产品完工入库为止，这一阶段（企业生产过程）所占用的资金，是流动资金的组成部分。生产资金的实物形态主要是在产品。

（7）成品资金。成品资金是指从产品完工检验合格入库起到产品销售为止，这一阶段所占用的资金，是流动资金的组成部分。成品资金的实物形态主要是库存待售的产成品和自制半成品。

（8）结算资金。结算资金是指从产品（或商品）销售取得应收账款权利起到收回欠款为止，这一阶段所占用的资金，是流动资金的组成部分。

（9）资金运动。资金运动是资金循环与周转的总称，指资金由一种形态转变为另一种形态的周而复始、循环往复的运动过程。

（10）资金循环。资金循环是指资金从货币形态开始，顺次经过供、产、销三个环节，依次转化为储备资金、生产资金、成品资金、结算资金形态，最后又回到货币资金形态的全过程。

（11）资金周转。资金周转是指资金周而复始的循环过程。

（12）资金进入企业。资金进入企业是指投资者对企业投入资金，或企业向债权人借入资金，促使企业资金总量增加的经济活动。

（13）资金退出企业。资金退出企业是指企业缴纳税费、向投资者分配利润、偿还债务，导致资金总量减少的经济活动。

第三节 会计要素与会计等式

一、会计要素

会计要素是对企业会计对象按照其经济特征所做的分类，每一个具体的类别被称为会计要素。

我国按照国际惯例，在 2006 年 2 月颁布的《企业会计准则——基本准则》中将企业会计要素划分为六个要素：资产、负债、所有者权益、收入、费用、利润。其中反映企业财务状况的要素为资产、负债、所有者权益，由于其是构成资产负债表的基本单元，因此也被称为资产负债表要素；反映企业经营成果的要素为收入、费用、利润，由于其是构成利润表的基本单元，因此也被称为利润表要素。

二、会计要素的具体内容

（一）资产

1. 资产的定义

资产是指企业过去的交易或者事项形成的、由企业拥有或者控制的、预期会给企业带来经济利益的资源。

拥有或控制一定数量的资产，是企业进行生产经营活动的前提条件。资产可以具备实物形态，也可以不具备实物形态。

2. 资产的特征

作为会计要素的资产，其本质是企业的经济资源，该资源必须同时具备以下三个特征：

（1）必须是过去的交易或事项所形成的，对未来可能形成的资产不予确认。也就是说，资产必须是现实的资源，而不是预期的资源。过去的交易或事项包括购买、生产、建造行为或者其他交易或事项。

（2）是企业拥有或控制的。拥有是指企业对某项资源具有所有权，控制是指企业对某项资源虽然不具有所有权，但具有支配权。企业拥有或控制资源，表明企业实质上已经掌握了该项资源的未来收益和风险。

（3）必须给企业带来预期的经济利益。该资源单独或与企业其他要素结合，能够在未来直接或间接地导致现金或现金等价物流入企业。

对于同时满足资产特征要求的资源，还必须同时满足以下条件，才能够被确认为资产。

（1）与该资源有关的经济利益很可能流入企业。

（2）该资源的成本或者价值能够可靠地计量。

3. 资产的分类

企业的资产通常按其流动性的不同划分为流动资产和非流动资产。资产的流动性是指资产的变现能力或耗用期限。

（1）流动资产

流动资产是指企业主要为交易目的而持有、可以在自资产负债表日起一年内或者超过一年的一个营业周期内变现、出售或者耗用的资产。流动资产的内容包括货币资金、交易性金融资产、应收及预付款项和存货等。

货币资金是指以货币形态存在的资产。货币资金包括库存现金、银行存款、其他货币资金。其他货币资金包括外埠存款、银行本票存款、银行汇票存款、信用卡存款等。

交易性金融资产是指企业为交易目的所短期持有的金融资产。交易性金融资产包括债券投资、股票投资、基金投资等。

应收及预付款项是指企业在日常生产经营活动中发生的各种债权。企业的应收及预付款项主要包括应收票据、应收账款、其他应收款和预付账款等。

存货是指企业在日常生产经营活动中持有以备出售的产成品或商品、处在生产过程中的在产品、在生产过程或提供劳务过程中耗用的材料或物料等。企业存货主要包括原材料、在产品、半成品、商品、周转材料等。

（2）非流动资产

非流动资产是指企业主要为交易目的而持有、在自资产负债表日起一年内或者超过一年的一个营业周期内不能或不准备变现或者耗用的资产，也可以解释为除流动资产以外的各种资产的统称。非流动资产的内容包括长期投资、固定资产、无形资产和其他资产等。

长期投资是指除短期投资以外的投资。企业长期投资主要包括长期股权投资、长期债权投资、房地产投资、基金投资及其他长期投资。

固定资产是指企业为生产商品、提供劳务、出租或经营管理而持有的，使用寿命超过一个会计年度的有形资产。企业固定资产主要包括房屋及建筑物、机器设备、运输工具、其他与生产经营有关的工具器具等。

无形资产是指企业拥有或控制的没有实物形态的可辨认非货币性资产。企业无形资产主要包括专利权、非专利技术、商标权、著作权、土地使用权等。

其他资产是指除上述资产以外的资产。企业其他资产主要包括商誉、长期待摊费用等。

企业会计实务中对资产要素的具体分类，详见本书附录的会计科目表。

（二）负债

1. 负债的定义

负债是指企业过去的交易或者事项形成的、预期会导致经济利益流出企业的现时义务。

2. 负债的特征

作为会计要素的负债，应具备以下特征：

（1）由过去发生的经济业务所形成的经济责任或经济义务，尚未发生的交易或者事项不能确认为负债。

（2）必须是现实存在的义务，不是潜在的义务。

（3）以债权人所能接受的方式履行该义务时，会导致企业经济利益的流出。

同时符合以上负债特征的义务，还必须同时满足以下条件时，才能确认为负债。

（1）与该义务有关的经济利益很可能流出企业。

（2）未来流出的经济利益的金额能够可靠地计量。

3. 负债的分类

负债通常按其流动性划分为流动负债和非流动负债。负债的流动性是指负债的偿还期限。

（1）流动负债

流动负债是指将在自资产负债表日起一年或者超过一年的一个营业周期内清偿的债务。企业流动负债主要包括短期借款、交易性金融负债、应付票据、应付账款、预收账款、应付职工薪酬、应交税费、其他应付款、一年内到期的非流动负债、其他流动负债等。

（2）非流动负债

非流动负债是指偿还期在自资产负债表日起一年或者超过一年的一个营业周期以上的债务，也可以解释为除流动负债以外的各种负债的统称。企业非流动负债主要包括长期借款、应付债券、长期应付款、专项应付款、其他非流动负债等。

企业会计实务中对负债要素的具体分类，详见本书附录的会计科目表。

（三）所有者权益

1. 所有者权益定义

所有者权益是指企业资产扣除负债后由所有者享有的剩余权益。公司的所有者权益又称为股东权益。

企业的资产减去负债后的差额，也称为净资产。所有者权益实际上就是投资者对企业净资产的所有权。

所有者权益的确认与计量取决于资产与负债的确认与计量，非独立性是所有者权益的显著特点。

2. 所有者权益分类

所有者权益按其形成方式不同可分为实收资本（股本）、资本公积（其他综合收益）、盈余公积和未分配利润。

（1）实收资本

实收资本是指企业的投资人按照企业章程或者合同、协议的约定，实际投入企业的资本。它包括企业从事生产经营的启动资金和追加资金形成的所有权，也是企业承担民事责任的财力保证。实收资本是所有者权益的主要构成内容。实收资本在股份制企业被称为“股本”。

（2）资本公积

资本公积是指企业的非生产经营活动和资本投入形成的资本积累。资本公积主要包括资本（股本）溢价和其他资本公积。

资本溢价是指企业收到投资者的超过其在企业注册资本（或股本）中所占份额的投资。股本溢价是指股份有限公司溢价发行股票时实际收到的款项超过股票面值总额的数额。

其他资本公积是指除资本溢价（股本溢价）项目以外形成的资本公积。

（3）盈余公积

盈余公积是指企业按照规定从净利润中提取的各种积累资金，包括法定盈余公积、任意盈余公积。

法定盈余公积是指企业按照我国《公司法》规定的比例（一般为10%）从净利润中提取的盈余公积，可以用来弥补企业的亏损、按照法定程序转增资本，以及扩大企业生产经营。

任意盈余公积是指企业经股东大会或类似机构批准后，按照规定的比例从净利润中提取的盈余公积。任意盈余公积与法定盈余公积用途相同。

（4）未分配利润

未分配利润是企业留待以后年度进行分配的结存利润。它在以后年度可继续进行分配，在未进行分配之前，属于所有者权益的组成部分。从数量上来看，未分配利润是期初未分配利润加上本期实现的净利润，减去提取的各种盈余公积和分出的利润后的余额。

未分配利润有两层含义：一是留待以后年度处理的利润，二是未指明特定用途的利润。相对于所有者权益的其他部分来说，企业对于未分配利润的使用有较大的自主权。

企业会计实务中对所有者权益要素的具体分类，详见本书附录的会计科目表。

（四）收入

1. 收入的定义

收入是指企业在日常活动中形成的、会使所有者权益增加的、与所有者投入资本无关的经济利益的总流入。

日常活动是指企业销售商品、提供劳务等日常经营活动。

2. 收入的特征

作为会计要素的收入应具有以下特征：

（1）收入产生于企业的经常经营活动，而不是从偶发交易或事项中形成的。如工商企业销售商品、提供劳务所带来的经济利益流入属于收入的范畴；出售固定资产、无形资产属于偶发交易或事项，带来的经济利益流入是利得，而不是收入。

（2）收入能使企业所有者权益增加，但不是投资者投入的资本。

（3）收入只包括本企业经济利益的流入，不包括为第三方或客户代收的款项。

（4）收入可能使企业资产增加，也可能使企业负债减少，或者两者兼而有之。

对于符合收入定义及特征的项目，还必须同时满足以下条件，才能确认为会计要素的收入。

（1）经济利益很可能流入从而导致企业资产增加或负债减少。

（2）经济利益的流入额能够可靠计量。

3. 收入的分类

（1）狭义的收入

作为会计要素的收入是指企业的营业收入，或称经营性收入，这是从狭义上界定的收入。收入按其是否来源于企业的主要经营活动分为主营业务收入和其他业务收入。

主营业务收入是指企业从事主要经营活动取得的收入，亦称基本业务收入。在制造业，主营业务收入主要是销售产成品、自制半成品等取得的收入，商品流通企业主要是销售商品取得的收入。

其他业务收入是指企业从事主营业务以外的经营活动所取得的收入，亦称为附营业务收入。在制造业，其他业务收入主要是指销售材料、转让技术、出租固定资产和包装物、转让无形资产使用权以及从事运输等非工业性劳务取得的收入。

（2）广义的收入

广义的收入包括狭义的收入和利得。所谓利得，是指由企业非日常活动所形成的、会导致所有者权益增加的、与所有者投入资本无关的经济利益的流入。在企业会计中主要表现为投资收益和营业外收入。

投资收益是指企业对外投资所取得的利得减去投资损失后的净额。

营业外收入是指企业发生的与其生产经营活动无直接关系的各项收入，主要包括非流动资产处置的利得、盘盈利得、捐赠利得等。

企业会计实务中对收入要素的具体分类，详见本书附录的会计科目表。

（五）费用

1. 费用的定义

费用是指企业在日常活动中发生的、会导致所有者权益减少的、与向所有者分配利润无关的经济利益的总流出。

2. 费用的特征

作为会计要素的费用具有以下特点：

（1）费用发生于企业的日常活动，而不是发生于偶发的交易或事项，如企业为生产产品和提供劳务所发生的耗费等。日常经营活动以外的偶发交易或事项造成的耗费属于企业的损失和支出，而不是费用，如出售固定资产发生的净损失等。

（2）费用的发生最终导致企业所有者权益的减少。费用是为取得收入而付出的一种代价，收入使所有者权益增加，费用导致所有者权益减少。

（3）一定期间内发生的费用，必须从该期的相关收入中得到补偿。

对于符合费用定义及特征的项目，还必须同时满足以下条件，才能确认为会计要素的费用。

（1）经济利益很可能流出从而导致企业资产减少或者负债增加。

（2）经济利益的流出额能够可靠计量。

3. 费用的分类

（1）狭义的费用

作为会计要素的费用，是指与企业的营业收入相匹配的营业费用，即企业在生产经营过程中发生的各种耗费，是从狭义角度界定的费用。

与费用要素密切相关的一个概念是成本。成本是指企业为生产一定种类和数量的产品或提供特定劳务而发生的各种费用。成本与费用虽然都是企业经济资源的耗费，但它与费用又有一定的区别，是费用的对象化，是为生产某种产品或提供某种劳务而发生的费用。

企业发生的费用不一定都计入成本，因此费用按是否计入产品成本，可分为生产成本和期间费用。

生产成本是指与产品生产或劳务提供直接有关的费用，包括为生产产品和提供劳务而发生的直接材料费、直接人工费以及企业内部各生产部门为组织、管理生产所发生的间接费用。这些费用计入产品成本后，从产品销售收入中得到补偿。由于产品生产费用必须对象化到具体的产品中去，所以产品生产费用又可被称为产品生产成本。

期间费用是指与产品生产或劳务提供无直接关系，不参与成本计算而计入某一会计期间的费用。它包括为销售产品而发生的销售费用、企业行政管理部门为组织和管理生产而发生的管理费用、企业为筹集和使用资金而发生的财务费用。

（2）广义的费用

广义的费用包括狭义的费用以及各种损失和所得税费用。损失是指由企业非日常活动所发生的、会导致所有者权益减少的、与向所有者分配利润无关的经济利益的流出。它在企业会计中主要表现为营业外支出、所得税费用。

营业外支出是指企业发生的与其生产经营活动无直接关系的各项支出，包括非流动资产处置损失、公益性捐赠支出、盘亏损失等。

所得税费用是指企业从当期利润中扣除的所得税。

企业会计实务中对费用要素的具体分类，详见本书附录的会计科目表。

（六）利润

1. 利润的定义

利润是指企业在一定会计期间的经营成果。利润包括收入减去费用后的净额、直接计入当期利润的利得和损失等。

2. 利润的特征

作为会计要素的利润，具有以下特点：

（1）利润是收入和费用两个会计要素配比的结果。当某一会计期间的收入大于费用时，表现为企业利润，反之则表现为企业亏损。

（2）我国企业会计准则界定的利润，是广义的收入和广义的费用相抵后的差额。

（3）利润的形成使所有者权益增加，亏损的发生则造成所有者权益的减少。

3. 利润的构成

利润指标包括营业利润、利润总额和净利润。

（1）营业利润

营业利润是指营业收入减去营业成本、期间费用、税金及附加、资产减值损失，再加公允价值变动收益（或损失）和投资收益（或损失）后的余额。计算公式如下：

营业利润＝营业收入－营业成本－期间费用－税金及附加－资产减值损失±公允价值变动损益±投资收益

其中：营业收入是指企业经营业务所确认的收入总额，包括主营业务收入和其他业务收入；营业成本是指企业经营业务所发生的实际成本总额，包括主营业务成本和其他业务成本；期间费用等于销售费用、管理费用、财务费用之和。资产减值损失是指企业计提各项资产减值准备所形成的损失；公允价值变动收益（或损失）是指企业交易性金融资产等公允价值变动形成的应计入当期损益的利得（或损失）；投资收益（或损失）是指企业以各种方式对外投资所取得的收益（或发生的损失）。

（2）利润总额

利润总额是营业利润与营业外收支净额之和。营业外收支净额是指营业外收入减去营业外支出后的余额。利润总额的计算公式如下：

利润总额＝营业利润＋营业外收入－营业外支出

（3）净利润

净利润也称税后利润，是指利润总额扣除按所得税法规定计算的应纳所得税后的余额。净利润的计算公式如下：

净利润＝利润总额－所得税费用

三、会计等式

会计等式也称会计方程、会计平衡公式、会计恒等式，是指各会计要素相互之间的数量关系。会计等式反映了企业财务状况和企业经营成果各构成要素之间的相互关系，是设置账户、复式记账和设计会计报表的理论依据。

（一）静态会计等式

任何企业的注册成立及其经营活动的开展都需要一定数量的资金。从资金的占用形态看，企业资金的占用形态表现为各种资产；从资金的来源形态看，企业资金来源于投资者投入的资金和债权人借入的资金，投资者和债权人对企业的资产都有相应的要求权。对企业资产的要求权在会计术语中被称为权益。资产与权益，是对同一事物即企业资金的两个不同视角所做出的定性描述。从定量的角度考察资产与权益的数量关系，必然存在着相等的关系，用公式表示如下：

资产 = 权益

由于权益包括投资者权益与债权人权益，上式可以变换为以下等式：

资产 = 债权人权益 + 所有者权益

资产 = 负债 + 所有者权益

以上会计等式是以相对静止的观点，反映企业的资产、负债、所有者权益三个会计要素之间在一定时点上的数量平衡关系。它们同时也表明：企业有一定量的资产就必定有一定量的权益，有一定量的权益就必定有一定量的资产；企业不存在无权益的资产，也不存在无资产的权益。

（二）动态会计等式

以盈利为目的的企业，在持续经营前提下，在每一个会计期间开展经营活动取得收入，同时也发生费用。将一定会计期间取得的收入与发生的费用配比，即可确定该会计期间的经营成果即利润。因此可以建立收入、费用、利润三个会计要素之间的数量关系式如下：

收入 - 费用 = 利润

上述会计等式反映了企业资金运动的动态变化状态，即一定的会计期间内利润的形成过程，因此被称为动态的会计等式。该会计等式是设计和编制利润表的理论依据。

（三）扩展的会计等式

根据会计要素的定义与特征，收入会使所有者权益增加，费用会导致所有者权益减少，当企业在经营活动中产生收入与费用时，根据以上会计等式可以得到以下公式：

$$资产 = 负债 + 所有者权益 + （收入 - 费用）$$

或：

$$资产 = 负债 + 所有者权益 + 利润$$

$$资产 + 费用 = 负债 + 所有者权益 + 收入$$

以上公式被称为扩展的会计等式，反映企业在会计期间任一时点的六个会计要素之间的动态平衡关系。在会计期末，企业对利润进行分配后，留存收益归入所有者权益后，会计等式又表现为

$$资产 = 负债 + 所有者权益$$

（四）经济业务对会计等式的影响

企业的经济业务是指能够用货币计量，并能被确认为一个或多个会计要素的交易或事项。企业经济业务错综复杂、千变万化，但归纳起来不外乎以下类型的变化与影响：

1. 涉及资产、负债、所有者权益变化的经济业务及其影响

根据会计等式“资产 = 负债 + 所有者权益”，涉及资产、负债、所有者权益要素变化的经济业务可以划分为以下类型：

（1）资金进入企业。该类经济业务会引起资产与权益要素的同时增加。

（2）资金退出企业。该类经济业务会引起资产与权益要素的同时减少。

（3）资金占用形态内部的变化。该类经济业务会引起资产要素中一些资产项目增加、一些资产项目相应减少。

（4）资金来源形态内部的变化。该类经济业务会引起权益要素中一些权益项目增加、一些权益项目相应减少。

以上经济业务的发生引起会计要素变化的具体类型如表 1.1 所示。

表 1.1　经济业务对会计要素的影响

<table>
<tr><th>经济业务类型</th><th>业务序号</th><th colspan="2">资产</th><th>负债</th><th>所有者权益</th></tr>
<tr><td rowspan="2">1. 资金进入企业</td><td>1</td><td colspan="2">增加</td><td></td><td>增加</td></tr>
<tr><td>2</td><td colspan="2">增加</td><td>增加</td><td></td></tr>
<tr><td rowspan="2">2. 资金退出企业</td><td>3</td><td colspan="2">减少</td><td>减少</td><td></td></tr>
<tr><td>4</td><td colspan="2">减少</td><td></td><td>减少</td></tr>
<tr><td>3. 资产变化</td><td>5</td><td>增加</td><td>减少</td><td></td><td></td></tr>
</table>

表1.1(续)

<table>
<tr><th>经济业务类型</th><th>业务序号</th><th>资产</th><th colspan="2">负债</th><th colspan="2">所有者权益</th></tr>
<tr><td rowspan="4">4. 权益变化</td><td>6</td><td></td><td colspan="2"></td><td>增加</td><td>减少</td></tr>
<tr><td>7</td><td></td><td>增加</td><td>减少</td><td colspan="2"></td></tr>
<tr><td>8</td><td></td><td colspan="2">减少</td><td colspan="2">增加</td></tr>
<tr><td>9</td><td></td><td colspan="2">增加</td><td colspan="2">减少</td></tr>
</table>

以下用A公司20×1年2月发生的经济业务，分析计算会计要素的变化及其对会计等式的影响。

【例1－1】A公司20×1年1月31日的资产、负债、所有者权益的情况如表1.2所示。

表1.2 资产负债表

名称：A公司　　20×1年1月31日　　单位：万元

资产	金额	负债及所有者权益	金额
库存现金	80	短期借款	500
银行存款	240	应付账款	450
应收账款	350	其他应付款	120
其他应收款	40	应付职工薪酬	10
原材料	1 500	应付债券	2 000
库存商品	870	负债合计	3 080
固定资产	3 900	实收资本	4 000
无形资产	1 200	资本公积	1 000
		盈余公积	100
		所有者权益合计	5 100
资产总计	8 180	负债及所有者权益总计	8 180

该公司20×1年2月发生的经济业务及其对会计等式的影响分析如下：

(1) 投资者向公司增加货币投资100万元，资金已存入银行。

该项经济业务的发生，使资产要素中的银行存款项目增加100万元，所有者权益要素中的实收资本项目增加100万元。会计等式为

资产（8 180＋100）＝负债（3 080）＋所有者权益（5 100＋100）

资产（8 280）＝负债（3 080）＋所有者权益（5 200）

(2) 公司购进原材料100万元，货款未付。

该项经济业务的发生，使资产要素中的原材料项目增加100万元，负债要素中

的应付账款项目增加 100 万元。会计等式为

资产（8 280 +100） =负债（3 080 +100） +所有者权益（5 200）

资产（8 380） =负债（3 180） +所有者权益（5 200）

（3）公司偿还到期的银行借款 150 万元。

该项经济业务的发生，使资产要素中的银行存款项目减少 150 万元，负债要素中的短期借款项目减少 150 万元。会计等式为

资产（8 380 －150） =负债（3 180 －150） +所有者权益（5 200）

资产（8 230） =负债（3 030） +所有者权益（5 200）

（4）联营期限届满，按合同以银行存款 50 万元退还联营单位投资。

该项经济业务的发生，使所有者权益要素中的实收资本项目减少 50 万元，资产要素中的银行存款项目减少 50 万元。会计等式为

资产（8 230 －50） =负债（3 030） +所有者权益（5 200 －50）

资产（8 180） =负债（3 030） +所有者权益（5 150）

（5）公司从银行提取现金 20 万元备用。

该项经济业务的发生，使资产要素中的银行存款项目减少 20 万元，资产要素中的现金项目增加 20 万元。会计等式为

资产（8 180 －20 +20） =负债（3 030） +所有者权益（5 150）

资产（8 180） =负债（3 030） +所有者权益（5 150）

（6）公司决定从资本公积中拿出 500 万元转增实收资本，已办理转账手续。

该项经济业务的发生，使所有者权益要素中的资本公积项目减少 500 万元，所有者权益要素中的实收资本项目增加 500 万元。会计等式为

资产（8 180） =负债（3 030） +所有者权益（5 150 －500 +500）

资产（8 180） =负债（3 030） +所有者权益（5 150）

（7）公司向银行借款 400 万元归还到期的应付货款 400 万元。

该项经济业务的发生，使负债要素中的短期借款项目增加 400 万元，负债要素中的应付账款项目减少 400 万元。会计等式为

资产（8 180） =负债（3 030 +400 －400） +所有者权益（5 150）

资产（8 180） =负债（3 030） +所有者权益（5 150）

（8）债券到期，公司按照合同将该可转换债券中 1 000 万元转为股本，已办理转资手续。

该项经济业务的发生，使负债要素中的应付债券项目减少 1 000 万元，所有者权益要素中的实收资本项目增加 1 000 万元。会计等式为

资产（8 180） =负债（3 030 －1 000） +所有者权益（5 150 +1 000）

资产（8 180） =负债（2 030） +所有者权益（6 150）

（9）联营到期，按合同规定向甲投资者退还投资 500 万元，款项尚未支付。

该项经济业务的发生，使所有者权益要素中的实收资本项目减少500万元，负债要素中的其他应付款项目增加500万元。会计等式为

资产（8 180）=负债（3 030+500）+所有者权益（5 150-500）

资产（8 180）=负债（3 530）+所有者权益（4 650）

以上分析与计算结果表明：涉及资产、负债、所有者权益变化的经济业务的发生，均不会破坏“资产=负债+所有者权益”这一会计等式的平衡。因为任何一项经济业务的发生，都会引起资金运动，引发会计要素的增减变化，但任何类型的经济业务的发生，都不会破坏“资产=负债+所有者权益”会计等式的平衡关系。

2. 涉及收入、费用、利润变化的经济业务及其影响

根据扩展的会计等式“资产+费用=负债+所有者权益+收入”，涉及收入、费用、利润要素变化的经济业务可以划分为以下类型：

（1）取得收入的经济业务。该类业务在引起收入增加的同时，可能引起资产的相应增加或者负债的相应减少。

（2）发生费用的经济业务。该类业务在引起费用增加的同时，可能引起资产的相应减少或者负债的相应增加。

（3）利润分配的经济业务。该类业务在引起利润减少的同时，可能引起所有者权益相应增加（亏损时减少），也可能引起负债的相应增加。

以上经济业务发生引起会计要素变化的具体类型如表1.3所示。

表1.3 经济业务对会计要素的影响

经济业务类型	业务序号	资产	费用	负债	所有者权益	收入
1. 取得收入	1	增加				增加
	2			减少		增加
2. 发生费用	3	减少	增加			
	4		增加	增加		
3. 利润分配	5				增加	利润减少
	6			增加		利润减少

以下用A公司20×1年2月发生的收入、费用、利润经济业务，分析计算会计要素的变化及其对扩展会计等式的影响。

【例1-2】沿用上例资料，根据会计扩展等式“资产+费用=负债+所有者权益+收入”，A公司的收入、费用、利润经济业务发生前会计等式为

资产（8 180）=负债（3 530）+所有者权益（4 650）

资产（8 180）+费用（0）=负债（3 530）+所有者权益（4 650）+收入（0）

该公司20×1年2月发生的收入、费用、利润经济业务及其对扩展的会计等式

的影响分析如下：

（1）A公司销售商品取得收入550万元，款已收到。

该项经济业务的发生，使收入要素中的主营业务收入项目增加550万元，资产要素中的银行存款项目增加550万元。会计等式为

资产（8 180 + 550）+ 费用（0）= 负债（3 530）+ 所有者权益（4 650）+ 收入（+550）

资产（8 730）+ 费用（0）= 负债（3 530）+ 所有者权益（4 650）+ 收入（550）

（2）企业销售商品取得收入120万元，抵偿前欠货款。

该项经济业务的发生，使收入要素中的主营业务收入项目增加120万元，负债要素中的应付账款项目减少120万元。会计等式为

资产（8 730）+ 费用（0）= 负债（3 530 − 120）+ 所有者权益（4 650）+ 收入（550 + 120）

资产（8 730）+ 费用（0）= 负债（3 410）+ 所有者权益（4 650）+ 收入（670）

（3）本月生产产品发生工资费用80万元，款未支付。

该项经济业务的发生，使费用要素中的生产成本项目增加80万元，负债要素中的应付职工薪酬增加80万元。会计等式为

资产（8 730）+ 费用（+80）= 负债（3 410 + 80）+ 所有者权益（4 650）+ 收入（670）

资产（8 730）+ 费用（80）= 负债（3 490）+ 所有者权益（4 650）+ 收入（670）

（4）本月生产产品领用材料400万元。

该项经济业务的发生，使费用要素中的生产成本项目增加400万元，资产要素中的原材料减少400万元。会计等式为

资产（8 730 − 400）+ 费用（80 + 400）= 负债（3 490）+ 所有者权益（4 650）+ 收入（670）

资产（8 330）+ 费用（480）= 负债（3 490）+ 所有者权益（4 650）+ 收入（670）

以上会计等式也可以用以下会计等式表示：

资产（8 330）= 负债（3 490）+ 所有者权益（4 650）+ 利润（190）

（5）计算本月应缴纳所得税50万元。

该项经济业务的发生，使费用要素增加50万元，负债要素中的应交税费增加50万元。会计等式为

资产（8 330）+费用（480+50）=负债（3 490+50）+所有者权益（4 650）
+收入（670）

资产（8 330）+费用（530）=负债（3 540）+所有者权益（4 650）
+收入（670）

以上会计等式也可以用以下会计等式表示：

资产（8 330）=负债（3 540）+所有者权益（4 650）+利润（140）

（6）本月税后利润的80万元，以现金股利分配给投资者，余下60万元作为公司留存收益。

该项经济业务的发生，使利润要素减少140万元，资产要素中的银行存款减少80万元，所有者权益要素中的未分配利润增加60万元。会计等式为

资产（8 330－80）=负债（3 540）+所有者权益（4 650+60）
+利润（140－140）

资产（8 250）=负债（3 540）+所有者权益（4 710）

以上分析与计算结果同样表明：即使发生与收入、费用、利润有关的经济业务，扩展的会计等式始终都保持平衡。由此可以断定：任何类型的经济业务的发生，都不会破坏“资产=负债+所有者权益”会计等式的平衡关系。会计等式因此也被称为会计恒等式。

第四节　会计核算的基本假设和会计基础

一、会计核算的基本假设

会计核算的基本假设是指为了保证会计工作的正常进行和会计信息质量，对会计核算的范围、内容、时间、基本程序和方法所做的限定。

会计核算之所以需要一定的基本前提，是因为会计实务中存在一些不确定的因素，如核算范围有多广，经营期间有无限制及如何分期，计量基础是什么，币值是否稳定，等等。要规定会计核算的一般原则，就必须事先假定一些基本前提。会计核算的基本前提是在特定的经济环境中，根据以往的会计实践和理论，对会计领域中尚未肯定的事项，按照正常情况或发展的趋势所做出的合乎情理的判断，并以此作为会计核算的前提条件。企业的会计核算必须在此基础上进行。

我国在2006年2月颁布的《企业会计准则——基本准则》中提出四个会计核算的基本假设，具体内容包括会计主体、持续经营、会计分期和货币计量。

（一）会计主体

会计主体是指企业会计确认、计量和报告的空间范围。为了向财务报告使用者反映企业财务状况、经营成果和现金流量，提供与其决策有关的信息，会计核算和财务报告的编制应当集中反映特定对象的活动。会计的全部活动，都是为这一特定对象服务的。

会计主体规定了会计工作的空间范围，要求会计信息系统所接受和处理的数据以及输出的信息，都不应该超出这一空间范围；会计只能对某一特定会计主体的经济活动过程与结果进行核算，实施监督，而不能与其他任何主体相混淆。例如某一企业的会计核算，只能核算本企业的各项经济活动，而企业的投资者或所有者的经济活动、上级主管部门或其他单位的经济活动，均不属于该企业会计核算的范围。

会计主体必须具备三个条件：

（1）具有一定数量的经济资源。

（2）独立或相对独立地进行经营活动或其他活动。

（3）独立核算，提供本主体的会计报表。

由此可见，会计主体可以是一个法人单位，如企事业单位、行政机关等，也可以是一个非法人单位，如合伙企业，还可以是一个企业的某一特定部门，如分公司等任何一个独立的经济实体。

（二）持续经营

持续经营是指在可以预见的将来，企业将按当前的规模和状态持续经营下去，不会停业，也不会大规模削减业务。

现实中的企业处于复杂多变的社会经济环境中，有可能面临停业、破产清算，但企业在未来是否会停业、破产以及何时破产清算却是非确定的。因此为了建立正常的会计核算秩序，合理地使用会计方法，有必要假设企业在可预见的将来能够持续不断地经营下去。

持续经营为会计工作的正常开展规定了时间范围。在此前提条件下，企业的会计核算程序和方法，必须以现时的经营规模，业务范围和长期、持续、正常的生产经营活动为前提，而不考虑未来可能发生的破产清算。会计只有在持续经营前提下，才能合理地制定会计确认与计量的原则，有效解决资产的计价与使用、债务的承诺与清偿、费用的确认与分摊、收益的确认与分配等问题，使会计信息具有一致性与可比性。

只有在持续经营前提下，企业的资产与负债才有必要划分为流动与长期；各种资产才能按历史成本而非现行成本或清算价格计价；才有必要、有可能进行会计分期，为采用权责发生制、实现收入与费用配比奠定基础。

当然，当企业一旦面临破产清算，持续经营前提不复存在，会计应放弃这一前提，不再编制正常的会计报表，而是按照清算基础，进行破产清算的会计处理。

（三）会计分期

会计分期也称会计期间，是指将一个企业的持续经营活动划分为一个个连续的、间隔相同的期间。

一个会计主体的经营成果，从理论上讲，只有到经营活动全部停止或企业破产清算时才能最终确定并提供财务报告。但由于会计主体的经营活动何时停止，客观上很难确定，为了满足会计信息使用者及时了解企业经营状况和财务状况的需要，有必要将会计主体的连续不断的经营活动划分为若干个结算期间，在每一个较短的期间内对其收益进行结算与披露，以满足信息使用者决策的需要，从而产生“会计分期”的假设。

会计分期，界定了会计核算的时间范围，要求会计核算应按一定的时间阶段（会计期间）结算账目、编制财务会计报告，及时提供有关财务状况和经营成果的会计信息。

会计分期，是一系列会计原则、处理程序和方法的理论基础，直接制约着企业的会计活动。有了会计分期，才有了本期与非本期的区别，才产生了权责发生制与收付实现制，才使会计主体有了记账的基准。

我国的会计期间分为年度和中期，中期是指月度、季度、半年度。我国的会计期间的起讫日期均按公历日期计算。

（四）货币计量

会计主体在财务会计中确认、计量和报告时以货币计量反映会计主体的生产经营活动。

货币计量是指会计核算应当以货币作为统一的计量单位，记录和报告企业的经济活动。货币计量还隐含了两层意思，即币种的唯一性和币值的不变性。

从理论上说，企业的经营活动过程及结果的计量，可以使用实物量度、劳动量度和货币量度。但由于实物量度和劳动量度的计量属性不同，会给全面、完整地披露企业复杂的经营活动过程及结果带来很大的麻烦，使会计信息的加工、披露、读解的成本很高。因此有必要采用具有综合功能的、单一的计量单位对会计信息进行加工处理。货币具有的综合尺度功能，使货币成为会计计量工具的首选。

主权国家一般都以本国发行的货币作为本国会计的记账本位币。我国会计制度规定，会计核算以人民币为记账本位币，企业的生产经营活动，一律以人民币进行核算和反映。在一些收支业务以外币为主的企业，也可选定某种外币为记账本位币，但在编制和提供会计报表时，都应折合成人民币反映。

一个计量工具，其计量尺度必须是刚性的。货币作为计量工具，其计量尺度是货币的价值尺度；货币的价值尺度不变，必须是币值稳定不变。但币值不变在市场经济环境下显然是不完全符合实际的。尽管国家可以对价格政策进行调整与改革，但价格上升、货币贬值的状况依然存在。但因长期以来，币值不变的假设在会计核算中已被广泛接受，为了能与会计一系列的原则、处理程序和方法有机地结合，全面、系统地反映企业的经济活动，除出现严重通货膨胀需采取特殊措施处理外，对一般的币值波动仍然不予考虑。由此可见，货币价值在不同时期被视为稳定不变的假设，是货币计量成为可能的必要前提。

二、会计基础

基于会计分期前提，会计期间有了本期与非本期之分，在会计主体的经济活动中，经济业务发生和货币收支所在的会计期间不是完全一致的，即存在着现金流动与经济活动的分离。由此产生两个确认和记录会计要素的标准：一个是根据货币收支的实现来作为收入与费用确认、记录的依据，称为收付实现制；另一个是以取得收款权利和付款责任作为收入与费用确认、记录的依据，称为权责发生制。

企业会计的确认、计量和报告应当以权责发生制为基础。权责发生制亦称应计基础、应计制，是指以实质取得收到现金的权利或支付现金的责任的发生为标志来确认本期收入和费用及债权和债务。

按照权责发生制要求，凡是本期已经实现的收入和已经发生或应当负担的费用，不论其款项是否已经收付，都应作为当期的收入和费用处理；凡是不属于当期的收入和费用，即使款项已经在当期收付，都不应作为当期的收入和费用。因此，权责发生制属于会计要素确认、计量的基础和前提条件，是会计主体判断、确定经济业务是否进入会计信息系统以及进入会计信息系统后的具体位置的依据。

权责发生制由于在反映企业经营成果时有其合理性，在我国的企业会计实务中已经完全取代了收付实现制。

第五节　会计信息质量要求

会计的任务就是向会计报告使用者提供与企业财务状况、经营成果和现金流量等有关的会计信息，会计信息质量直接影响会计信息使用者的决策。为了规范企业的会计行为，保证会计信息质量，我国的《企业会计准则——基本准则》按照发展市场经济的需要，借鉴国际会计惯例，同时总结我国多年会计工作的实践经验，规定了我国企业会计信息的质量要求。会计信息的质量特征主要表现在可靠性、相关性、可理解性、可比性、实质重于形式、重要性、谨慎性、及时性八个方面。

一、可靠性

可靠性要求企业应当以实际发生的交易或者事项为依据进行确认、计量和报告，如实反映符合确认和计量要求的各项会计要素及其他相关信息，保证会计信息真实可靠、内容完整。可靠性是会计信息最重要的质量标准。

为了保证会计信息的真实、可靠要求，企业应当做到：

（1）以实际发生的交易或者事项为依据进行确认、计量，将符合会计要素定义及其确认条件的资产、负债、所有者权益、收入、费用和利润等如实反映在财务报表中，不得根据虚构的、没有发生的或者尚未发生的交易或者事项进行确认、计量和报告。

（2）在符合重要性和成本效益原则的前提下，保证会计信息的完整性。这包括应当编报的报表及其附注内容等应当保持完整，不能随意遗漏或者减少应予披露的信息，与使用者决策相关的有用信息都应当充分披露。

二、相关性

相关性要求企业提供的会计信息应当与投资者等财务报告使用者的经济决策需要相关，有助于投资者等财务报告使用者对企业过去、现在或者未来的情况做出评价或者预测。

会计信息是否有用，是否具有价值，关键是看其与使用者的决策需要是否相关，是否有助于决策或者提高决策水平。会计信息质量的相关性要求企业在确认、计量和报告会计信息的过程中，必须充分考虑使用者的决策模式和信息需要。

三、可理解性

可理解性要求企业提供的会计信息应当清晰明了，便于投资者等财务报告使用者理解和使用。

企业提供会计信息的目的在于使用，而使用会计信息必须首先了解会计信息的内涵、弄懂会计信息的内容，这就要求财务报告所提供的会计信息应当清晰明了，易于理解。但会计信息毕竟是一种专业性较强的信息产品，在强调会计信息的清晰性的同时，还应假定使用者具有一定的有关企业经营活动和会计方面的知识，并且愿意付出努力去研究这些信息。对于某些复杂的信息，如交易本身较为复杂或者会计处理较为复杂，如果与使用者的经济决策相关，即使难于理解，企业也应当在财务报告中予以充分披露。

四、可比性

可比性要求企业提供的会计信息应当相互可比。

可比性包括两层含义：一是纵向可比，即同一企业的不同会计期间的会计信息具有可比性；二是横向可比，即不同企业相同会计期间的会计信息具有可比性。

要保证以上两方面的可比性，企业的会计政策前后各期应当一致，不得随意变更，以保证会计信息的纵向可比；所有的企业都应当采用规定的会计政策，按照统一的确认、计量和报告要求提供有关会计信息，确保会计信息的横向可比。

但可比性要求并非限制企业不得变更会计政策，如果按照规定或者在会计政策变更后可以提供质量更高的会计信息，可以变更会计政策。但有关会计政策变更的情况，应当在附注中予以说明。

五、实质重于形式

实质重于形式要求企业应当按照交易或者事项的经济实质进行会计确认、计量和报告，不仅仅以交易或者事项的法律形式为依据。

企业发生的交易或事项在多数情况下其经济实质和法律形式是一致的，但在有些情况下也会不一致。因此，当交易或事项在其经济实质和法律形式不一致时，要求会计必须根据交易或事项的实质和经济现实进行核算与披露，而不能仅仅依据它们的法律形式进行核算与披露。

例如，企业按照销售合同销售商品但又签订了售后回购协议，虽然从法律形式上看实现了收入，但如果企业没有将商品所有权上的主要风险和报酬转移给购货方，没有满足收入确认的各项条件，即使签订了商品销售合同或者已将商品交付给购货方，也不应当确认销售收入。

再例如，商品已经售出，但企业为确保到期收回债款而暂时保留商品的法定所有权时，该权利通常不会对客户取得对该商品的控制权构成障碍，在满足收入确认的其他条件时，企业确认相应的收入。

六、重要性

重要性要求企业提供的会计信息应当反映与企业财务状况、经营成果和现金流量有关的所有重要交易或者事项。

如果财务报告中提供的会计信息的省略或者错报会影响投资者等使用者据此做出决策，该信息就具有重要性。重要性的应用需要依赖职业判断，企业应当根据其所处环境和实际情况，从项目的性质和金额两方面加以判断。从性质来说，当某一事项有可能对决策产生影响时，就属于重要项目；从金额来说，当某一项目的数量达到一定规模时就可能对决策有影响。

重要性要求会计对于重要项目，要采用严格的会计程序，分别核算、分项反映；对于不重要的项目，可以采用归类、合并的核算与反映，使会计信息的收益最大化。

七、谨慎性

谨慎性要求企业对交易或者事项进行会计确认、计量和报告时应保持谨慎，不应高估资产或者收益、低估负债或者费用。谨慎性在西方会计中称为稳健性。

在市场经济环境下，企业的生产经营活动面临着许多风险和不确定性。为了尽可能减少经营者的风险负担，企业应当在面临不确定性因素的情况下做出职业判断时，保持应有的谨慎。具体讲，企业应充分估计到各种风险和损失，既不高估资产或者收益，也不低估负债或者费用，充分预计可能发生的损失与费用。

谨慎性的应用也不允许企业设置秘密准备，如果企业故意低估资产或者收入，或者故意高估负债或者费用，将不符合会计信息的可靠性和相关性要求，损害会计信息质量，扭曲企业实际的财务状况和经营成果。这种滥用谨慎性的行为会对会计信息使用者的决策产生误导，这是会计准则所不允许的。

八、及时性

及时性要求企业对于已经发生的交易或者事项，应当及时进行确认、计量和报告，不得提前或者延后。

会计信息的价值在于帮助所有者或者其他方面做出经济决策，具有时效性。即使是可靠的、相关的会计信息，如果不及时提供，就失去了时效性，对于使用者而言，其效用就大大降低，甚至不再具有实际意义。在会计确认、计量和报告过程中贯彻及时性，一是要求及时收集会计信息，即在经济交易或者事项发生后，及时收集整理各种原始单据或者凭证；二是要求及时处理会计信息，即按照会计准则的规定，及时对经济交易或者事项进行确认或者计量，并编制财务报告；三是要求及时传递会计信息，即按照国家规定的有关时限，及时地将编制的财务报告传递给财务报告使用者，便于其及时使用和决策。

第六节　会计的核算方法与程序

一、会计方法

会计方法是指会计核算、监督会计对象，发挥会计职能，实现会计目标的手段。会计方法通常包括会计核算方法、会计检查方法、会计分析方法、会计预测方法、会计决策方法及会计控制方法，等等。会计核算方法在会计方法体系中处于基础和核心的地位，是其他各种方法的基础。

二、会计核算方法

会计核算方法是指会计在核算过程中将经济信息加工成会计信息的专门技术。它包括会计确认、计量、记录与报告四种方法。

（一）会计确认

会计确认是按一定标准辨认和确定发生的经济业务是否可以作为会计要素进入会计核算系统的过程，包括初始确认和再确认两个环节。

初始确认主要是解决以下两个问题：

（1）是否应予以确认。对发生的经济业务，首先应按会计要素的定义、特征及确认条件确定其属于哪一类会计要素，应如何在会计账簿中加以分类记录，以避免那些不符合会计核算特定规范要求的经济业务进入会计核算系统。

（2）何时予以确认。对应进行会计记录的经济业务，还有一个何时确认的问题。在市场经济条件下，由于商业信用的广泛存在，经济业务发生的时间与相应的现金收支行为发生的时间往往不能完全一致。我国《企业会计准则——基本准则》规定会计核算以权责发生制为记账基础，即对于一切会计要素的确认，特别是对于收入与费用的确认，均以权利或义务是否形成为标志，而不论是否收到现金。

再确认主要解决的问题是：

（1）按会计信息质量要求，确认应为会计信息使用者提供哪些会计核算指标问题。

（2）确认应披露的会计核算指标在会计报表中的披露方法与披露方式。

（二）会计计量

会计计量是指根据被计量对象的计量属性，选择运用一定的计量基础和计量单位，确定应记录项目金额的会计处理方法。

会计计量是会计确认的必然延续，对已经被确认的会计对象，必须经过计量，才能被会计信息系统正式记录与输出。会计确认与会计计量总是不可分割地联系在一起，未经确认，就不能进行计量；没有计量，确认也就失去了意义。

会计计量主要涉及计量单位与计量基础的选择。

1. 计量单位

会计计量是以货币作为主要的计量单位，但也不排除以实物量度、劳动量度作为辅助量度。以货币作为会计记账的通用标准后，解决了计量单位的问题，但同时也带来新的问题，即货币具有名义货币与实际购买力两种尺度，会计计量时应选用哪种货币的问题。一般情况下，会计计量以法定的名义货币作为计量单位。

2. 计量基础

计量基础是指所用量度的经济属性，即按什么标准来记账。我国《企业会计准则——基本准则》规定可使用历史成本、重置成本、可变现净值、现值、公允价值作为会计计量的基础。一般情况下，在相关的财务报表尤其是资产负债表上，资产项目一般以它们的成本进行列示，原因在于历史成本的取得存在着可靠的证据——原始凭证，可以进行验证。但是，在资产价格受供求关系的影响过大，或者因为通货膨胀存在时，期末对资产按照成本进行列示并按照历史成本核算相应的成本费用，必然会带来利润的虚增，扭曲企业的经营成果。当存在上述情况时，会计上要求按照重置成本、可变现净值、市场价格或公允价值等计量基础来进行计量。

（三）会计记录

会计记录是对经过确认和计量而进入会计信息系统的各项数据，通过预先设置好的各种账户，运用一定的文字与金额，按照复式记账的有关要求在账簿中进行记录的过程。通过会计记录，既可以对资金运动进行详细与具体的描绘与量化，也可以对数据进行初步的加工、分类与汇总。只有经过会计记录这个基本的程序，会计才有可能最终生成有助于各项经济决策的会计信息。

（四）财务报告

财务报告是指把会计信息系统的最终产品——会计信息传递给各个会计信息使用者。财务报告包括会计报表和其他应当在财务报告中披露的相关信息和资料。

三、日常会计核算程序

在现实中，会计核算方法贯穿于日常会计核算程序之中。日常会计核算程序包括以下七个环节：

（一）设置科目与账户

设置科目与账户是对会计要素按一定的标准进行分类核算的一种专门方法。为了保证会计信息的明晰性、重要性，会计必须对六个会计要素进一步分类，为每个类别设置专门的名称（会计科目）与账户，以便详细提供该类别的会计指标。

（二）复式记账

复式记账是对每一项经济业务，都要同时在两个或两个以上的相关账户中进行记录。复式记账能够完整、系统地反映经济业务的全貌，反映各项经济业务之间的联系。

（三）填制和审核凭证

填制与审核凭证是为会计记录提供完整、真实的原始资料，保证账簿记录正确与完整的一种会计核算的专门方法，也是实行会计监督的一个重要方面。填制和审核凭证的具体内容是：对于已经发生的经济业务，必须以由经办人或单位所填制的原始凭证为证据；所有原始凭证必须经过会计部门和其他相关部门的审核；只有审核无误的原始凭证才能作为填制记账凭证和登记账簿的依据。

（四）登记账簿

账簿是记录会计信息的载体。登记账簿也称为记账，是根据填制和审核无误的记账凭证，在账簿上进行全面、连续、系统记录的方法。账簿的记录，能够将某一会计对象在一定会计期间所发生的增减变化连续、完整地反映出来。这种分类汇总的会计信息比分散的会计信息更能适应经济管理的需要。账簿记录的各种数据，还是编制会计报表的主要依据。

（五）成本计算

成本计算是指对生产经营过程中所发生的生产费用，按照一定成本对对象进行归集与分配，并计算总成本与单位成本的一种会计核算的专门方法。成本计算可以反映和监督生产经营过程中发生的各项费用是否合理，并为计算确定企业的盈亏提供依据。

（六）财产清查

财产清查是指通过实物盘点、核对账目，查明各种财产物资及资金的实有数，以保证账面数与实有数相符的一种会计核算的专门方法。在会计核算中，必须定期或不定期地对各种财产物资、货币资金的保管和使用情况，以及往来款项结算情况进行清查，监督各类财产物资的安全完整和合理使用。财产清查是保证会计信息真实性的必要手段。

（七）编制会计报表

编制会计报表是根据会计账簿，按照规定的格式，向会计信息使用者定期披露企业的财务状况、经营成果和现金流量的一种会计核算的专门方法。编制会计报表不仅是为了披露企业财务状况、经营成果和现金流量，也是分析考核计划或预算执行情况，以及编制下期计划或预算的重要依据，还是进行经营决策和国民经济综合平衡工作必要的参考资料。

从填制与审核会计凭证到登记账簿再到编制会计报表，一个会计期间的会计核算工作即告结束，然后按照上述程序进入新的会计期间，如此循环往复。习惯上，人们将这一过程称为会计循环。

上述各种会计核算方法相互联系、密切配合，构成了一个完整的方法体系。会计核算方法的具体运用：在经济业务发生之前，会计应根据会计制度要求、企业经济活动的特点和管理的要求设置账户；经济业务发生后，经办人员要填制或取得原始凭证；会计人员审核整理后，按照设置的会计科目，运用复式记账法，编制记账凭证并据以登记账簿；依据凭证和账簿记录对生产经营过程中发生的各项费用进行成本计算，并依据财产清查对账簿记录加以核实，在保证账实相符的基础上定期编制会计报表。

四、会计核算方法在日常会计核算程序中的运用

会计核算方法贯穿于整个日常会计核算程序之中。会计的确认、计量、记录方法的运用，主要体现在日常会计核算程序的 1 ~5 环节，会计报告方法的运用主要体现在日常会计核算程序的 6 ~7 环节。会计核算方法在日常会计核算程序中的运用如图 1. 4 所示。

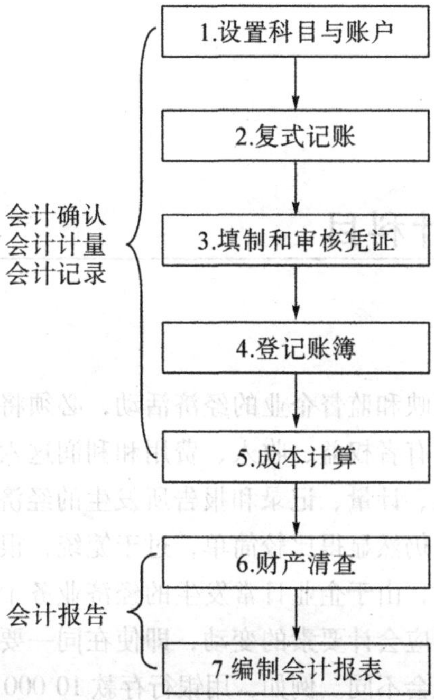

图 1. 4　会计核算方法在日常会计核算程序中的运用

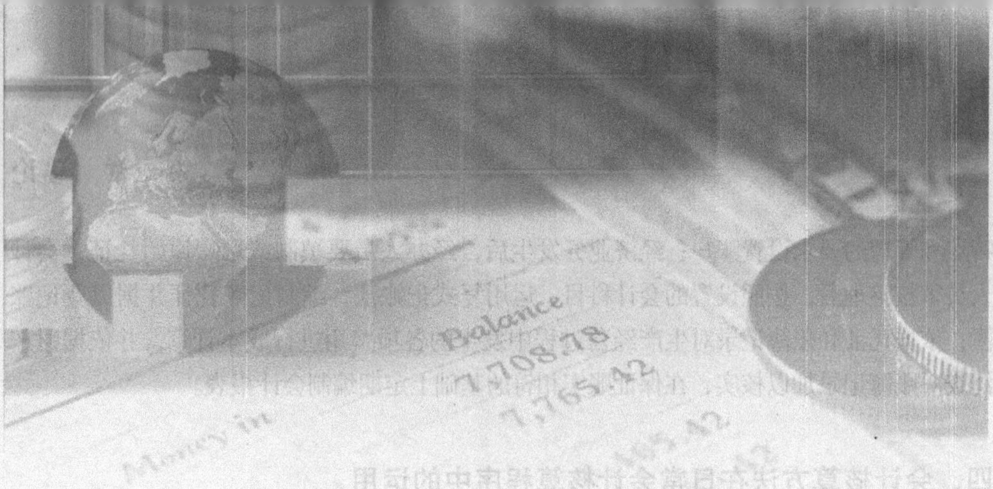

第二章　账户与复式记账

第一节　会计科目

一、会计科目的概念

为了完整、系统地反映和监督企业的经济活动，必须将会计对象按照一定的标准划分为资产、负债、所有者权益、收入、费用和利润这六个要素，通过对各个会计要素的增减变动来确认、计量、记录和报告所发生的经济业务。但是，把所有的经济业务分为这六大要素仍然显得比较简单，过于笼统，很难满足会计信息使用者对会计信息的需要。同时，由于企业日常发生的经济业务十分频繁和复杂，每发生一项经济业务都会引起相应会计要素的变动，即使在同一要素内部变动，其所反映的经济业务的具体内容也会不同。例如，用银行存款 10 000 元购买一台设备这笔经济业务，它只涉及资产要素内部的变化，但是，银行存款和设备反映着不同的内容，必须对它们分别进行反映。为了对会计对象的具体内容进行会计核算和监督，就需要根据其各自不同的特点进行分类，对会计要素的分类就是通常所说的会计科目。

会计科目是对会计对象的具体内容进行分类核算的项目。每一个会计科目都应当明确地反映一定的经济内容。例如，企业拥有或控制的现金、存款、设备和材料都属于企业的资产，但是它们反映着不同的经济内容，有着不同的特点，在经济活动中所起的作用不同，在具体核算时，必须分别设置“库存现金”“银行存款”“固定资产”和“原材料”四个科目。又如，企业向银行借款，借 1 年和借 5 年的款项，虽然都是企业的负债，但由于借款时间长短不同，就必须分别设置“短期借款”和“长期借款”两个科目。再如，企业销售产品获得的收入和出租设备获得的收入，虽然都是企业的收入，但是其核算的内容却不同，一个是企业的主营业务，一个是其他业务，因此，必须分别设置“主营业务收入”和“其他业务收入”两个科目。同样，对于企业的其他各项会计要素，也都必须根据业务的具体特点和内容分别设置相应的会计科目。

因此，通过设置会计科目，可以对会计要素的具体内容进行科学分类，以便更加系统地反映和监督企业的经济活动，更有利于会计信息的比较、分析和汇总，最终为会计信息的使用者提供科学、详细的信息。

二、设置会计科目的原则

设置会计科目是进行会计核算的起点，会计科目的设置是否合理，对于系统地提供会计信息、提高会计工作效率都有很大的影响。同时，不同的经济组织，会计对象的具体内容不同，各企业必须结合各自的特点和具体情况来设置具体的会计科目。因此，为了正确、合理地设置会计科目，各企业必须遵循以下几项原则：

（一）全面系统性原则

会计科目作为对会计要素进行分类核算的具体项目，每一个会计科目应能分门别类地反映各会计要素的某一个方面，具备独特的内容，即每一个会计科目都要有明确的含义、核算范围；就所有的会计科目而言，它们组成的科目体系应能全面、系统地反映会计要素的每一个方面以及整个会计对象，即企业所发生的所有经济业务都能找到相应的会计科目来反映，不能有任何遗漏。例如，制造业是营利性企业，其资金运动主要经过供、产、销三个过程，因此，在设置会计科目时，必须设置“材料采购”“生产成本”“制造费用”“主营业务收入”“本年利润”等会计科目，这样才能全面系统地反映制造业的经济活动。而商品流通企业的资金运动主要经过供、销两个阶段，不存在生产过程，因此，在设置会计科目时就需要设置“库存商品”“主营业务收入”“本年利润”等会计科目，就不需要设置“生产成本”和“制造费用”等成本类科目。

（二）统一性与灵活性兼顾原则

由于企业的经济业务千差万别，在分类核算会计要素的增减变动时，既要遵循国家统一规定的要求，又要充分考虑本单位的实际情况，即需要将统一性与灵活性相结合。所谓统一性，就是在设置会计科目时，应根据提供会计信息的要求，根据《企业会计准则》的要求对一些主要会计科目的设置及其核算内容进行统一的规定，对于核算指标的计算标准、口径都要统一，以保证会计核算指标的综合汇总、对比分析。所谓灵活性，就是在能够提供统一核算指标的前提下，各个单位根据自己的具体情况、行业特点和业务特点，对统一规定的会计科目增加、减少或合并某些会计科目。例如，统一规定的会计科目，没有设置“废品损失”科目，企业如果需要单独核算废品损失，就可以增设“废品损失”科目。

（三）有用性原则

有用性是指会计科目能满足会计信息使用者的需要。在设置会计科目时，既要满足外部信息使用者即国家有关政府部门、企业投资者、债权人及其他方面的需要，又要满足企业内部经营管理者的需要，并根据需要提供会计信息的详细程度，分设总分类科目和明细分类科目。这样既提供了总括的核算指标，满足外部信息使用者的需要；又提供了详细的核算资料，满足内部经营管理者的需要。

（四）简明性原则

每一个会计科目都应有特定的核算内容，各会计科目之间既要有联系，又要有明确的界限，不能含糊不清。在设置会计科目时，对每一个会计科目的核算内容必须有严格、明确的界定。会计科目作为分类核算的标识，要求简单明确、字义相符、通俗易懂，这样才能避免误解和混乱。简单明确是指根据经济业务的特点尽可能简洁明确地规定科目名称；字义相符是指按照中文习惯，能够望文生义，不致产生误解；通俗易懂是指要尽量避免使用晦涩难懂的文字，便于大多数人正确理解。另外，会计科目的数量和详细程度应根据企业规模、业务的繁简和管理的需要来确定。同时，为了满足会计信息化的要求，方便计算机操作，还应按照会计准则的规定对会计科目统一编号。

（五）稳定性原则

为了保证会计信息的连贯性和可比性，便于在不同时期分析比较会计核算指标和在一定范围内汇总核算指标，在一定时期内应保持会计科目稳定，不能经常变动会计科目的名称、内容、数量。当然，稳定性是指相对稳定性，并不是说会计科目绝对不能改变，当会计环境发生变化时，会计科目也应随之进行相应的调整，以便及时、完整、正确反映所发生的经济活动。

三、会计科目的分类

为了统一会计科目的核算内容，正确运用会计科目，必须对会计科目进行适当的分类。常用的分类标准有两个：一是按会计科目的经济内容分类，二是按经济业务内容的详细程度分类。

（一）会计科目按经济内容分类

会计科目按经济内容分类是最基本、最主要的一种分类。《企业会计准则》中将会计科目分为资产类、负债类、共同类、所有者权益类、成本类、损益类六大类，每类又包括许多具体内容。资产类科目是反映企业拥有或控制的全部资产的状况；负债类科目是反映企业承担的将来需要偿还的债务状况；共同类科目是为了把一般企业和金融企业的会计科目统一起来而设置的，它可能具有资产的性质，也可能具有负债的性质，其最终的性质取决于会计科目核算的结果；所有者权益类会计科目反映的是企业所有者权益的状况；成本类会计科目反映企业产品成本的核算状况；损益类会计科目反映企业实现的利润或发生的亏损，包括收入类和费用类会计科目，收入类会计科目反映企业生产经营过程中收入情况，费用类会计科目反映企业生产经营过程中费用发生情况。

为了便于编制会计凭证，登记账簿，查阅账目，实行会计信息化，应给每个会计科目都确定相应的编号。表 2.1 列出了我国《企业会计准则》中制造业常用的会计科目及其编号。

表 2.1 制造业常用的会计科目及其编号

顺序	编号	会计科目名称	顺序	编号	会计科目名称
		一、资产类			二、负债类
1	1001	库存现金	38	2001	短期借款
2	1002	银行存款	39	2101	交易性金融负债
3	1012	其他货币资金	40	2201	应付票据
4	1101	交易性金融资产	41	2202	应付账款
5	1121	应收票据	42	2203	预收账款
6	1122	应收账款	43	2211	应付职工薪酬
7	1123	预付账款	44	2221	应交税费
8	1221	其他应收款	45	2241	其他应付款
9	1231	坏账准备	46	2501	长期借款
10	1401	材料采购	47	2502	应付债券
11	1402	在途物资	48	2701	长期应付款
12	1403	原材料	49	2801	预计负债
13	1404	材料成本差异	50	2901	递延所得税负债
14	1405	库存商品			三、共同类（略）
15	1406	发出商品			四、所有者权益类
16	1408	委托加工物资	51	4001	实收资本
17	1411	周转材料	52	4002	资本公积

表2.1(续)

顺序	编号	会计科目名称	顺序	编号	会计科目名称
18	1471	存货跌价准备	53	4101	盈余公积
19	1501	债权投资	54	4103	本年利润
20	1502	债权投资减值准备	55	4104	利润分配
21	1503	其他债权投资			五、成本类
22	1511	长期股权投资	56	5001	生产成本
23	1512	长期股权投资减值准备	57	5101	制造费用
24	1531	长期应收款	58	5201	劳务成本
25	1532	未实现融资收益	59	5301	研发支出
26	1601	固定资产			六、损益类
27	1602	累计折旧	60	6001	主营业务收入
28	1603	固定资产减值准备	61	6051	其他业务收入
29	1604	在建工程	62	6101	公允价值变动损益
30	1606	固定资产清理	63	6111	投资收益
31	1701	无形资产	64	6301	营业外收入
32	1702	累计摊销	65	6401	主营业务成本
33	1703	无形资产减值准备	66	6402	其他业务成本
34	1711	商誉	67	6403	税金及附加
35	1801	长期待摊费用	68	6601	销售费用
36	1811	递延所得税资产	69	6602	管理费用
37	1901	待处理财产损溢	70	6603	财务费用
			71	6701	资产减值损失
			72	6711	营业外支出
			73	6801	所得税费用
			74	6901	以前年度损益调整

(二）会计科目按照反映经济业务内容的详细程度分类

为了既能够提供总括的会计信息，又能够提供详细的、具体的会计信息，就需要将会计科目分为不同的层次。会计科目按照反映经济业务内容的详细程度分为以下两类：

1. 总分类科目

总分类科目又称为总账科目，是对会计要素具体内容进行总括分类，提供总括信息的会计科目，如“库存现金”“银行存款”“应收账款”“应付账款”“原材料”“固定资产”“主营业务收入”“管理费用”等，都属于总分类科目。按照我国现行的会计准则规定，总分类科目由财政部统一制定，表 2.1 中所列的科目都属于总分类科目。各个企业可以根据实际情况，在统一规定的总分类科目的基础上设置相应的总分类科目。

2. 明细分类科目

明细分类科目又称为明细科目，是对总分类科目的内容做进一步分类，能提供更详细、更具体的会计信息的科目。如“应收账款”总分类科目，按债务人名称或者姓名设置明细科目，具体反映应该向谁收取货款，说明应收账款的具体对象。各个企业可以根据实际情况自行设置相应的明细分类科目。

在实际工作中，有时在总分类科目下设置的明细科目太多，为了满足管理工作的需要，可以在总分类科目与明细分类科目之间增设二级科目。它所提供的信息介于两者之间，二级科目相对于总分类科目而言，是明细科目，相对于明细科目而言，又是总分类科目。

部分会计科目按提供信息详细程度的分类如表 2.2 所示。

表 2.2　部分会计科目按提供信息详细程度的分类

总分类科目	明细分类科目	
	二级科目	明细科目
生产成本	一车间	甲产品
		乙产品
	二车间	甲产品
		乙产品
固定资产	机器设备	磨床
		刨床
	运输设备	载重货车
		客车

3. 总分类科目和明细分类科目之间的关系

总分类科目概括地反映会计对象的具体内容，明细分类科目详细反映会计对象的具体内容；总分类科目对明细分类科目具有控制、统驭的作用，而明细分类科目是对总分类科目的补充和说明。它们之间是控制和被控制、统驭和被统驭的关系。

第二节 账户

一、账户的概述

（一）账户的概念

会计科目的设置只是确定了对会计要素的具体内容进行分类的项目，它仅仅是一个名称，本身是不能用来说明经济业务的发生所引起的会计要素的具体变化的，而经济业务的发生必然会引起相关项目的增减变动，这无法运用会计科目来全面、系统地反映。为了全面、连续、系统地反映经济业务发生所引起会计要素的增减变动及结余情况，就必须根据会计科目来开设相应的账户。

账户是指按照规定的会计科目在账簿中对各项经济业务进行的分类、系统、连续记录的一种手段。

每一个账户都有一个名称，用来说明该账户的经济内容。账户是根据会计科目开设的，会计科目就是账户的名称。

正确地设置和运用账户，可以系统、分类地反映和监督企业经济业务的发生情况以及由此引起的各要素的增减变动及结果情况，从而向会计信息使用者提供有用的会计信息。

（二）会计科目与账户的关系

会计科目与账户是两个不同的概念，两者之间既有联系又有区别。

1. 两者的联系

账户是根据会计科目开设的，会计科目就是账户的名称，两者都是对经济业务进行的分类，都说明一定的经济业务内容，即会计科目所要核算的经济内容就是账户所要登记的内容。例如，“原材料”会计科目与“原材料”账户所反映的内容、范围、级次等是完全相同的。

2. 两者的区别

会计科目只是对会计对象的具体内容进行分类核算的标志或项目，只是说明一定经济业务的内容，它本身不能反映会计要素的增减变化情况；而账户具有一定的结构，并通过账户的结构来反映会计要素的增减变动及结余情况，可以提供具体的数据资料。

由于会计科目是账户的名称，两者的名称相同，所反映的内容也是相同的，因此，在实际工作中，常常把会计科目作为账户的同义词，对两者不加区分，互相通用。

二、账户的结构

会计科目与账户的主要区别就在于账户有结构，账户的结构能够反映经济业务所引起的资金数量的增减变化及其结果。从数量上看，不外乎有增加和减少两种情况。因此，账户的结构也相应地被划分为两个基本部分——左右两方，一方记增加，一方记减少。至于哪方记增加，哪方记减少，这取决于所采用的记账方法和所记录的经济业务的内容。增减相抵后的差额，称为账户的余额。在一个会计期内，账户的增加数一般大于账户减少数，所以，账户的余额通常与增加额在同一个方向。账户的余额按其表现时间分为期初余额和期末余额，期初余额是一个会计期间开始时记录的余额，期末余额是一个会计期间结束时记录的余额。这样，一个账户一般就有四个金额：期初余额、本期增加发生额、本期减少发生额和期末余额。它们之间的数量关系可以用下列等式来表示：

期初余额 + 本期增加额 - 本期减少额 = 期末余额

一个账户的基本内容主要包括：

（1）账户名称，即会计科目。

（2）日期，即记录经济业务发生的日期。

（3）摘要，概括说明经济业务的内容。

（4）凭证号数，表明记录经济业务的依据。

（5）增加额、减少额及余额。

在实际工作中，账户的一般格式如表 2.3 所示。

表 2.3　账户的名称（会计科目）

年		凭证编号	摘要	借方	贷方	借或贷	余额
月	日						

为了便于说明账户的基本结构，在会计教学中往往用简化了的“丁”字形账户来表示，由于其形状像英文字母“T”，因而也被称为“T”形账户，如图 2.1 所示。

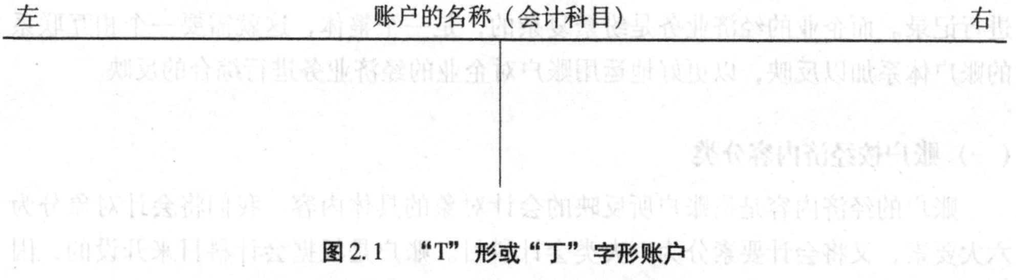

图 2.1　“T”形或“丁”字形账户

"T"形账户分为左右两方，分别记录期初余额、本期增加额、本期减少额和期末余额。如果左方记录增加额，则右方记录减少额，则期初、期末余额一般在左方；如果右方记录增加额，则左方记录减少额，期初、期末余额一般在右方。

例如，某企业在某一期间"库存现金"账户和"应付账款"账户记录如图 2.2 和图 2.3 所示。

左　　　　库存现金　　　　右

期初余额	2 000		
本期增加额	3 000	本期减少额	4 000
本期发生额合计	3 000	本期发生额合计	4 000
期末余额	1 000		

图 2.2　"库存现金"账户

左　　　　应付账款　　　　右

		期初余额	100 000
本期减少额	240 000	本期增加额	400 000
本期发生额合计	240 000	本期发生额合计	400 000
		期末余额	260 000

图 2.3　"应付账款"账户

从账户的结构可以看出，账户的结构具有以下三个特点：

（1）账户的左右两方按相反方向记录增加额和减少额，即一方记增加，另一方一定记减少。

（2）账户的余额一般与记录的增加方相同。

（3）账户本期的期末余额为下期的期初余额，因此期末余额与期初余额的方向一般一致。

三、账户的分类

每一个账户只能记录经济业务的某一个方面，不可能对企业所有的经济业务都进行记录。而企业的经济业务是纷繁复杂的，是一个整体，这就需要一个相互联系的账户体系加以反映，以更好地运用账户对企业的经济业务进行综合的反映。

（一）账户按经济内容分类

账户的经济内容是指账户所反映的会计对象的具体内容。我们将会计对象分为六大要素，又将会计要素分为六大类会计科目。账户是根据会计科目来开设的，因此，有六大类会计科目就有六大类账户。具体的账户内容见前面的会计科目表（见表2.1）。

（二）账户按提供信息的详细程度分类

账户是根据会计科目来开设的，会计科目按照提供信息的详细程度分为总分类科目和明细分类科目。所以，账户按照提供信息的详细程度也可以分为总分类账户和明细分类账户。

1. 总分类账户

总分类账户简称总账，用来提供总括的核算指标。为了便于企业编制会计凭证、汇总资料和编制会计报表，总分类账户的名称、核算内容及使用方法通常是统一制定的。每一个企业都要根据本企业经济业务的特点和统一制定的会计科目，设置若干个总分类账户。总分类账户一般只能用货币单位计量。例如，根据“原材料”科目开设的“原材料”账户，能够反映企业所拥有的库存材料的总额。

2. 明细分类账户

明细分类账户简称明细账，用来提供详细核算资料的账户。明细分类账户是依据企业经济业务的具体内容设置的，它所提供的明细核算资料主要是满足企业内部经营管理的需要。各个企业、单位的经济业务具体内容不同，经营管理的水平不一，明细分类账户的名称、核算内容及使用方法也就不能统一规定，只能由各企业、单位根据经营管理的实际需要和经济业务的具体内容自行规定。

明细分类账户可以用货币单位、实物单位来计量。例如，根据“应收账款”科目下属的各明细科目开设的甲单位明细账、乙单位明细账，就可以具体了解企业应向甲、乙两单位收取的货款金额。又如，根据“原材料”科目下属的明细科目开设的“钢材”“木材”等明细账户，就可以具体了解企业拥有的各种材料的种类、数量和金额。

如果某一总分类账户所属的明细分类账户较多，为了便于控制，还可增设二级账户。二级账户是介于总分类账户和明细分类账户之间的账户。它也是由企业、单位根据经营管理的实际需要和经济业务的具体内容自行确定的。

3. 两者之间的关系

总账和明细账核算内容相同，它们提供的核算资料相互补充，具有相互配合的关系。总账和明细账之间是控制与被控制、统驭与被统驭的关系。总账对其所属明细账起着统驭作用，明细账则对其所隶属的总账起着辅助作用。

第三节 借贷记账法

一、记账方法的种类

记账方法是根据一定的原理，运用一定的记账符号，根据一定的记账规则，在账簿中登记各项经济业务的技术方法。会计历史上记账方法经过最初的单式记账法，逐渐演变为现在所使用的复式记账法。

（一）单式记账法

单式记账法是指对发生的经济业务，除了有关债权、债务、现金收入、付出业务以外，只在一个账户中进行记录的记账方法。单式记账法通常只登记货币资金收支、往来款项的结算内容，而不登记实物的收付内容。例如企业用银行存款购买原材料业务，只在“银行存款”账户中记录其付出业务，而对材料的收入业务则不反映；再如，企业销售产品货款未收，只记录应收账款的增加，而对收入不反映。

单式记账法是一种比较简单的记账方法，是对每一项业务，只在一个账户中单方面反映的一种方法。它只片面地反映经济业务的一部分，不能完整、系统地反映经济业务的来龙去脉，账户之间也不能形成对应关系，不便于检查账户记录的正确性。

目前，企业一般不采用单式记账法。

（二）复式记账法

复式记账法是指对每一项经济业务，都要以相等的金额同时在两个或两个以上相互联系的账户中进行记录的一种记账方法。它能全面反映经济业务的来龙去脉。例如，企业用银行存款50 000元购买原材料这笔经济业务，该经济业务的发生引起了两个方面的变化，一方面使“银行存款”账户记录减少了50 000元，另一方面使“原材料”账户记录增加了50 000元。这样，“原材料”账户与“银行存款”账户之间就形成一种对应关系，说明银行存款减少是由于购买了原材料而不是其他。再如企业销售产品，货款100 000元未收，一方面使“主营业务收入”账户记录增加了100 000元，另一方面使“应收账款”账户记录增加了100 000元。这样，“主营业务收入”账户与“应收账款”账户之间就形成一种对应关系，说明应收账款增加是由于销售了产品而不是其他业务。

复式记账法在其发展过程中形成了许多具体的方法，根据其记账符号的不同，分为借贷记账法、增减记账法和收付记账法三种。借贷记账法是世界上产生最早的一种复式记账方法，也是目前世界各国通用的一种复式记账法；增减记账法是20世纪60年代产生于我国并用于商业等领域的一种复式记账法；收付记账法是在我国传统的单式记账法基础上改良形成的一种复式记账法，主要用于行政事业单位。为了与国际接轨，我国企业从1992年开始，一律采用借贷记账法记账，行政事业单位从1998年起一律采用借贷记账法记账，即我国于1998年结束借贷记账法、增减记账法和收付记账法三种记账方法并存的局面，一律采用借贷记账法记账。因此，在下面的内容中，我们只详细介绍借贷记账法。

二、借贷记账法

（一）借贷记账法的产生

借贷记账法起源于13世纪的意大利地中海沿岸一带城市。在这个时期，意大利是商品经济比较发达的国家，海上贸易发展速度非常快。为了适应商品经济的发展，满足资本家特别是借贷资本家和商业资本家经营管理的需要，逐渐形成了借贷记账法。1494年，意大利数学家卢卡·帕乔利（Luca Pacioli）著的《算术、几何、比及比例概要》一书标志着近代会计的开端，书中从理论上系统地阐述了借贷复式记账的基本原理，这被认为是会计发展的一个里程碑。借贷复式记账法在1905年从日本传入中国，在清朝银行中使用。

随着借贷记账法的广泛传播，借贷记账法也得到了进一步的完善，成为一种科学的记账方法，为世界各国普遍使用。

（二）借贷记账法的概念

借贷记账法是以“借”和“贷”为记账符号，对发生的每项经济业务都以相等的金额，在两个或两个以上相互联系的账户中记录增减变化情况的一种复式记账方法。该方法具有以下两个特点：

（1）对每项经济业务都必须在两个或两个以上相互联系的账户中进行记录。

每项经济业务发生后，至少涉及两个账户，这些账户之间存在着一种对应关系，通过这种对应关系就可以了解经济业务的来龙去脉。

（2）对每项经济业务，都必须以相等的金额进行记录。

每项经济业务发生后，以相等的金额进行记录，可以检查账户记录的正确性。

（三）借贷记账法的记账符号

借贷记账法是以“借”和“贷”为记账符号的。“借”和“贷”最初是从借贷资本家的角度来理解的，用来表示债权和债务的增减变动。借贷资本家对于收进的存款，记在贷主的名下，表示债务；对于付出的放款，记在借主的名下，表示债权。当时的“借”“贷”二字表示债权、债务的变化。随着社会经济的发展、经济活动的日益复杂，记录的经济业务已不仅仅局限于货币资金的收付，而是日益扩大到财产物资、经营损益和经营资本等方面。在会计账簿中，不仅要记录货币资金的借贷，也要记录财产物资、经营损益等非货币借贷业务的增减变化。对非货币借贷业务，也要求用“借”“贷”二字来记录其增减变动情况，以使账簿记录统一。这样，“借”“贷”二字就逐渐失去了最初的含义，而演变成纯粹的记账符号，成为会计上的专业术语，用来标明记账的方向，反映资产的存在形态和权益的增减变化，借贷记账法的名称由此而来。

（四）借贷记账法的理论依据

借贷记账法是一种科学的记账方法，是建立在会计等式的基础上，并以此作为借贷记账法的理论依据的。

会计等式如下：

$$资产=负债+所有者权益$$

$$收入-费用=利润$$

$$资产=负债+所有者权益+收入-费用$$

$$资产+费用=负债+所有者权益+收入$$

$$资产-负债-所有者权益=0$$

$$资产-负债=所有者权益$$

第一个等式称为基本会计等式。

基本会计等式主要揭示了三个方面的内容：

1. 会计主体内各要素之间的数字平衡关系

有一定数量的资产，就必然有相应数量的负债和所有者权益与之相对应；反之亦然。即：有其占用必有其来源。

具体来说数字平衡关系表现在以下三个方面：

（1）每一次记账的借方和贷方金额是平衡的。

（2）一定时期账户的借方和贷方金额是平衡的。

（3）所有账户的借方和贷方金额是平衡的。

2. 各会计要素增减变化的相互联系

同一会计要素内部不同项目之间发生变化时，内部项目增加和减少的金额是相等的；等式左右两边不同会计要素之间的项目发生变化时，应该以相等的金额同时进行增加或减少，数量之间是一种平衡关系。具体要求是：在一个账户中记录的同时必然要有另一个或两个以上有联系的账户的记录与之对应。

3. 等式有关因素之间是对立统一的关系

资产、负债和所有者权益分列于等式的两边，等式左边是资产，等式右边是负债和所有者权益，形成对立统一的关系。具体要求是按相反方向记账。

（1）从一个账户来看，是按照相反方向记账，如果借方记录增加额，则贷方一定记录减少额；如果贷方记录增加额，则借方一定记录减少额。

（2）从等式两边的账户来看，资产类账户是借方记录增加额，贷方记录减少额；与之相反，负债和所有者权益类账户贷方记录增加额，借方记录减少额。

由于借贷记账法对任何经济业务的发生都要在两个或两个以上账户中以相等的金额进行记录，遵循了资金运动的规律。会计等式反映了企业资金运动的内在规律性，任何经济业务的发生都会对会计要素产生影响，但是都不会破坏会计等式的平衡。

会计等式对记账方法的要求决定了借贷记账法的账户结构、记账规则、试算平衡的基本理论，因此会计等式是借贷记账法的理论依据。

（五）借贷记账法下的账户结构

在前面账户的结构中，把账户的结构分为左右两方，不同类型的账户在登记增加或减少时的方向是不同的，主要取决于记账方法。在借贷记账法下，将账户的左方称为借方，右方称为贷方，不同类别账户的借贷方所反映的经济内容是不同的。确定账户结构的目的是分别规定借方、贷方发生额的内容和账户余额的方向，便于有规律地登记账户和结出账户的余额。在借贷记账法下，记账时，账户的借贷两方必须做相反方向的记录。即对于每一个账户来说，如果借方用来登记增加额，则贷方就用来登记减少额；如果贷方用来登记增加额，则借方就用来登记减少额。那究竟哪方登记增加额，哪方登记减少额，则要根据账户的性质来决定。不同性质的账户，其结构是不同的。下面分别介绍资产类、负债类与所有者权益类、收入类、成本费用类账户的结构。

1. 资产类账户的结构

资产类账户的借方记录资产的增加，贷方记录资产的减少，余额一般在借方，表示期末资产的结余数。通常把在一个期间内借方记录的合计数称为“本期借方发生额”，把贷方记录的合计数称为“本期贷方发生额”，将期初余额、本期借方发生额、本期贷方发生额、期末余额称为账户四要素。

资产类账户四要素的关系用公式表示为

$$\begin{array}{c}\text{资产类账户}\\\text{期末借方余额}\end{array}=\begin{array}{c}\text{期初借}\\\text{方余额}\end{array}+\begin{array}{c}\text{本期借方}\\\text{发生额}\end{array}-\begin{array}{c}\text{本期贷方}\\\text{发生额}\end{array}$$

资产类账户用“T”形账户表示如图2.4所示。

借　　资产类账户	贷
期初余额	
本期增加额	本期减少额
本期发生额合计	本期发生额合计
期末余额	

图2.4　资产类账户的结构

2. 负债与所有者权益类账户的结构

由会计等式"资产=负债+所有者权益"可知，负债与所有者权益类账户的性质与资产类的性质是相反的。因此，其账户的结构与资产类账户的结构正好相反，即贷方记录增加额，借方记录减少额，余额一般在贷方。

负债与所有者权益类账户四要素的关系表示为

$$\text{负债与所有者权益账户期末贷方余额} = \text{期初贷方余额} + \text{本期贷方发生额} - \text{本期借方发生额}$$

负债与所有者权益类账户用"T"形账户表示，如图 2.5 所示。

借	负债与所有者权益类账户　　贷
	期初余额
本期减少额	本期增加额
本期发生额合计	本期发生额合计
	期末余额

图 2.5　负债与所有者权益类账户的结构

3. 收入类账户的结构

收入类账户与负债和所有者权益类账户的结构基本相同。即贷方记录增加额，借方记录减少额，期末一般没有余额。收入类账户用"T"形账户表示，如图 2.6 所示。

借	收入类账户　　贷
本期减少额（转出额）	本期增加额
本期发生额合计	本期发生额合计

图 2.6　收入类账户的结构

4. 成本、费用类账户的结构

企业生产经营过程中所发生的费用和成本，从实质上讲，是资产的转化形式。因此，成本、费用类账户的结构与资产类账户的结构是基本一致的。借方记录增加，贷方记录减少，期末一般无余额，如果有余额则在借方。成本、费用类账户用"T"形账户表示，如图 2.7 所示。

成本、费用类账户

借	贷
本期增加额	本期减少额（转出额）
本期发生额合计	本期发生额合计

图 2.7　成本、费用类账户的结构

综上所述，“借”“贷”作为记账符号，其含义不一样。“借”表示资产增加，费用成本增加，负债及所有者权益的减少，收入的转出；“贷”表示资产减少，费用成本转出，负债及所有者权益的增加，收入的增加。

借贷记账法下各类账户的结构用“T”形账户表示，如图 2.8 所示。

账户名称

借	贷
资产增加 负债减少 所有者权益减少 收入减少（转出） 成本费用增加	资产减少 负债增加 所有者权益增加 收入增加 成本费用减少（转出）
余额：资产	余额：负债与所有者权益

图 2.8　借贷记账法下各类账户的结构

（六）记账规则

根据复式记账法的记账原理，对于每一项经济业务都必须以相等的金额，在两个或两个以上相互联系的账户中进行记录，即一方面应记入一个或几个账户的借方，另一方面应记入几个或一个有关账户的贷方，记入借方账户的金额与记入贷方账户的金额必然相等，这就形成了借贷记账法的记账规则“有借必有贷，借贷必相等”，也就是有借方必然有贷方，借方和贷方的金额必然相等。

在实际运用借贷记账法的记账规则记录经济业务时，一般按照以下步骤分析经济业务：

（1）分析经济业务的内容，确定涉及哪几个账户。

（2）分析所涉及账户的性质是什么，即账户属于什么会计要素，是资产、负债、所有者权益还是其他。

（3）分析所涉及的账户是增加还是减少。

（4）根据各类账户的结构及借贷记账法的记账规则，确定该项经济业务应记入相关账户的借方或贷方及各账户应记的金额。

下面通过几个例子来说明借贷记账法的记账规则的运用。

假定光明公司于 20×1 年 3 月发生以下经济业务（不考虑增值税）。

【例2-1】3月1日接受大华集团公司的追加投资5 000 000元，款项已存入银行。

这笔经济业务的发生，涉及“实收资本”和“银行存款”两个账户。“实收资本”是所有者权益类账户，“银行存款”是资产类账户；接受其他单位的投资使“实收资本”增加，款项存入银行使“银行存款”也增加。所有者权益类账户增加应记贷方，即“实收资本”账户的贷方，资产增加应记在借方，即“银行存款”账户的借方。

借 实收资本	贷		借 银行存款	贷
	5 000 000	←→	5 000 000	

【例2-2】3月2日从银行取得一年期的借款200 000元，银行通知款项已划入企业银行存款户。

这笔经济业务的发生，涉及“短期借款”和“银行存款”两个账户。“短期借款”是负债类账户，“银行存款”是资产类账户。向银行借款使“短期借款”增加，款项存入银行使“银行存款”也增加。负债类账户增加应记贷方，即“短期借款”账户的贷方，资产增加应记在借方，即“银行存款”账户的借方。

借 短期借款	贷		借 银行存款	贷
	200 000	←→	200 000	

【例2-3】3月3日，购入新机器设备5台，共计100 000元，已安装完毕，已开支票支付。

这笔经济业务的发生，涉及“固定资产”和“银行存款”两个账户。“固定资产”和“银行存款”账户都是资产类账户。购入机器设备使“固定资产”增加，开支票支付使“银行存款”减少。资产账户增加应记借方，即“固定资产”账户的借方，资产减少应记在贷方，即“银行存款”账户的贷方。

借 银行存款	贷		借 固定资产	贷
	100 000	←→	100 000	

【例2-4】3月8日，以银行存款60 000元偿还前欠货款。

这笔经济业务的发生，涉及“应付账款”和“银行存款”两个账户。“应付账款”账户是负债类账户，“银行存款”账户是资产类账户。以银行存款偿还前欠货款使“应付账款”减少，用存款支付使“银行存款”减少。负债类账户减少应记在借方，即“应付账款”账户的借方，资产减少应记在贷方，即“银行存款”账户的贷方。

借　银行存款	贷		借　应付账款	贷
	60 000	←→	60 000	

【例2－5】3月15日，前购买材料所欠货款200 000元已到期，企业开一张3个月的商业汇票予以支付。

这笔经济业务的发生，涉及"应付账款"和"应付票据"两个账户。"应付账款"和"应付票据"都是负债类账户。偿还前欠货款使"应付账款"减少，开商业汇票支付使"应付票据"增加。负债类账户减少应记在借方，即"应付账款"账户的借方，负债增加应记在贷方，即"应付票据"账户的贷方。

借　应付票据	贷		借　应付账款	贷
	200 000	←→	200 000	

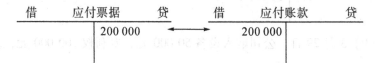

【例2－6】3月20日，用盈余公积100 000元转作资本。

这笔经济业务的发生，涉及"盈余公积"和"实收资本"两个账户。"盈余公积"和"实收资本"都是所有者权益类账户。用盈余公积转作资本一方面使"盈余公积"减少，另一方面使"实收资本"增加。所有者权益类账户减少应记在借方，即"盈余公积"账户的借方，所有者权益增加应记在贷方，即"实收资本"账户的贷方。

借　实收资本	贷		借　盈余公积	贷
	100 000	←→	100 000	

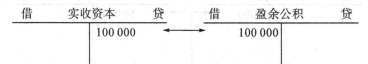

【例2－7】3月21日，将欠光大公司的货款2 000 000元转作光大公司的投资。

这笔经济业务的发生，涉及"应付账款"和"实收资本"两个账户。"应付账款"账户是负债类账户，"实收资本"是所有者权益类账户。将欠光大公司的货款转作光大公司的投资，即常说的债转股，一方面使"应付账款"减少，另一方面使"实收资本"增加。负债类账户减少应记在借方，即"应付账款"账户的借方，所有者权益增加应记在贷方，即"实收资本"账户的贷方。

借　实收资本	贷		借　应付账款	贷
	2 000 000	←→	2 000 000	

【例2－8】3月28日，公司购入原材料共计80 000元，其中50 000元已经用银行存款支付，其余暂欠（不考虑增值税）。

这笔经济业务的发生，涉及"原材料""银行存款"和"应付账款"三个账户。"原材料"和"银行存款"账户都是资产类账户，"应付账款"账户是负债类账户。购入原材料使“原材料”增加，用存款支付使“银行存款”减少，暂欠部分使“应付账款”增加。资产账户增加应记在借方，即“原材料”账户的借方，资产减少应记在贷方，即“银行存款”账户的贷方，负债增加应记“应付账款”账户的贷方。

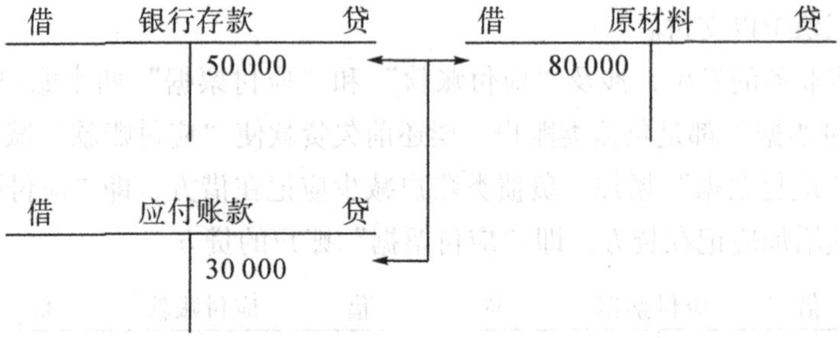

【例2－9】3月29日，公司购入设备50 000元，专利权100 000元，款已通过银行付讫。

这笔经济业务的发生，涉及“固定资产”“无形资产”和“银行存款”三个账户。“固定资产”“无形资产”和“银行存款”账户都是资产类账户。购入设备使“固定资产”增加，购入专利权使“无形资产”增加，用存款支付使“银行存款”减少。资产账户增加应记在借方，即“固定资产”账户和“无形资产”账户的借方，资产减少应记在贷方，即“银行存款”账户的贷方。

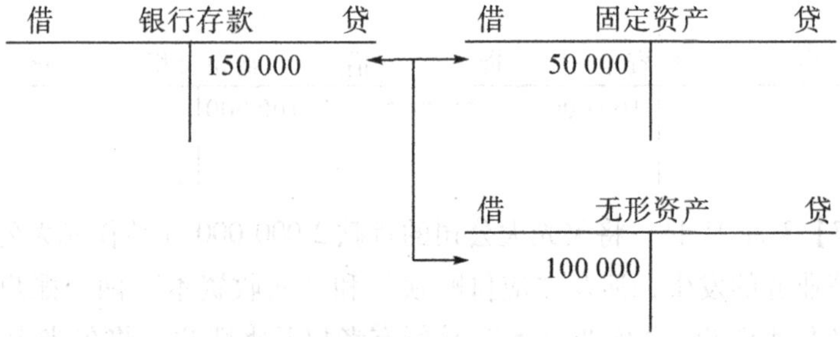

从上面举的例子可以看出，对任何经济业务进行分析，都会涉及两个或两个以上的账户，不管引起的账户是增加还是减少，如果一个账户记在借方，那么另一个或几个账户一定是记在贷方；如果一个账户记在贷方，另一个或几个账户一定是记在借方。而且记录在借方的金额和记录在贷方的金额一定相等。

总之，不管是哪种类型的经济业务，都适用于“有借必有贷，借贷必相等”的记账规则。

（七）借贷记账法下的会计分录

从上面的分析中可以知道，在运用借贷记账法时，有关账户之间会形成应借、应贷的相互关系，称为账户的对应关系，把形成对应关系的账户称为对应账户。例如，【例2－4】用银行存款偿还前欠货款60 000元，需要在“银行存款”账户的贷方和“应付账款”账户的借方中进行记录。这样，“银行存款”和“应付账款”账户就形成了对应关系，两个账户就成了对应账户，如图 2.9 所示。

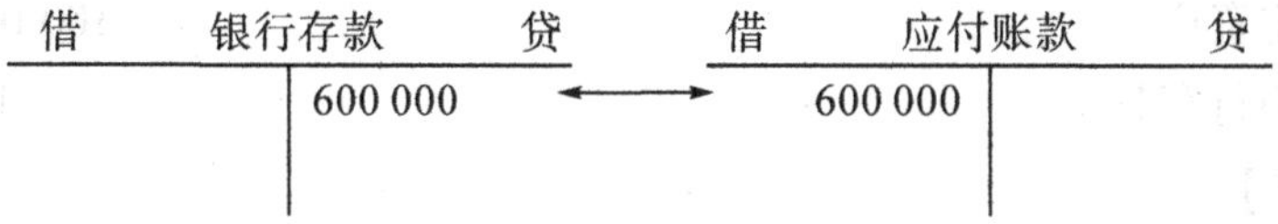

图 2.9　账户的对应关系

通过账户的对应关系，可以了解经济业务的内容，检查对经济业务的处理是否合理合法。

在实际教学过程中，一般不用图 2.9 来表示账户间的对应关系，而是借助于编制会计分录来表示这种对应关系。会计分录是表明某项经济业务应借、应贷账户的名称及其金额的记录。会计分录的编制一般是在记账凭证中来完成的。

会计分录必须具备三个要素——账户名称、借贷方向、金额，三者缺一不可。

会计分录的书写要求：借在上，贷在下，借贷错开一字格；金额分排两列，金额后不必写“元”。

对于初学者来说，编制会计分录可以按以下步骤进行：

（1）一项经济业务发生后，分析该经济业务所涉及的会计要素。

（2）确定记录的账户名称。

（3）分析账户的增减变化。

（4）根据账户的增减方向确定应记借方还是应记贷方。

（5）确定登记金额。

（6）按照会计分录的书写格式，写出完整的会计分录。

如【例 2－4】用银行存款偿还前欠货款 60 000 元这笔业务。按照上述步骤，经分析，该笔业务涉及资产要素和负债要素，应该在“银行存款”账户和“应付账款”账户中反映。经分析，银行存款减少，应付账款也减少。对于资产减少应记在贷方，负债减少记在借方，借方金额和贷方金额都为 60 000 元。按照会计分录的格式，书写如下：

【例 2－4】

借：应付账款　　60 000

　贷：银行存款　　60 000

其余几笔经济业务的会计分录如下：

【例 2－1】

借：银行存款　　5 000 000

　贷：实收资本　　5 000 000

【例 2－2】

借：银行存款　　200 000

贷：短期借款 200 000

【例2-3】

借：固定资产 100 000

贷：银行存款 100 000

【例2-5】

借：应付账款 200 000

贷：应付票据 200 000

【例2-6】

借：盈余公积 100 000

贷：实收资本 100 000

【例2-7】

借：应付账款 2 000 000

贷：实收资本 2 000 000

【例2-8】

借：原材料 80 000

贷：银行存款 50 000

应付账款 30 000

【例2-9】

借：固定资产 50 000

无形资产 100 000

贷：银行存款 150 000

会计分录一般有两种：简单会计分录和复合会计分录。

简单会计分录是指一个账户的借方只能同一个账户的贷方发生对应关系的会计分录，即一借一贷的会计分录。上述例子中，【例2-1】至【例2-7】的经济业务所涉及的账户只有两个，根据它们所编制的会计分录都是属于简单会计分录。

复合会计分录是指一个账户的借方同几个账户的贷方发生对应关系、一个账户的贷方同几个账户的借方发生对应关系或几个账户的借方同几个账户的贷方发生对应关系的会计分录，即一借多贷、多借一贷或多借多贷的会计分录。如【例2-8】和【例2-9】的经济业务所涉及的账户至少是三个，根据其所编制的会计分录属于复合会计分录。

一借多贷和多借一贷的复合会计分录是由几个简单的会计分录组成的。

例如，【例2-8】一借多贷的复合会计分录分别可以分解为两个简单的会计分录：

借：原材料 50 000

贷：银行存款 50 000

借：原材料 30 000

　　贷：应付账款　　30 000

例如，【例 2-9】多借一贷的复合会计分录可以分解为两个简单的会计分录：

借：固定资产　　50 000

　　贷：银行存款　　50 000

借：无形资产　　100 000

　　贷：银行存款　　100 000

如果一项经济业务涉及几个借方账户和几个贷方账户，为集中、全面反映此项经济业务的来龙去脉，可以编制多借多贷的复合会计分录。但是，为了保持账户之间对应关系的清楚，一般情况下不宜将不同类型的经济业务合并在一起编制多借多贷的会计分录。

（八）借贷记账法的试算平衡

为了保证或检查一定时期内所发生的经济业务在账户中登记的正确性和完整性，需要在一定时期终了时，对账户记录进行试算平衡。

试算平衡是根据“资产 = 负债 + 所有者权益”的恒等关系，按照借贷记账法“有借必有贷，借贷必相等”的记账规则，对本期各账户的全部记录进行汇总计算和比较，来检查账户记录正确性和完整性的一种方法。

在借贷记账法下，试算平衡有发生额试算平衡和余额试算平衡两种方法。

1. 发生额试算平衡

发生额试算平衡是依据借贷记账法的记账规则“有借必有贷，借贷必相等”的原理来进行试算平衡的。因为每一笔会计分录的借方发生额和贷方发生额相等，那么在一定会计期间，无论多少笔会计分录，所有账户的借方发生额合计和贷方发生额合计也必然相等。这样就得到发生额试算平衡公式：

全部账户本期借方发生额合计 = 全部账户本期贷方发生额合计

2. 余额试算平衡

余额试算平衡是依据会计等式“资产 = 负债 + 所有者权益”进行试算平衡的。在借贷记账法下，由于资产类账户余额一般为借方余额，负债和所有者权益账户余额一般为贷方余额，依据会计等式，资产类账户借方余额合计数等于负债和所有者权益账户贷方余额的合计数。其试算平衡公式为

全部账户的借方余额合计 = 全部账户的贷方余额合计

在进行试算平衡之前，要把所有的经济业务所涉及的全部账户登记入账，并按照每个账户的性质计算出本期借方发生额、贷方发生额和期末余额。

在会计实践中，试算平衡是通过编制试算平衡表来进行的。根据试算平衡方法的不同，试算平衡分为两种：一是将本期发生额和期末余额试算平衡分别编制，如表 2.4 和表 2.5 所示；二是将本期发生额和期末余额合并在一张表上进行试算平衡，如表 2.6 所示。

表 2.4　总分类账户本期发生额试算平衡表

年　月　日　　　　　　　　　　　单位：元

账户名称	借方发生额	贷方发生额
合计		

表 2.5　总分类账户本期余额试算平衡表

年　月　日　　　　　　　　　　　单位：元

账户名称	借方余额	贷方余额
合计		

表 2.6　总分类账户本期发生额和余额试算平衡表

年　月　日　　　　　　　　　　　单位：元

账户名称	期初余额		本期发生额		期末余额	
	借方	贷方	借方	贷方	借方	贷方
合计						

通过试算平衡表来检查账簿记录是否正确并不是绝对的。如果所有账户的期初余额、本期发生额和期末余额栏的借方合计数与贷方合计数不平衡、不相等，则说明账户记录或计算一定有错误，应该查找原因并进行相应的改正；如果借贷金额平衡、相等，则只能说明记账基本正确，不能肯定记账没有错误。有许多错误对于借贷双方的平衡并不产生影响，因此，不能通过试算平衡来发现。这些错误一般有以下几种：

（1）遗漏某项或几项经济业务，使得本期借方发生额和贷方发生额等额减少，其结果仍然平衡。

（2）重复记录某项或几项经济业务，使得本期借方发生额和贷方发生额等额增加，其结果仍然平衡。

（3）经济业务没有遗漏也没有重复登记，只是借贷双方的金额同时记为一个相同的错误数字，其借贷金额仍然平衡。

(4) 某项或某几项经济业务将账户记错，其借贷金额仍然平衡。

(5) 某项或某几项经济业务将账户的借贷方向颠倒，其借贷金额仍然平衡。

(6) 某些经济业务的借方或贷方发生额中偶然发生一多一少，其金额恰好相互抵销，借贷金额仍然平衡。

下面通过前面所列举的会计事项说明试算平衡表的编制。

假定光明公司于20×1年3月初有关账户的余额如表2.7所示。

表2.7　光明公司账户余额

20×1年3月1日　　　　单位：元

账户名称	期初余额	
	借方	贷方
银行存款	500 000	
原材料	400 000	
固定资产	9 000 000	
无形资产	100 000	
短期借款		100 000
应付账款		3 000 000
应付票据		100 000
实收资本		6 000 000
盈余公积		800 000
合计	10 000 000	10 000 000

光明公司于20×1年3月发生的经济业务如前面所列举的9笔。

将前面根据经济业务编制的会计分录记入有关的账户中：

借　　　　银行存款　　　　贷

期初余额		500 000			
本期增加额			本期减少额		
	(1)	5 000 000		(3)	100 000
	(2)	200 000		(4)	60 000
				(8)	50 000
				(9)	150 000
本期发生额合计		5 200 000	本期发生额合计		360 000
期末余额		5 340 000			

借		固定资产			贷
期初余额		9 000 000			
本期增加额	(3)	100 000	本期减少额		
	(9)	50 000			
本期发生额合计		150 000	本期发生额合计		
期末余额		9 150 000			

借		原材料			贷
期初余额		400 000			
本期增加额	(8)	80 000	本期减少额		
本期发生额合计		80 000	本期发生额合计		
期末余额		480 000			

借		短期借款			贷
			期初余额		100 000
本期减少额			本期增加额	(2)	200 000
本期发生额合计			本期发生额合计		200 000
			期末余额		300 000

借		无形资产			贷
期初余额		100 000			
本期增加额	(9)	100 000	本期减少额		
本期发生额合计		100 000	本期发生额合计		
期末余额		200 000			

借		应付账款			贷
			期初余额		3 000 000
本期减少额	(4)	60 000	本期增加额	(8)	30 000
	(5)	200 000			
	(7)	2 000 000			
本期发生额合计		2 260 000	本期发生额合计		30 000
			期末余额		770 000

借	应付票据		贷
	期初余额		100 000
本期减少额	本期增加额	(5)	200 000
本期发生额合计	本期发生额合计		200 000
	期末余额		300 000

借	实收资本		贷
	期初余额		6 000 000
本期减少额	本期增加额	(1)	5 000 000
		(6)	100 000
		(7)	2 000 000
本期发生额合计	本期发生额合计		7 100 000
	期末余额		13 100 000

借			盈余公积	贷
			期初余额	800 000
本期减少额	(6)	100 000	本期增加额	
本期发生额合计		100 000	本期发生额合计	
			期末余额	700 000

根据账户记录编制发生额试算平衡表（如表2.8所示）、余额试算平衡表（如表2.9所示）、发生额及余额试算平衡表（如表2.10所示）。

表2.8　总分类账户本期发生额试算平衡表

20×1年3月31日　　　　单位：元

账户名称	借方发生额	贷方发生额
银行存款	5 200 000	360 000
原材料	80 000	
固定资产	150 000	
无形资产	100 000	
短期借款		200 000
应付账款	2 260 000	30 000
应付票据		200 000

表2.8(续)

账户名称	借方发生额	贷方发生额
实收资本		7 100 000
盈余公积	100 000	
合计	7 890 000	7 890 000

表2.9　总分类账户本期余额试算平衡表

20×1年3月31日　　单位：元

账户名称	借方余额	贷方余额
银行存款	5 340 000	
原材料	480 000	
固定资产	9 150 000	
无形资产	200 000	
短期借款		300 000
应付账款		770 000
应付票据		300 000
实收资本		13 100 000
盈余公积		700 000
合计	15 170 000	15 170 000

表2.10　总分类账户本期发生额和余额试算平衡表

20×1年3月31日　　单位：元

账户名称	期初余额		本期发生额		期末余额	
	借方	贷方	借方	贷方	借方	贷方
银行存款	500 000		5 200 000	360 000	5 340 000	
原材料	400 000		80 000		480 000	
固定资产	9 000 000		150 000		9 150 000	
无形资产	100 000		100 000		200 000	
短期借款		100 000		200 000		300 000
应付账款		3 000 000	2 260 000	30 000		770 000
应付票据		100 000		200 000		300 000
实收资本		6 000 000		7 100 000		13 100 000
盈余公积		800 000	100 000			700 000
合计	10 000 000	10 000 000	7 890 000	7 890 000	15 170 000	15 170 000

第四节　总分类核算和明细分类核算

在会计核算工作中，为了满足经济管理的需要，对于一些经济业务既要在有关总分类账户中进行登记，提供总括的核算资料，又要在其所属的明细分类账户中进行记录，提供详细的核算资料。总分类账户是所属明细分类账户的统驭账户，对其起着控制作用；而明细分类账户则是某一总分类账户的从属账户，起着辅助作用。某一总分类账户及其所属明细分类账户的核算对象是相同的，它们所提供的核算资料互相补充，只有将两者结合起来，才能既总括又详细地反映同一核算内容。为了便于账户的核对，保证核算资料的正确性和完整性，总分类账户和明细分类账户必须采用平行登记方法进行记录。

一、平行登记的概念

所谓平行登记，是指经济业务发生后，应根据有关会计凭证，登记有关的总分类账户，同时登记该总分类账户所属的各有关明细分类账户。

总分类账户和明细分类账户平行登记的要点：

1. 同内容

凡是在总分类账户下设置有明细分类账户的，对发生的每一笔经济业务，要在同一会计期间，一方面记入有关总分类账户中，另一方面记入该总分类账户所属的明细分类账户中。

2. 同方向

在某一总分类账户及其所属的明细分类账户中登记经济业务时，方向必须相同。即在总分类账户中记入借方，在它所属的明细分类账户中也应记入借方；在总分类账户中记入贷方，在它所属的明细分类账户中也应记入贷方。

3. 同金额

记入某一总分类账户的金额必须与记入其所属的一个或几个明细分类账户的金额合计数相等。

在总分类账户与其所属明细分类账户的平行登记后，两者之间产生了下列数量关系，用公式表示为

总分类账户本期发生额 = 所属明细分类账户本期发生额合计

总分类账户期末余额 = 所属明细分类账户期末余额

二、平行登记的方法

下面以“原材料”和“应付账款”账户为例，说明总分类账户和明细分类账户

平行登记的方法。

假设光大公司“原材料”和“应付账款”总分类账户所属明细分类账户的期初余额如表2.11和表2.12所示。

表2.11 “原材料”总分类账户所属明细分类账户的3月初余额

材料种类	数量	计量单位	单价	金额/元
甲材料	100	吨	200	20 000
乙材料	200	件	60	12 000
合计				32 000

表2.12 “应付账款”总分类账户所属明细分类账户的3月初余额

欠款单位	金额/元
立信公司	300 000
振兴公司	100 000
合计	400 000

该公司在20×1年3月有关材料的收入和发出业务如下（为了计算方便，假设材料价格没有发生变化）：

【例2-10】3月5日，向立信公司购入下列材料，货已验收入库，款项尚未支付（暂不考虑增值税）。

甲种材料	50吨	每吨200元	共计10 000元
乙种材料	100件	每件60元	共计6 000元
合计			16 000元

对这项经济业务，应编制如下会计分录：

借：原材料——甲材料　　10 000

　　　　　——乙材料　　6 000

　贷：应付账款——立信公司　　16 000

【例2-11】3月10日，向振兴公司购入下列材料，货已验收入库，款项尚未支付（暂不考虑增值税）。

甲材料	100吨	每吨200元	共计20 000元
乙材料	200件	每件60元	共计12 000元
合计			32 000元

对这项经济业务，应编制如下会计分录：

借：原材料——甲材料　　20 000
　　　　——乙材料　　12 000
　贷：应付账款——振兴公司　　32 000

【例 2-12】3 月 12 日，企业仓库发出下列材料直接用于 A 产品的生产。

甲材料	160 吨	每吨 200 元	共计 32 000 元
乙材料	350 件	每件 60 元	共计 21 000 元
合计			53 000 元

对这项经济业务，应编制如下会计分录：

借：生产成本——A 产品　　53 000
　贷：原材料——甲材料　　32 000
　　　　　——乙材料　　21 000

【例 2-13】3 月 12 日，企业开支票偿还立信公司货款 200 000 元和振兴公司货款 50 000元。

对这项经济业务，应编制如下会计分录：

借：应付账款——立信公司　　200 000
　　　　　——振兴公司　　50 000
　贷：银行存款　　250 000

根据以上资料，按照平行登记原则，先在“原材料”总分类账户和“应付账款”总分类账户中进行登记，然后在各自的明细分类账户中进行登记，如表 2. 13 至表 2. 18 所示。

表 2. 13　总分类账户

账户名称：原材料　　　　单位：元

20×1 年		摘要	借方	贷方	借或贷	余额
月	日					
3	1	期初余额			借	32 000
3	5	购入材料	16 000		借	48 000
3	10	购入材料	32 000		借	80 000
3	12	发出材料		53 000	借	27 000
3	31	本期发生额及余额	48 000	53 000	借	27 000

表 2.14 “原材料”明细分类账户

账户名称：甲材料　　　　金额单位：元

20×1 年		摘要	计量单位	单价	收入		发出		结余	
月	日				数量	金额	数量	金额	数量	金额
3	1	期初余额	吨	200					100	20 000
3	5	购入甲材料	吨	200	50	10 000			150	30 000
3	10	购入甲材料	吨	200	100	20 000			250	50 000
3	12	发出甲材料	吨	200			160	32 000	90	18 000
3	31	本期发生额及余额	吨	200	150	30 000	160	32 000	90	18 000

表 2.15 “原材料”明细分类账户

账户名称：乙材料　　　　金额单位：元

20×1 年		摘要	计量单位	单价	收入		发出		结余	
月	日				数量	金额	数量	金额	数量	金额
3	1	期初余额	吨	60					200	12 000
3	5	购入乙材料	吨	60	100	6 000			300	18 000
3	10	购入乙材料	吨	60	200	12 000			500	18 000
3	12	发出乙材料	吨	60			350	21 000	150	30 000
3	31	本期发生额及余额	吨	60	300	18 000	350	21 000	150	9 000

表 2.16 总分类账户

账户名称：应付账款　　　　单位：元

20×1 年		摘要	借方	贷方	借或贷	余额
月	日					
3	1	期初余额			贷	400 000
3	5	购材料，欠款		16 000	贷	416 000
3	10	购材料，欠款		32 000	贷	448 000
3	12	偿还欠款	250 000		贷	198 000
3	31	本期发生额及余额	250 000	48 000	贷	198 000

表 2.17　明细分类账户

欠款单位：立信公司　　　　单位：元

20×1年		摘要	借方	贷方	借或贷	余额
月	日					
3	1	期初余额			贷	300 000
3	5	购材料，欠款		16 000	贷	316 000
3	12	偿还欠款	200 000		贷	116 000
3	31	本期发生额及余额	200 000	16 000	贷	116 000

表 2.18　明细分类账户

欠款单位：振兴公司　　　　单位：元

20×1年		摘要	借方	贷方	借或贷	余额
月	日					
3	1	期初余额			贷	100 000
3	10	购材料，欠款		32 000	贷	132 000
3	12	偿还欠款	50 000		贷	82 000
3	31	本期发生额及余额	50 000	32 000	贷	82 000

从以上“原材料”总分类账户和其明细分类账户平行登记的结果可以看出，“原材料”总分类账户期初余额32 000元，借方本期发生额48 000元，贷方本期发生额53 000元和期末余额27 000元分别与其所属的两个明细分类账户的期初余额之和32 000元（20 000元+12 00元），本期借方发生额之和48 000元（30 000元+18 000元），本期贷方发生额之和53 000元（32 000元+21 000元），期末余额之和27 000元（18 000元+9 000元）完全相等。

在实际工作中，一般编制总分类账户与其所属明细分类账户本期发生额及余额如表2.19所示。

表 2.19　“原材料”总分类账户与其所属明细分类账户本期发生额及余额表

单位：元

账户名称		月初余额		本期发生额		期末余额	
		借方	贷方	借方	贷方	借方	贷方
原材料总分类账户		32 000		48 000	53 000	27 000	
明细账	甲种材料	20 000		30 000	32 000	18 000	
	乙种材料	12 000		18 000	21 000	9 000	
	小计	32 000		48 000	53 000	27 000	

从以上“应付账款”总分类账户和其明细分类账户平行登记的结果可以看出，“应付账款”总分类账户的期初余额400 000元，贷方本期发生额48 000元，借方本期发生额250 000元和期末余额198 000元分别与其所属的两个明细分类账户的期初余额之和400 000元（300 000元＋100 00元），本期贷方发生额之和48 000元（16 000元＋32 000元），本期借方发生额之和250 000元（200 000元＋50 000元），期末余额之和1 980 000元（116 000元＋82 000元）完全相等。

在实际工作中，一般编制总分类账户与其所属明细分类账户本期发生额及余额表，如表2.20所示。

表2.20 “应付账款”总分类账户与其所属明细分类账户本期发生额及余额表

单位：元

账户名称		月初余额		本期发生额		期末余额	
		借方	贷方	借方	贷方	借方	贷方
应付账款总分类账户			400 000	250 000	48 000		198 000
明细账	立信公司		300 000	200 000	16 000		116 000
	振兴公司		100 000	50 000	32 000		82 000
	小计		400 000	250 000	48 000		198 000

从表2.19、表2.20可以看出，“原材料”总分类账户的期初借方余额、本期借方发生额、本期贷方发生额和期末借方余额与其所属的明细分类账户期初借方余额、本期借方发生额、本期贷方发生额和期末借方余额都相等；“应付账款”总分类账户的期初贷方余额、本期贷方发生额、本期借方发生额和期末贷方余额与其所属的明细分类账户期初贷方余额、本期贷方发生额、借方发生额和期末贷方余额各自相等，说明在进行平行登记时未发生差错。

第三章 借贷记账法在制造业的应用

第一节 制造业的主要经济业务

企业是以营利为目的的经济组织。为了实现营利的目的，企业必须从事各种经济活动，做好各方面工作，增强自我改造和自我发展能力。其中，正确组织经济过程的核算工作，利用会计资料加强会计管理，规范企业生产经济行为是重要的方面。制造业企业通过主要经营过程的会计核算，反映企业的财务状况、经营成果、现金流量和经营管理水平，为利益相关者提供有用的会计信息。

制造业企业是以产品生产经营活动为基本的经济活动的，主要任务是生产产品，满足社会各方面的需要，通过开展生产经营活动获得利润，为社会创造更多的财富。制造业企业的生产经营活动可以分为三个具体过程，即供应过程、生产过程和销售过程。

制造业企业从各种渠道筹集生产经营活动所需资金，筹集的资金首先表现为货币资金形态，也可以说货币资金形态是资金运动的起点。企业以货币资金建造或购买厂房，购买机器设备和各种材料物资，为进行产品生产提供必要的生产资料，这时资金就从货币资金形态转化为固定资金和储备资金形态。在生产过程中，劳动者借助于劳动资料加工劳动对象，制造出各种适合社会需要的产品。

生产过程是制造业企业的中心环节，既是产品的生产过程，又是物化劳动和活劳动的消耗过程。企业在生产过程中发生的各种材料耗费、固定资产折旧费、工资费用以及其他费用等形成生产费用，生产费用根据不同的经济内容和用途，大部分归集和分配到各种产品中去，形成产品的制造成本，另一部分形成期间费用直接进入当期损益。这时资金就从固定资金、储备资金和货币资金形态转化为生产资金形态。随着产品的制成和完工入库，资金又从生产资金形态转化为成品资金形态。在销售过程中，企业将产品销售出去，收回货币资金，同时要发生销售费用，缴纳税金，与产品的购买单位发生货款结算，这时资金又从成品资金形态转化为货币资金形态。为了及时总结一个企业在一定时期内的财务成果，必须计算企业所实现的利润或发生的亏损。如为利润，应按国家的规定上缴所得税，提取留存等，一部分资金以上缴税金和分配利润形式流出企业，一部分要重新投入生产周转；如为亏损，还要进行弥补。在上述企业生产经营活动中，资金的筹集和资金回收或退出企业，与供应过程、生产过程和销售过程首尾相接构成了制造业企业的主要经济业务。

随着制造业企业生产经营活动不间断地进行，企业的资产也在不断地转换其存在形态，依次通过供产销三过程，周而复始地循环周转。因此，制造业企业在生产经营活动过程中各环节的业务特点，决定了其主要经济业务为资金筹集业务、生产准备业务、生产业务、销售业务、利润形成及分配业务等。

资金筹集业务核算的主要内容包括投资者投入资金和借入资金的核算；生产准备业务核算的主要内容包括固定资产购入业务核算、材料采购业务核算及材料采购成本核算；产品生产业务核算的主要内容包括生产费用及各种耗费的核算；销售业务主要核算销售收入、资金的结算、货款的收回、销售费用及税金；利润形成及分配业务则主要是财务成果的确定和实现利润的分配。

本章将以这些业务环节的主要内容为例，说明相关账户和借贷记账法的具体应用。

第二节　资金筹集业务的核算

资金筹集业务是指企业从各种渠道筹集生产经营活动所需资金的业务，企业要进行生产经营业务，就必须拥有一定数量的资金作为物质基础。从企业资金来源看，资金筹集的渠道主要有两个：一是所有者即投资者投入的资本金及其增值，二是从债权人借入的资金。

一、所有者投入资金的核算

（一）所有者投入资金的分类

企业所有者投入的资本金按投资主体的不同，分为国家投入资本、法人投入资本、个人投入资本和外商投入资本；按投资方式的不同，分为货币投资、实物投资和无形资产投资等。

货币投资是所有者以货币资金所进行的投资，企业应按实际收到的款项作为投资者的投资入账；实物投资是投资者以设备、材料、商品等实物资产作价投资；无形资产投资是投资者以土地使用权、专利权、商标权等无形资产作价投资。

（二）所有者投入资金核算应设置的账户

为了加强对投入资金的管理、核算和监督投入资金的增减变化和结存情况，在核算中应设置“实收资本（或股本）”“资本公积”等账户。

1. “实收资本（或股本）”账户

实收资本是指企业投资者按照企业章程或合同、协议的约定实际投入企业的资本，以及按照有关规定由资本公积金、盈余公积金转为资本的资金。我国实行的是注册资本制，因而，在投资者足额缴纳资本之后，企业的实收资本应该等于企业的注册资本。所有者向企业投入的资本，在一般情况下无须偿还，可以长期周转使用。

企业应按照企业章程、合同、协议或有关规定，根据实际收到的货币、实物及无形资产来确认投入资本。设立公司必须经过中国注册会计师进行验资：①对于以货币投资的，主要根据收款凭证加以确认与验证；对于外方投资者的外汇投资，应取得利润来源地外汇管理局的证明。②对于以房屋建筑物、机器设备、材料物资等实物资产作价出资的，应以各项有关凭证为依据进行确认，并应进行实物清点、实地勘察以核实有关投资，房屋建筑物应具备产权证明。③对于以专利权、专有技术、商标权、土地使用权等无形资产作价出资的，应以各项有关凭证及文件资料作为确认与验证的依据。外方合营者出资的工业产权与专有技术，必须符合规定的条件。

由于企业组织形式不同，所有者投入资本的会计核算方法也有所不同。除股份有限公司对股东投入的资本应设置“股本”科目外，其余企业均设置“实收资本”科目，核算企业实际收到的投资人投入的资本。实收资本（或股本）属于所有者权益类账户，用于核算企业实际收到投资人投入资本的增减变动及结果。实收资本（或股本）贷方登记企业实际收到投资人投入资本的数额；借方一般没有发生额，只有在投资人依法定程序抽回投资时，则登记在“实收资本”账户的借方；期末余额在贷方，表示投资人投入资本的结存数额。本账户按投资人设置明细账进行明细核算。

2. “资本公积”账户

资本公积是投资人投入企业、所有权归投资者所有且金额超过法定资本部分的资本，是企业所有者权益的重要组成部分。资本公积从本质上讲属于投入资金的范畴，也可称其为准资本，但是这种投入不在核定的注册资本之内。其形成的原因是我国采用注册资本制度，按照法律的规定，不得将资本公积当作实收资本（或股本）入账。

“资本公积”账户属于所有者权益类账户，登记企业收到投资者出资额的实际价值超过其在企业注册资本或股本中所占份额的部分。资本公积借方登记按照法定程序转增资本的数额；贷方登记资本公积的增加额；期末余额在贷方，表示企业期末资本公积的结存数。

3. “银行存款”账户

银行存款是指企业存放在银行和其他金融机构的货币资金。按照国家现金管理和结算制度的规定，每个企业都要在银行开立账户，称为结算户存款，用来办理存款、取款和转账结算业务。

在会计中，“银行存款”属于资产类账户。银行存款借方登记银行存款的增加数额，贷方登记银行存款的减少数额；期末余额在借方，反映企业存在银行或其他金融机构的各种款项实有数额。

（三）所有者投入资金的会计处理

投资者投入资金业务的核算，主要是反映实收资本（或股本）和资本公积的增减变动情况。企业接受投资者投入的资金，按公允价值，借记“银行存款”“固定资产”“无形资产”等账户；按其在注册资本或股本中所占的份额，贷记“实收资本（或股本）”账户；按其差额，贷记“资本公积——资本溢价或股本溢价”账户。

【例3-1】斯特公司于20×1年成立，注册资本为5 000 000元，收到国家投资250 000元，款项已存入银行。

这项经济业务的发生，一方面是款项已存入银行，使得企业的银行存款增加250 000元；另一方面是企业收到国家投资，使企业的资本金增加250 000元。因此这项经济业务涉及“银行存款”和“实收资本”两个账户。银行存款的增加是企业资产的增加，应记入“银行存款”账户的借方；资本金的增加是所有者权益的增加，应记入“实收资本”账户的贷方。这项经济业务编制的会计分录如下：

借：银行存款　　250 000

　贷：实收资本——国家投入　　250 000

【例3-2】斯特公司按照投资协议约定的投资比例，收到三江公司投入的新设备2台，价值为110 000元。设备已交付使用。

这项经济业务的发生，一方面使企业固定资产增加110 000元；另一方面企业收到法人单位的投资，使企业资本金增加110 000元。因此，这项经济业务涉及“固定资产”和“实收资本”两个账户。固定资产的增加是企业资产的增加，应记入“固定资产”账户的借方；资本金的增加是所有者权益的增加，应记入“实收资本”账户的贷方。这项经济业务编制的会计分录如下：

借：固定资产——设备　　110 000

　贷：实收资本——三江公司　　110 000

【例3-3】斯特公司按照协议约定的投资比例，收到利乐技术公司投入的价值为90 000元的专有技术。

这项经济业务的发生，一方面使企业无形资产增加90 000元；另一方面企业收到企业投资者的无形资产投资，使企业资本金增加 90 000 元。因此，这项经济业务涉及“无形资产”和“实收资本”两个账户。无形资产的增加是企业资产的增加，应记入“无形资产”账户的借方；资本金的增加是所有者权益的增加，应记入“实收资本”账户的贷方。这项经济业务编制的会计分录如下：

借：无形资产——专有技术　　90 000

　贷：实收资本——利乐技术公司　　90 000

【例 3－4】斯特公司按照投资协议约定的投资比例，收到环宇钢铁公司投资的钢材原材料一批作为投资，价值为 4 550 000 元，不考虑增值税。

这项经济业务的发生，一方面使企业原材料增加 4 550 000 元；另一方面企业收到原材料投资，使企业实收资本增加 4 550 000 元。因此，这项经济业务涉及“原材料”和“实收资本”两个账户，收到的原材料是资产的增加，应记入“原材料”账户的借方；实收资本的增加是所有者权益的增加，应记入“实收资本”账户的贷方。这项经济业务编制的会计分录如下：

借：原材料——钢材　　4 550 000

　贷：实收资本——环宇钢铁公司　　4 550 000

二、债权人借入资金的核算

（一）债权人借入资金核算应设置的账户

在生产经营过程中，由于资金周转不足或其他方面的原因，企业的资金出现短缺时，企业可以向银行或其他金融机构借入借款，并按规定支付本息。根据借款时间的不同，借款分为短期借款和长期借款。

为了加强对借款业务的管理，核算和监督借款的增减变化及利息的计算和支付情况，反映与银行或其他金融机构发生的债权债务结算关系，企业在核算中应设置“短期借款”“长期借款”“财务费用”等账户。

1. “短期借款”账户

“短期借款”账户属于负债类账户，用来核算和监督企业向银行或其他金融机构借入的期限在 1 年以内（含 1 年）的各种借款。贷方登记企业借入的各种短期借款本金数额；借方登记企业归还的短期借款本金数额；期末为贷方余额，表示企业尚未偿还的各种短期借款本金数额。该账户可按借款种类、贷款人进行明细核算。

2. “长期借款”账户

“长期借款”账户属于负债类账户，用来核算和监督企业借入的期限在 1 年以上（不含 1 年）的各种借款。贷方登记企业借入的各种长期借款；借方登记各种长期借款的归还数额；期末为贷方余额，表示企业尚未偿还的各种长期借款。

3.“财务费用”账户

借款利息是企业使用借入资本所应发生的代价或成本，是一项理财费用。在市场经济环境下，举债经营是企业的一项重要经营策略，这必然会引起大量的借款成本支出。企业应设置“财务费用”账户来准确地反映企业这部分开支。“财务费用”账户属于损益类账户，用来核算和监督企业为筹集生产经营所需资金而发生的各项筹资和理财费用。借方登记企业发生的各项财务费用，包括借款利息、借款手续费、债券发行费用、汇兑损益；贷方登记发生的应冲减财务费用的利息收入、汇兑损益和结转到“本年利润”账户的财务费用；月末结转后该账户无余额。该账户应按费用项目进行明细核算。

4.“其他应付款”账户

“其他应付款”账户包含过去的“应付利息”账户。“应付利息”账户属于负债类账户，用来核算和监督企业按照合同约定应支付的利息，包括吸收存款、分期付息到期还本的长期借款、企业债券等应支付的利息。贷方登记发生的应付未付利息；借方登记未付利息的实际支付；期末余额在贷方，表示尚未支付的应付未付利息。

（二）短期借款的会计处理

一般情况下，企业取得短期借款是为了维持正常生产经营所需的资金，或者为了抵偿某项债务，或者为了其他用途而借入的。企业取得各种短期借款时，应遵守银行或其他金融机构的有关规定，经贷款单位审核批准订立借款合同后方可取得借款。

1. 取得短期借款时的核算

【例3-5】20×2年1月1日，斯特公司取得一项期限为3个月、年利率为8%的到期还本付息的银行借款20 000元，所得款项存入银行。

这项经济业务的发生，一方面使企业银行存款增加20 000元，另一方面使企业负债增加20 000元。因此，这项经济业务涉及“银行存款”和“短期借款”两个账户。银行存款的增加是企业资产的增加，应记入“银行存款”账户的借方；短期借款的增加是负债的增加，应记入“短期借款”账户的贷方。编制的会计分录如下：

借：银行存款	20 000	
贷：短期借款		20 000

2. 支付短期借款本金及利息时的核算

【例3-6】20×2年3月31日，斯特公司借入的期限为3个月、年利率为8%的20 000元借款已到期，企业用银行存款还本付息，归还到期的短期借款本息共计20 400元。

这项经济业务的发生，一方面使企业银行存款减少20 400元；另一方面使公司短期借款减少20 000元，财务费用（利息支出）增加400元。因此，这项经济业务涉及“银行存款”“短期借款”和“财务费用”三个账户。银行存款的减少是企业资产的减少，应记入“银行存款”账户的贷方；短期借款的减少是负债的减少，应记入“短期借款”账户的借方；借款利息的增加是企业费用的增加，应记入“财务费用”账户的借方。

短期借款利息 = 借款本金 × 利率 × 时间 = 20 000 × 8% × 3/12 = 400（元）

编制的会计分录如下：

借：短期借款　　20 000

　　财务费用　　400

　贷：银行存款　　20 400

（三）长期借款的会计处理

企业取得长期借款，必须按照规定的程序进行，要经过申请、审批、订立合同和划拨款项四个步骤。一般来说，企业举借长期借款，主要是为了扩大经营规模而购置固定资产、研发无形资产等增加长期资产。

1. 取得长期借款的核算

【例 3－7】20×1 年 1 月 1 日斯特公司向工商银行借入 2 年期、利率为 10% 的借款 2 000 000 元，到期一次性还清本金及利息。

这项经济业务的发生，一方面使企业银行存款增加 2 000 000 元，另一方面使企业长期借款增加 2 000 000 元。因此，这项经济业务涉及“银行存款”和“长期借款”两个账户。银行存款的增加是企业资产的增加，应记入“银行存款”账户的借方；长期借款的增加是企业负债的增加，应记入“长期借款”账户的贷方。编制的会计分录如下：

借：银行存款　　2 000 000

　贷：长期借款　　2 000 000

2. 计提长期借款利息的核算

【例 3－8】20×1 年和 20×2 年，斯特公司每年资产负债表日（年末）计提上例中借入长期借款的利息 200 000 元。

这项经济业务的发生，一方面使企业利息支出增加 200 000 元，另一方面使企业应付长期借款利息债务增加 200 000 元。利息费用记入“财务费用”账户的借方，应付未付长期借款利息记入“其他应付款”账户的贷方。20×1 年年末长期借款利息计算如下：

长期借款利息 = 借款本金 × 利率 × 时间 = 2 000 000 × 10% = 200 000（元）

编制的会计分录如下：

借：财务费用　　200 000

　贷：其他应付款　　200 000

20×2 年年末同上。

3. 到期归还本金及利息的核算

【例3-9】20×3年1月1日，该笔长期借款到期，归还本金和利息。

这项经济业务的发生，一方面使企业长期借款减少2 000 000元，计提的应付未付长期借款利息减少400 000元；另一方面使企业银行存款减少2 400 000元。长期借款债务减少应记入“长期借款”账户的借方，应付未付利息减少也应记入“其他应付款”账户的借方，银行存款的减少应记入“银行存款”账户的贷方。

编制的会计分录如下：

借：长期借款　　2 000 000

　　其他应付款　　400 000

　贷：银行存款　　2 400 000

综上所述，企业资金筹集业务主要账务处理程序用“T”形账户表示如图3.1所示。

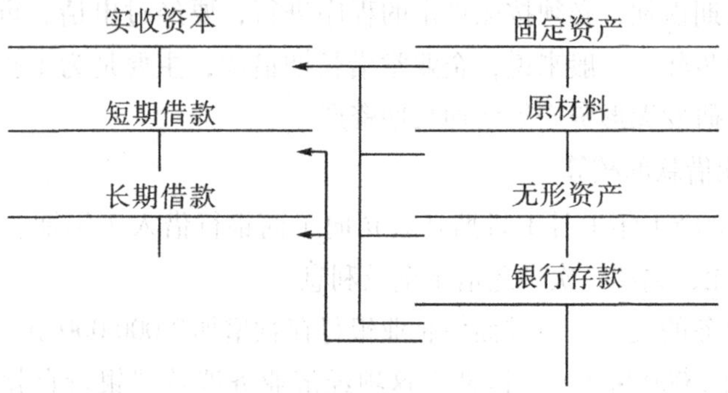

图3.1　企业资金筹集业务主要账务处理程序

第三节　生产准备业务的核算

一、生产准备业务核算的主要内容

生产准备过程是企业生产过程的第一个阶段。企业要从事生产经营活动，必须具备各种劳动资料和劳动对象，如建造厂房、购置机器设备和采购材料，形成必要的生产准备，这些都是企业进行生产经营活动必须具备的物质基础。在我国，建造厂房、购置机器设备主要通过基本建设完成。生产准备过程主要是指采购和储存生产经营所需的各种材料物资，为生产经营活动的正常进行做好准备，零星的设备购置也是生产准备工作的一部分内容。

生产准备过程的主要业务包括：物资采购，保证生产过程的正常需要；正确计算材料的采购成本；按照结算制度与经济合同的规定，办理与供应单位的结算工作。因此，固定资产购置业务和材料采购业务的核算，就构成了生产准备过程业务核算的主要内容。

二、固定资产购入业务的核算

固定资产，是指同时具有下列特征的有形资产：①为生产商品、提供劳务、出租或经营管理而持有的；②使用寿命超过一个会计年度。

固定资产属于产品生产过程中用来改变或者影响劳动对象的劳动资料，是固定资本的实物形态。企业持有固定资产的目的是生产商品、提供劳务、出租或经营管理，即企业持有的固定资产是企业的劳动工具或手段。固定资产在生产过程中可以长期发挥作用，长期保持原有的实物形态，但其价值则随着企业生产经营活动而逐渐地转移到产品成本中去，并构成产品价值的一部分。根据重要原则，一个企业把劳动资料按照使用年限和原始价值划分为固定资产和低值易耗品。对于原始价值较大、使用年限较长的劳动资料，按照固定资产来进行核算；而对于原始价值较小、使用年限较短的劳动资料，按照低值易耗品来进行核算。在我国，固定资产通常是指使用寿命超过1年的房屋、建筑物、机器、机械、运输工具以及其他与生产经营有关的设备、器具和工具等。

（一）固定资产购入核算应设置的账户

1. “固定资产”账户

“固定资产”账户核算企业持有固定资产的原价，借方登记固定资产的增加数额，贷方登记固定资产的减少数额，期末余额在借方，反映企业期末实存固定资产的原始价值。该账户应按固定资产类别和项目设置明细账户。

2. “在建工程”账户

“在建工程”账户属于资产类账户，用来核算企业为建造、技术改造或安装固定资产而发生的实际支出（包括安装设备的价值），并据以确定各项工程成本。该账户借方登记企业自营建造、技术改造和安装工程发生的各项支出；贷方登记已验收交付使用的固定资产的实际成本；期末余额在借方，表示尚未达到预定可使用状态的在建工程的成本。该账户可按照“建筑工程”“安装工程”“安装设备”等单项工程进行明细核算。

3. “应交税费”账户

“应交税费”账户属于负债类账户，用来核算和监督企业按照税法等规定计算应缴纳的各种税费，包括增值税、消费税、所得税、资源税、土地增值税、城市维护建设税、房产税、城镇土地使用税、车船税、教育费附加、矿产资源补偿费等。该账户贷方登记应缴纳的各种税费，借方登记实际已缴纳的各种税金及增值税的进项税额。期末贷方余额表示企业应缴而未缴的各种税金，借方余额表示企业多缴的税金或未抵扣的增值税进项税额。该账户应按税种设置明细账进行分类核算。

在固定资产购入业务中设置“应交税费”账户主要是核算增值税，应在“应交税费”下设置“应交增值税”账户进行明细分类核算。

增值税是对我国境内销售货物或者提供加工、修理修配劳务以及进口货物的企业单位和个人，就其货物销售或提供劳务的增值额和货物进口金额为计税依据而课征的一种流转税。增值税是一种价外税，不影响企业的损益，并用进项税额抵扣法进行核算。按照纳税人经营规模大小和会计核算是否健全进行分类，增值税纳税人分为一般纳税人和小规模纳税人。

一般纳税人是指年应征增值税销售额（以下简称年应税销售额，包括一个公历年度内的全部应税销售额），超过《中华人民共和国增值税暂行条例实施细则》规定的小规模纳税人标准的企业和企业性单位（以下简称企业）。

小规模纳税人是指年销售额在规定标准以下，并且会计核算不健全，不能按规定报送有关税务资料的增值税纳税人。所谓会计核算不健全是指不能正确核算增值税的销项税额、进项税额和应纳税额。

根据《财政部 税务总局关于统一增值税小规模纳税人标准的通知》（财税〔2018〕33 号），认定符合以下情况者为增值税小规模纳税人：

（1）增值税小规模纳税人标准为年应征增值税销售额 500 万元及以下。

（2）按照《中华人民共和国增值税暂行条例实施细则》第二十八条规定已登记为增值税一般纳税人的单位和个人，在 2018 年 12 月 31 日前，可转登记为小规模纳税人，其未抵扣的进项税额做转出处理。

（3）小规模纳税人采用简易计算方法，即按照销售额和规定的征收率确定。小规模纳税人适用征收率为 3%。

该通知自 2018 年 5 月 1 日起执行。

$$应纳税额 = 销售额 * 征收率$$

增值税一般纳税人采取了基本税率（13%）加低税率（9%）以及出口货物零税率的模式。

一般纳税人增值税的计算为

$$应纳增值税 = 销项税额 - 进项税额$$

$$销项税额 = 销售额 \times 增值税税率$$

$$进项税额 = 当期购进货物或劳务的价款 \times 增值税税率$$

“应交税费——应交增值税”账户借方登记企业购买固定资产和材料时向供货单位支付的、符合抵扣条件的增值税（进项税额）；企业销售产品时向购买单位收取的增值税（销项税额）记入该账户的贷方。期末借方余额反映本期尚未抵扣的进项税额。该账户下又设多个明细账户，包括“进项税额”“销项税额”“已交税金”等。

（二）固定资产购入业务的会计处理

企业外购固定资产的成本，包括购买价款、相关税费、使固定资产达到预定可使用状态前所发生的可归属于该项资产的运输费、装卸费、安装费和专业人员服务费等。

外购固定资产是否达到预定可使用状态，需要根据具体情况进行分析判断。如果购入不需要安装的固定资产，购入后即可发挥作用，因此，购入后即可达到预定可使用状态。如果购入需安装的固定资产，只有安装调试后，达到设计要求或合同规定标准，该项固定资产才可发挥作用，才意味着达到预定可使用状态。

1. 购入不需要安装的固定资产的核算

购入不需要安装的固定资产，应按购买过程中发生的实际成本，包括买价、相关税金、支付的包装费、运输费、保险费等，计入固定资产原始价值。

【例 3－10】20×3 年 3 月 1 日，斯特公司购入设备一台，价款 120 000 元，税费和运杂费分别为 15 600 元和 5 000 元，已用银行存款支付。

这项经济业务的发生，设备买价和运杂费属于购买过程中发生的实际成本，计入固定资产原价 125 000 元，购买中支付的增值税 15 600 元计入应交增值税进项税额；同时，这项经济业务使企业银行存款减少 140 600 元。设备购买成本和缴纳的增值税分别记入“固定资产”和“应交税费”账户的借方；银行存款减少记入“银行存款”账户的贷方。编制的会计分录如下：

借：固定资产	125 000	
应交税费——应交增值税（进项税额）	15 600	
贷：银行存款		140 600

2. 购入需要安装的固定资产的核算

购入需要安装的固定资产，购买过程中发生的实际成本，包括买价、相关税费、支付的包装费、运输费、保险费等，以及安装调试过程中发生的支出，记入“在建工程”账户；安装完毕交付使用时，将在建工程成本转入“固定资产”账户。

【例 3－11】20×3 年 4 月 1 日，斯特公司购入需要安装的机器设备一台，买价 100 000 元，增值税 13 000 元，包装费和运杂费 4 200 元，共计 117 200 元，全部款项已用银行存款支付。在安装过程中，现金支付安装费 2 700 元。安装完毕，经验收合格交付使用。

固定资产的买价、包装费、运杂费等构成固定资产的价值，发生这些支出时，都应计入这些固定资产的安装成本，支付的增值税作为进项税。这笔经济业务，一方面使固定资产的工程建造成本和增值税的进项税增加；另一方面使银行存款减少，因此应记入“在建工程”账户的借方和“银行存款”账户的贷方。工程完工后，再从“在建工程”账户的贷方转入“固定资产”账户的借方。编制的会计分录如下：

（1）支付固定资产买价、税金、包装费和运输费。

借：在建工程	104 200	
应交税费——应交增值税（进项税额）	13 000	
贷：银行存款		117 200

（2）在建工程中支付安装费。

借：在建工程　　　　　　　　　　　　　　　　　　2 700

　贷：库存现金　　　　　　　　　　　　　　　　　　2 700

（3）安装完毕交付使用，结转工程成本。

借：固定资产　　　　　　　　　　　　　　　　　106 900

　贷：在建工程　　　　　　　　　　　　　　　　　106 900

固定资产购进业务主要账务处理程序如图 3.2 所示。

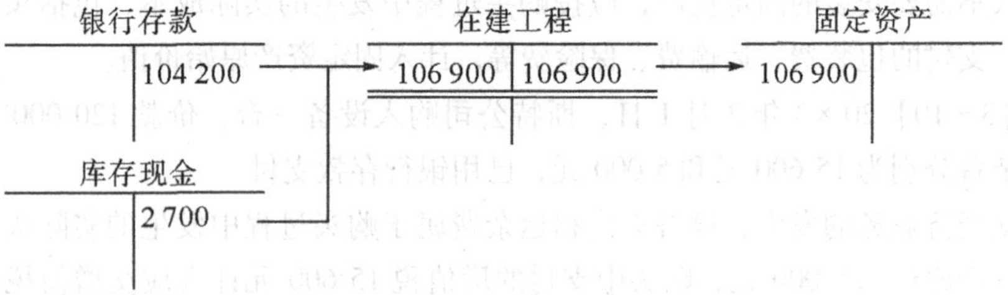

图 3.2　固定资产购进业务主要账务处理程序

三、材料采购业务的核算

（一）材料采购业务核算的主要内容

材料是制造企业在生产经营过程中为耗用而储存的流动资产，属于存货的一种。材料是生产过程中必不可少的物质要素。其特点是：投入生产过程后，经过加工而改变原来的实物形态，并构成产品的实体，或被消耗而有助于生产的进行。与此同时，其价值也就一次性全部转移到产品中去，构成产品成本的重要组成部分。

材料采购成本包括材料的买价和采购费用。买价，是指企业向供货单位按照经济合同规定支付的价款。采购费用主要包括：

（1）运杂费，是材料的主要采购费用，包括采购过程中发生的运输费、装卸费、包装费、保险费、仓储费等。

（2）运输途中的合理损耗。

（3）入库前的挑选整理费。

（4）购入材料应负担的税费及其他费用。

因此，材料的买价、增值税和各项采购费用的发生和结算，以及材料采购成本的计算，就构成了材料采购业务核算的主要内容。

（二）材料采购业务核算应设置的账户

为了加强对材料采购业务的管理，核算和监督库存材料的增减变化和结存情况，反映与供应单位发生的债权债务结算关系，企业在核算中应设置“在途物资”“原材料”“应付账款”“应交税费”“预付账款”“应付票据”等账户。

1. “在途物资”账户

“在途物资”账户属于资产类账户，用来核算和监督企业按实际成本进行材料、商品等物资的日常核算，以及货款已支付尚未验收入库的在途物资的采购成本。该账户借方登记外购材料物资的实际采购成本，包括买价和采购费用；贷方登记已验收入库和在途物资的实际成本；期末余额在借方，表示款已付、尚未运达企业或虽已运到企业但尚未验收入库的在途物资的实际采购成本。为了具体反映每一种材料的购买价和采购费用，借以确定每一种材料的实际采购数量和成本，应按购入材料的品种或类别进行明细核算。

2. “原材料”账户

“原材料”账户属于资产类账户，是用来核算和监督企业各种库存材料增减变化及结存情况的账户。该账户借方登记已验收入库材料的实际成本；贷方登记发出材料的实际成本；期末余额在借方，表示各种库存材料的实际成本。为了具体反映和监督持有库存材料的增减变化及结存情况，应按照材料的品种、类别、规格等进行明细核算。

3. “应付账款”账户

“应付账款”账户属于负债类账户，是用来核算和监督企业因购买材料、商品和接受劳务供应等而应付给供应单位款项的账户。该账户贷方登记购买材料、商品或接受劳务供应等而发生的尚未支付的款项；借方登记已偿还的账款；期末余额在贷方，表示尚未偿还的应付款项。预付账款业务不多的企业，可以不设“预付账款”账户，其内容也在本科目核算。为了具体反映企业与每一供应单位发生的货款结算关系，应按供应单位进行明细核算。

4. “预付账款”账户

“预付账款”账户属于资产类账户，该账户是用来核算和监督企业按照购货合同的规定预付给供应单位款项的增减变动及结存情况。该账户借方登记按照合同的规定预付给供应单位的货款和补付的款项；贷方登记收到所购货物的货款和退回多余的款项。期末余额如在借方，表示企业尚未结算的预付款项；期末余额如在贷方，表示企业尚未补付的款项。本账户应按供应单位进行明细核算。预付款项不多的企业，也可将预付款项直接记入“应付账款”账户的借方，而不设置本账户。

5. “应付票据”账户

“应付票据”账户属于负债类账户，用来核算企业因购买材料和接受劳务等经营活动而开出并承兑的商业汇票。该账户贷方登记企业开出并承兑的商业汇票；借方登记到期兑付的商业汇票；期末余额在贷方，表示尚未到期兑付的商业汇票。该账户应按供应单位设置明细分类账户。

（三）材料采购业务的会计处理

材料购进业务的核算，主要涉及材料购进、入库和款项结算三个方面。材料购进由企业采购部门办理，材料入库由材料仓库办理收料手续，款项结算则是会计部门根据材料仓库转来的收料单和供应单位开的发票、账单等办理货款结算并登记入账。

【例3－12】20×3年12月1日，斯特公司向长城厂购入甲材料，收到长城厂开具的增值税专用发票，载明数量为2 000千克，单价为25元，价款为50 000元，增值税进项税额为6 500元，长城厂代垫运费1 100元。货款、运费及增值税均以银行存款付讫，材料尚未运达。

这项经济业务的发生，一方面使甲材料成本增加51 100元，增值税进项税额增加6 500元；另一方面使企业银行存款减少57 600元。因此，这项经济业务涉及“在途物资”“应交税费”和“银行存款”三个账户。支付的材料买价及运费构成材料的采购成本，应记入“在途物资”账户的借方；增值税进项税额记入“应交税费——应交增值税（进项税额）”账户的借方；银行存款的减少是资产的减少，应记入“银行存款”账户的贷方。编制的会计分录如下：

借：在途物资——甲材料	51 100	
应交税费——应交增值税（进项税额）	6 500	
贷：银行存款		57 600

【例3－13】20×3年12月3日，斯特公司向建辉厂购入乙材料，收到建辉厂出具的增值税专用发票，载明乙材料数量为3 000千克，单价为50元，增值税进项税额为19 500元。货款及增值税均未支付，材料尚未到达。

这项经济业务的发生，一方面使乙材料成本增加150 000元，增值税进项税额增加19 500元，另一方面使企业应付账款增加169 500元。因此，这项经济业务涉及“在途物资”“应交税费”和“应付账款”三个账户。支付出的材料买价构成材料的采购成本，应记入“在途物资”账户的借方；增值税进项税额应记入“应交税费——应交增值税（进项税额）”账户的借方；应付账款的增加是负债的增加，应记入“应付账款”账户的贷方。编制的会计分录如下：

借：在途物资——乙材料	150 000	
应交税费——应交增值税（进项税额）	19 500	
贷：应付账款——建辉厂		169 500

【例3－14】20×3年12月4日，斯特公司以现金支付【例3－13】中物资的搬运费400元。

搬运费的支付，一方面使材料采购成本增加，应计入材料的采购成本；另一方面使企业现金减少。因此，这项经济业务涉及“在途物资”“库存现金”两个账户。支付的搬运费应记入“在途物资”账户的借方；现金的减少应记入“库存现金”账户的贷方。编制的会计分录如下：

借：在途物资——乙材料　　400

　贷：库存现金　　400

【例3－15】20×3年12月10日，斯特公司以银行存款偿还本月3日所欠建辉厂货款175 500元。

这项经济业务的发生，一方面使企业应付账款减少175 500元，另一方面使企业银行存款减少175 500元。因此，这项经济业务涉及“应付账款”和“银行存款”两个账户。应付账款的减少是负债的减少，应记入“应付账款”账户的借方；银行存款的减少是资产的减少，应记入“银行存款”账户的贷方。编制的会计分录如下：

借：应付账款——建辉厂　　175 500

　贷：银行存款　　175 500

【例3－16】20×3年12月11日，斯特公司向川江厂购买丙材料，根据合同预付货款100 000元，以银行存款支付。

这项经济业务的发生，一方面使预付账款增加100 000元，另一方面使银行存款减少100 000元。因此，该项经济业务涉及“预付账款”和“银行存款”两个账户。预付账款的增加是资产的增加，应记入“预付账款”账户的借方；银行存款的减少是资产的减少，应记入“银行存款”账户的贷方。编制的会计分录如下：

借：预付账款——川江厂　　100 000

　贷：银行存款　　100 000

【例3－17】承【例3－16】，20×3年12月16日，斯特公司收到川江厂发来的丙材料，载明数量为4 000千克，单价为35元，价款为140 000元，增值税进项税额为18 200元，用银行存款补付差价58 200元，材料尚未到达入库。

这项经济业务的发生，一方面使材料的采购成本增加140 000元，增值税进项税额增加18 200元；另一方面使企业预付账款减少100 000元，银行存款减少58 200元。因此，这项经济业务涉及“在途物资”“应交税费”“预付账款”和“银行存款”四个账户。支付的材料买价构成在途物资成本，应记入“在途物资”账户的借方，增值税进项税额应记入“应交税费——应交增值税（进项税额）”账户的借方，预付账款的减少应记入“预付账款”账户的贷方，银行存款的减少应记入“银行存款”账户的贷方。编制的会计分录如下：

借：在途物资——丙材料　　140 000

　　应交税费——应交增值税（进项税额）　　18 200

　贷：预付账款——川江厂　　100 000

　　　银行存款　　58 200

【例3－18】20×3年12月17日，斯特公司收到银华公司开出的购买甲材料的专用发票，载明数量为2 000千克，单价为25元，价款为50 000元，增值税进项税额为6 500元，签发并承兑一张面值56 500元、期限3个月的不带息商业汇票，材料尚未运达。

这项经济业务的发生，一方面使材料成本增加50 000元，增值税进项税额增加6 500元，另一方面签发商业汇票使企业负债增加56 500元。因此，这项经济业务涉及"在途物资""应交税费"和"应付票据"三个账户。支付的材料买价构成材料采购成本，应记入"在途物资"账户的借方；增值税进项税额记入"应交税费——应交增值税（进项税额）"账户的借方；签发并承兑的商业汇票是负债的增加，应记入"应付票据"账户的贷方。编制的会计分录如下：

借：在途物资——甲材料	50 000	
应交税费——应交增值税（进项税额）	6 500	
贷：应付票据——银华公司		56 500

【例3-19】20×3年12月18日，斯特公司又向长城厂购入甲材料2 000千克，单价25元；同时向建辉厂购入乙材料500千克，单价40元，增值税税率为13%。材料已经运达公司，但尚未验收入库，全部款项均未支付。

这项经济业务的发生，甲、乙材料的货款分别是50 000元和20 000元，共计70 000元，进项税额为9 100元。一方面，材料的买价和进项税增加，分别记入"在途物资"账户和"应交税费"账户的借方；另一方面，尚未支付的价税款，引起负债的增加，应记入"应付账款"账户的贷方。编制的会计分录如下：

借：在途物资——甲材料	50 000	
——乙材料	20 000	
应交税费——应交增值税（进项税额）	9 100	
贷：应付账款——长城厂		56 500
——建辉厂		22 600

【例3-20】20×3年12月20日，斯特公司用银行存款支付上述甲、乙两种材料的运费共计4 200元。

企业购入两种或两种以上的材料所发生的各种采购费用，能够直接分清对象的，可直接计入各种材料的采购成本；不能直接分清有关对象的，即所发生的共同性采购费用，就要选择适当的分配标准在同批材料不同品种之间进行合理的分配，以便正确确定各种材料的采购费用，计算采购材料的总成本和单位成本。

材料采购费用的分配标准一般有重量、体积和材料的买价等。材料采购费用的分配率可用下列计算公式：

$$\text{材料采购费用分配率}=\frac{\text{应分配的采购费用}}{\text{应负担该费用的几种材料的分配标准之和}}$$

某材料应负担的采购费用=该材料的分配标准×材料采购费用分配率

根据采购费用分配原则，该笔业务发生的运费需要按照材料重量比例进行分配。

具体计算如下：

费用分配率 =4 200 ÷（2 000 +5 000）=0.6（元/千克）

甲材料应分摊的运杂费 =2 000 ×0.6 =1 200（元）

乙材料应分摊的运杂费 =5 000 ×0.6 =3 000（元）

此项经济业务的发生，涉及“在途物资”“银行存款”两个账户。一方面，运费的发生属于企业采购成本的增加，应记入“在途物资”账户的借方；另一方面，银行存款的减少，应记入“银行存款”账户的贷方。编制的会计分录如下：

借：在途物资——甲材料　　1 200
　　　　　　——乙材料　　3 000
　贷：银行存款　　4 200

【例3 -21】20 ×3 年12 月25 日，斯特公司以银行存款偿还本月18 日所欠长城厂和建辉厂货款339 300 元。

这项经济业务的发生，一方面使企业应付账款减少339 300 元，另一方面使企业银行存款减少339 300 元。因此，这项经济业务涉及“应付账款”和“银行存款”两个账户。应付账款的减少是负债的减少，应记入“应付账款”账户的借方；银行存款的减少是资产的减少，应记入“银行存款”账户的贷方。编制的会计分录如下：

借：应付账款——长城厂　　58 500
　　　　　　——建辉厂　　280 800
　贷：银行存款　　339 300

【例3 -22】20 ×3 年12 月30 日，本月购入的材料均已到达企业并已验收入库，结转实际采购成本。

月末，对验收入库材料采购成本，除按采购总成本编制结转分录外，还应根据“在途物资”明细账（借方）提供的资料，编制“材料采购成本计算表”，计算出各种材料采购的实际成本，分别登记“在途物资”的明细账（贷方）和“原材料”明细账。“在途物资”的明细账具体登记如表3.1、表3.2 和表3.3 所示，材料采购成本计算如表3.4 所示。

此项经济业务的发生，涉及“在途物资”“原材料”两个账户。一方面，企业原材料增加，应记入“原材料”账户的借方；另一方面，结转采购成本，应记入“在途物资”账户的贷方。编制的会计分录如下：

借：原材料——甲材料　　152 300
　　　　　——乙材料　　173 400
　　　　　——丙材料　　140 000
　贷：在途物资——甲材料　　152 300
　　　　　　　——乙材料　　173 400
　　　　　　　——丙材料　　140 000

表 3.1　在途物资明细账

品种：甲材料　　　　　　　　　　　　　　　　　　　　单位：元

年		凭证号数	摘要	借方			贷方	余额
月	日			买价	采购费用	合计		
12	1	3-12	购料 2 000 千克，@25 元	50 000	1 100	51 100		
	17	3-18	购料 2 000 千克，@25 元	50 000		50 000		
	18	3-19	购料 2 000 千克，@25 元	50 000		50 000		
	20	3-20	分配计入运杂费		1 200	1 200		
	30	3-22	材料入库				152 300	
12	31		本期发生及期末余额	150 000	2 300	152 300	152 300	0

表 3.2　在途物资明细账

品种：乙材料　　　　　　　　　　　　　　　　　　　　单位：元

年		凭证号数	摘要	借方			贷方	余额
月	日			买价	采购费用	合计		
12	3	3-13	购料 3 000 千克，@50 元	150 000		150 000		
	4	3-14	支付运费		400	400		
	18	3-19	购料 500 千克，@40 元	20 000		20 000		
	20	3-20	分配计入运杂费		3 000	3 000		
	30	3-22	材料入库				173 400	
12	31		本期发生及期末余额	170 000	3 400	173 400	173 400	0

表 3.3　在途物资明细账

品种：丙材料　　　　　　　　　　　　　　　　　　　　单位：元

年		凭证号数	摘要	借方			贷方	余额
月	日			买价	采购费用	合计		
12	16	3-17	购料 4 000 千克，@35 元	140 000		140 000		
	30	3-22	材料入库				140 000	
12	31		本期发生及期末余额	140 000		140 000	140 000	0

表 3.4　材料采购成本计算表

20×3 年 12 月　　　　　　　　　　单位：元

材料名称	计量单位	数量	买价	采购费用		总成本	单位成本
				直接计入	分配计入		
甲	千克	6 000	150 000	1 100	1 200	152 300	25.38
乙	千克	3 500	170 000	400	3 000	173 400	49.54
丙	千克	4 000	140 000			140 000	35.00
合计	—	—	460 000	1 500	4 200	465 700	—

综上所述，企业原材料采购业务主要财务处理程序用“T”形账户表示如图 3.3 所示。

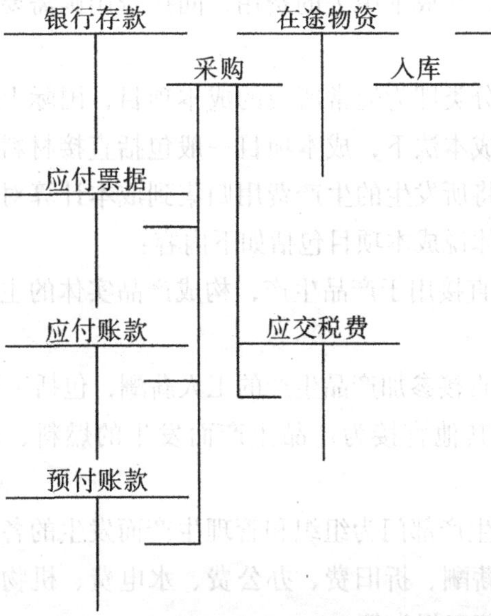

图 3.3　企业原材料采购业务主要账务处理程序

第四节　产品生产业务的核算

生产过程是制造业生产经营过程的第二阶段，通过生产准备过程，购买固定资产以及劳动对象——原材料，接下来就进入生产过程。生产过程是制造企业最具特色的阶段，在这一阶段，劳动者借助机器设备将原材料加工成符合社会要求的产品。

一、生产业务的主要内容

制造企业的主要经济活动是生产符合社会需要的产品，产品的生产过程同时也是生产的耗费过程。企业在生产经营过程中发生的各项耗费，是企业为获得收入而预先垫支并需要得到补偿的资金耗费，包括生产资料中劳动手段（机器设备）、劳动对象（原材料）以及劳动力等方面的耗费。另外，企业还会发生其他的费用开支，如办公费、水电费、差旅费等。

制造企业在一定期间内发生的、用货币形式表现的生产耗费，叫作生产费用。企业在一定期间内发生的生产费用，按其是否计入产品成本分为生产成本和期间费用。

按照生产费用计入生产成本的方式不同，生产费用又分为直接费用和间接费用。直接费用是指可以直接计入产品成本中去的费用，间接费用则需要通过分配计入产品成本中。

对生产费用按经济用途分类即为通常所说的成本项目，国际上现行产品成本计算采用制造成本法。在制造成本法下，成本项目一般包括直接材料、直接人工和制造费用，按照这些成本项目将所发生的生产费用归集到成本计算对象上，就构成产品生产成本的计算对象。具体说成本项目包括如下内容：

（1）直接材料费用，指直接用于产品生产，构成产品实体的主要材料、有助于产品形成的辅助材料费等。

（2）直接人工费用，指直接参加产品生产的工人薪酬，包括工资及福利费等。

（3）其他直接费用，指其他直接为产品生产而发生的燃料、动力、外部加工费等。

（4）制造费用，指企业生产部门为组织和管理生产而发生的各项间接费用，包括企业生产部门的管理人员薪酬、折旧费、办公费、水电费、机物料消耗、劳动保护费、季节性和修理期间的停工损失等。

期间费用是企业的行政管理部门为组织和管理企业的生产经营活动而发生的费用，这些费用不计入产品成本，而直接计入当期损益。期间费用包括销售费用、管理费用和财务费用。

因此，生产业务核算的主要内容是：归集和分配已发生的各种生产费用，计算确定产品成本。

二、生产业务核算应设置的账户

为了加强对生产的管理、核算和监督生产过程中的各种耗费，正确计算产品成本，企业在核算中应设置“生产成本”“制造费用”“库存商品”“应付职工薪酬”“累计折旧”“管理费用”等账户。

1. “生产成本” 账户

“生产成本”账户属于成本类账户，用来核算和监督企业生产产品所发生的各项生产费用。该账户借方登记制造产品所发生的各项成本费用，包括直接材料费、直接人工费和制造费用；贷方登记已完工并验收入库产品的实际成本；期末余额在借方，表示尚未完成加工的各项在产品成本。该账户按生产车间和产品种类设置明细分类账户。

2. “制造费用” 账户

“制造费用”账户属于成本类账户，用来核算和监督企业生产车间（或部门）为生产产品或提供劳务所发生的各项间接费用。该账户借方登记各项制造费用的发生额；贷方登记有关产品成本的各项制造费用的分配额；期末一般无余额。该账户应按车间、部门和费用项目设置明细分类账户，以考核和控制不同车间或部门的共同性生产费用。

3. “库存商品” 账户

“库存商品”账户属于资产类账户，用来核算和监督企业各种库存商品的成本增减变动的情况。该账户借方登记已完工并验收入库产品的生产成本；贷方登记发出产品的生产成本；期末余额在借方，表示库存产品的生产成本。该账户按商品种类、品种和规格设置明细分类账户。

4. “应付职工薪酬” 账户

“应付职工薪酬”账户属于负债类账户，用来核算和监督企业按规定应付给职工的各种薪酬，包括各种工资、奖金、津贴、职工教育经费、职工福利、社会保险、住房公积金等。该账户贷方登记已分配计入有关成本费用项目的职工薪酬数额；借方登记实际支付给职工的各种薪酬；期末如为借方余额，表示本月实际支付的工资数大于应付职工薪酬数，即为多支付的薪酬；如为贷方余额，则表示本月应付职工薪酬大于实际支付的薪酬，即应付未付的薪酬。该账户按“工资”“职工福利”“社会保险”“住房公积金”等应付职工薪酬项目设置明细分类账户。

5. “累计折旧” 账户

“累计折旧”账户属于资产类账户，它是固定资产的备抵账户，用来核算和监督固定资产累计损耗的价值。该账户贷方登记按期计提的固定资产的折旧数，即累计折旧的增加数；借方登记出售、报废、毁损和盘亏固定资产的已提折旧的转出数，即累计折旧的减少数；期末余额在贷方，表示固定资产累计计提的折旧实有数额。

6.“管理费用” 账户

“管理费用”属于损益类账户，用来核算和监督企业为组织和管理生产所发生的管理费用，包括企业在筹建期间发生的开办费、办公费、行政管理部门职工工资及福利费、厂部固定资产折旧费、修理费、差旅费、工会经费、董事会费、聘请中介机构费、咨询费、诉讼费、业务招待费、技术转让费、排污费等各项费用。该账户借方登记企业发生的各项费用，贷方登记转入“本年利润”账户的管理费用，期末结转后该账户无余额。此外，商品流通企业管理费用不多的可不设置本账户，其核算内容可并入"销售费用"账户核算。该账户明细账应按费用项目设置专栏反映。

三、生产业务核算的会计处理

（一）发出存货的计价

发出存货的计价来源于存货成本流转的假设。存货流转包括实物流转和成本流转两个方面。由于实际工作时，可能出现实物流转和成本流转不一致的情况，就出现了存货成本流转的假设。采用某种存货成本流转的假设，在期末存货与发出存货之间分配成本，就产生了不同的确定发出存货成本的方法，即发出存货的计价方法。按照《企业会计准则第1号——存货》（2006）的规定，企业应当采用个别计价法、先进先出法或者加权平均法确定发出存货的成本。不同的存货计价方法，对企业财务状况、盈亏情况会产生不同的影响。

现根据下列资料说明各种方法的应用。

【例3-23】新意公司A材料在20×3年9月的收、发、存情况如表3.5所示。

表3.5　A材料明细账

日期	期初结存		本期收入		本期支出		期末结存	
	数量/千克	单价/元	数量/千克	单价/元	数量/千克	单价/元	数量/千克	单价/元
9月1日	200	10						
9月5日			300	10.50				
9月8日					300			
9月15日			200	11				
9月25日					100			
本月合计	200		500		400		300	

1. 个别计价法

个别计价法亦称个别认定法、具体辨认法、分批实际法。这一方法的假设是：存货具体项目的实物流转与成本流转相一致，按照各种存货逐一辨认各批发出存货和期末存货所属的购进批别或生产批别，分别按其购入或生产时所确定的单位成本计算各批发出存货和期末存货成本。这种方法是把每一种存货的实际成本作为计算发出存货成本和期末存货成本的基础的。

在【例3-23】中，假设经过具体辨认，9月8日发出的300千克甲材料，全部为9月5日购进，9月25日发出的100千克甲材料，全部为期初结存。那么：

发出 A 材料成本 = 300 × 10.50 + 100 × 10 = 4 150（元）

期末结存 A 材料成本 = 100 × 10 + 200 × 11 = 3 200（元）

个别计价法的成本计算准确，符合实际情况，但在存货收发频繁情况下，其发出成本分辨的工作量较大，且主观随意性较强。因此，这种方法适用于一般不能替代使用的存货、为特定项目专门购入或制造的存货以及提供的劳务，如珠宝、名画等贵重物品。

2. 先进先出法

先进先出法是以先购入的存货应先发出（销售或耗用）这样一种存货实物流动假设为前提，对发出存货进行计价的一种方法。先进先出法可以随时结转存货发出成本，但较烦琐。如果存货收发业务较多且存货单价不稳定时，其工作量较大。

例如【例 3 - 23】，采用先进先出法计算存货成本如表 3.6 所示。

表 3.6　采用先进先出法计算存货成本

日期	摘要	收入			发出			结存		
		数量/千克	单价/元	金额/元	数量/千克	单价/元	金额/元	数量/千克	单价/元	金额/元
9 月 1 日	初余							200	10	2 000
9 月 5 日	入库	300	10.5	3 150				200 300	10 10.5	2 000 3 150
9 月 8 日	领用				200 100	10 10.5	2 000 1 050	200	10.5	2 100
9 月 15 日	购入	200	11	2 200				200 200	10.5 11	2 100 2 200
9 月 25 日	领用				100	10.5	1 050	100 200	10.5 11	1 050 2 200
9 月 31 日	月结	500		5 350	400		4 100	100 200	10.5 11	1 050 2 200

采用先进先出法计算期末存货成本接近现行市价，使资产负债表上反映的存货资产价值比较真实；发出成本偏离现行市价，不能真实反映本期已耗用或销售存货的实际成本，使本期利润不真实。当物价持续上涨时，用较低的成本与现行收入配比，会虚增利润。

3. 月末一次加权平均法

$$\text{加权平均单位成本} = \frac{\text{期初结存存货实际成本} + \text{本期入库存货实际成本}}{\text{期初结存存货数量} + \text{本期入库存货数量}}$$

本期发出存货成本 = 本期发出数量 × 加权平均单位成本

期末结存存货成本 = 期末结存存货数量 × 加权平均单位成本

【例 3 - 23】如果采用月末一次加权平均法如表 3.7 所示。

表 3.7 采用月末一次加权平均法计算存货成本

日期	摘要	收入			发出			结存		
		数量/千克	单价/元	金额/元	数量/千克	单价/元	金额/元	数量/千克	单价/元	金额/元
9月1日	初余							200	10	2 000
9月5日	入库	300	10.5	3 150				500		
9月8日	领用				300			200		
9月15日	购入	200	11	2 200				400		
9月25日	领用				100			300		
9月31日	月结	500		5 350	400	10.5	4 200	300	10.5	3 150

表 3.7 中加权平均单价为

A 材料加权单位成本 =（2 000 +5 350）/（200 +500）=10.50（元/千克）

本期 A 材料发出成本 =400 ×10.50 =4 200（元）

期末 A 材料结存成本 =300 ×10.50 =3 150（元）

又如，假设上述三种材料的期初数量分别为 1 000 千克、2 000 千克和 1 500 千克，单价分别为 24 元、52.3 元和 32 元，金额分别为 24 000 元、104 600 元和 48 000 元，则三种材料的加权平均单价分别为

$$\text{甲材料加权平均单价}=\frac{24\ 000+51\ 100+50\ 000+51\ 200}{1\ 000+2\ 000+2\ 000+2\ 000}\approx 25.2\text{（元/千克）}$$

$$\text{乙材料加权平均单价}=\frac{104\ 600+393\ 400}{2\ 000+8\ 000}\approx 49.8\text{（元/千克）}$$

$$\text{丙材料加权平均单价}=\frac{48\ 000+140\ 000}{1\ 500+4\ 000}\approx 34.2\text{（元/千克）}$$

采用加权平均法只在月末一次计算加权平均单价，比较简单，有利于简化成本计算工作，但由于平时无法从账上提供发出和结存存货的单价及金额，因此不利于存货成本的日常管理与控制。

4. 移动加权平均法

移动加权平均法是指以每次进货的成本加上原有库存存货的成本，除以每次进货数量加上原有库存存货的数量，据以计算加权平均单位成本，作为在下次进货前计算各次发出存货成本依据的一种方法。计算公式如下：

$$\text{移动加权平均单位成本}=\frac{\text{结存存货实际成本}+\text{本次入库存货实际成本}}{\text{结存存货数量}+\text{本次入库存货数量}}$$

本次发出存货的成本 = 本次发出存货数量 × 本次发货前存货的单位成本

本月月末库存存货成本 = 月末库存存货的数量 × 本月月末存货单价

【例 3 -23】如果采用移动加权平均法计算存货成本如表 3.8 所示。

表 3.8　采用移动加权平均法计算存货成本

日期	摘要	收入			发出			结存		
		数量/千克	单价/元	金额/元	数量/千克	单价/元	金额/元	数量/千克	单价/元	金额/元
9月1日	初余							200	10	2 000
9月5日	入库	300	10.5	3 150				500	10.30	5 150
9月8日	领用				300	10.30	3 090	200	10.30	2 060
9月15日	购入	200	11	2 200				400	10.65	4 260
9月25日	领用				100	10.65	1 065	300	10.65	3 195
9月31日	月结	500		5 350	400		4 155	300	10.65	3 195

备注:9月5日购货后的平均单位成本 = (2 000 + 3 150)/(200 + 300) = 10.30(元/千克),9月15日购货后平均单位成本 = (2 060 + 2 200)/(200 + 200) = 10.65(元/千克)。

采用移动平均法能够使企业管理当局及时了解存货的结存情况，计算的平均单位成本以及发出和结存的存货成本比较客观。但由于每次收货都要计算一次平均单价，计算工作量较大，对收发货较频繁的企业不适用。

除个别辨认法外，以上三种方法计算的结果如表 3.9 所示。

表 3.9　采用不同方法计算存货成本比较　单位：元

项目	先进先出法	加权平均法	移动加权平均法
本期发出成本	4 100	4 200	4 155
期末结存成本	3 250	3 150	3 195
合　计	7 350	7 350	7 350

通过比较可以看出，当物价持续上涨时，用先进先出法计算的本期发出成本最低，期末结存成本最高；移动加权平均法的结果接近先进先出法，这种结果对期末资产（资产负债表）和本期损益（利润表）会产生直接影响。

（二）材料费用的核算

企业在生产过程中要发生大量的材料费用。通常，生产部门或其他部门在领用材料时必须填制领料单，仓库部门根据领料单发出材料后，领料单一联交给会计部门用于记账，然后会计部门对领料单进行汇总计算，按各部门及不同用途领用材料的数额分别记入有关账户。在实际工作中，材料费用的分配是通过编制“材料费用分配表”进行的。

【例 3 - 24】20×3 年 12 月 30 日，斯特公司根据 12 月份仓库发出材料情况编制发出材料汇总表（金额保留整数，位数差不计），如表 3.10 所示。

表 3.10 发出材料汇总表

用途	甲材料			乙材料			丙材料			金额合计/元
	数量/千克	单价/元	金额/元	数量/千克	单价/元	金额/元	数量/千克	单价/元	金额/元	
生产产品领用	—	—	—	—	—	—	—	—	—	—
A 产品	2 000	25.2	50 400	2 500	49.8	124 500	2 000	34.2	68 400	243 300
B 产品	2 500	25.2	63 000	3 000	49.8	149 400	1 000	34.2	34 200	246 600
车间一般耗用	100	25.2	2 520	400	49.8	19 920	250	34.2	8 550	30 990
行政管理部门	100	25.2	2 520	100	49.8	4 980	50	34.2	1 710	9 210
合　计	4 700	—	118 440	6 000	—	298 800	3 300	—	112 860	530 100

由表 3.10 可知，本月发出各项材料的总价值为 530 100 元。其中，直接用于 A 产品生产的为 243 300 元，用于 B 产品生产的为 246 600 元，应直接记入“生产成本”账户的借方；车间管理部门一般性耗用材料 30 990 元属于间接材料费用，应记入“制造费用”账户的借方；行政管理部门耗用材料 9 210 元不计入产品成本，属于期间费用，应记入“管理费用”账户的借方；同时，仓库发出材料，使甲、乙、丙库存材料分别减少 118 440 元、298 800 元和 112 860 元，应记入“原材料”账户的贷方。编制的会计分录如下：

借：生产成本——A 产品　　243 300
　　　　　　——B 产品　　246 600
　　制造费用　　30 990
　　管理费用　　9 210
　贷：原材料——甲材料　　118 440
　　　　　　——乙材料　　298 800
　　　　　　——丙材料　　112 860

（三）人工费用核算

人工费用包括工资、福利费等付给职工的各种薪酬。为了正确计算产品成本，确定当期损益，企业必须组织工资及福利费的核算，正确地归集和分配工资及福利费。在实际工作中，工资及福利费的分配是通过编制“工资及福利费用分配表”进行的。

【例 3－25】20×3 年 12 月 6 日，斯特公司从银行提取现金 140 000 元，以备发工资。

此项经济业务的发生，一方面使库存现金增加，应记入“库存现金”账户借方；另一方面使银行存款减少，应记入“银行存款”账户的贷方。编制的会计分录如下：

借：库存现金　　140 000

　贷：银行存款　　140 000

【例3－26】20×3年12月6日，斯特公司以库存现金140 000元支付职工工资。

此项经济业务的发生，一方面使库存现金减少，应记入“库存现金”账户贷方；另一方面使应付未付职工工资减少，应记入“应付职工薪酬”账户的借方。编制的会计分录如下：

借：应付职工薪酬——工资　　140 000

　贷：库存现金　　140 000

【例3－27】20×3年12月30日，斯特公司根据工资和考勤记录，计算出应付职工工资总额为140 000元。其中，制造A产品生产工人工资为46 000元，制造B产品生产工人工资为34 000元，车间技术、管理人员工资为20 000元，企业行政管理人员工资为40 000元。

生产经营中发生的工资费用应按工资的用途进行分配。生产工人工资是直接费用，应记入“生产成本”账户的借方；基本生产车间技术、管理人员的工资属于间接费用，应记入“制造费用”账户的借方；企业行政管理人员的工资属于期间费用，不构成产品成本，应记入“管理费用”账户的借方；同时，由于企业所发生的工资现时并没有实际支付，因此，形成企业对职工的负债，应记入“应付职工薪酬”账户的贷方。编制的会计分录如下：

借：生产成本——A产品　　46 000

　　　　　　——B产品　　34 000

　　制造费用　　20 000

　　管理费用　　40 000

　贷：应付职工薪酬——工资　　140 000

【例3－28】20×3年12月30日，按照14%计提职工福利费。

此项经济业务的发生，涉及“生产成本”“制造费用”和“应付职工薪酬”三个账户。生产产品个人的福利费应记入“生产成本”账户的借方；车间管理人员的福利费应记入“制造费用”账户的借方；企业行政管理人员的福利费应记入“管理费用”账户的借方；提取的福利费应记入“应付职工薪酬”账户贷方。编制的会计分录如下：

借：生产成本——A产品　　6 440

　　　　　　——B产品　　4 760

　　制造费用　　2 800

　　管理费用　　5 600

　贷：应付职工薪酬——福利费　　19 600

（四）固定资产折旧费用的核算

企业的固定资产长期参加生产经营而仍保持其原有的实物形态，但其价值将随着固定资产的使用而逐渐转移到生产的产品成本中，构成了企业的费用。因而，随着固定资产价值的转移，固定资产以折旧的形式在产品销售收入中得到补偿。

折旧也是一种费用，只不过这一费用没有在计提期间付出实实在在的货币资金，但这种费用是先期已经发生的支出，而这种支出的收益在资产投入使用后的有效使用期内体现。无论是在权责发生制还是在收付实现制下，计提折旧都是必需的。因此，如果不计提折旧或不正确地计提折旧，都将使企业计算产品成本、营业成本或损益产生错误。

1. 计提折旧的固定资产范围

《企业会计准则第4号——固定资产》（2006）规定，企业应对所有的固定资产计提折旧，但是，已提足折旧仍继续使用的固定资产和单独计价入账的土地除外。

在确定计提折旧的范围时还应注意以下几点：

（1）固定资产应当按月计提折旧。从理论上讲，当月增加的固定资产，当月应该计提折旧，当月减少的固定资产，当月不应再提折旧。为了简化核算，《企业会计准则第4号——固定资产》（2006）仍沿用了实务中的做法：当月增加的固定资产，当月不计提折旧，从下月起计提折旧；当月减少的固定资产，当月仍计提折旧，从下月起不计提折旧。

（2）固定资产提足折旧后，无论能否继续使用，均不再计提折旧，提前报废的固定资产也不再补提折旧。所谓提足折旧是指已经提足该项固定资产的应计折旧额。

（3）已达到预定可使用状态但尚未办理竣工决算的固定资产，应当按照估计价值确定其成本，并计提折旧；待办理竣工决算后再按实际成本调整原来的暂估价值，但不需要调整原已计提的折旧额。

2. 固定资产折旧方法

《企业会计准则第4号——固定资产》（2006）规定，企业应当根据与固定资产有关的经济利益的预期实现方式合理选择折旧方法。可选用的折旧方法包括年限平均法、工作量法、双倍余额递减法、年数总和法等。企业选用不同的固定资产折旧方法，将影响固定资产使用寿命期间内不同时期的折旧费用，因此，固定资产的折旧方法一经确定，不得随意变更。

（1）年限平均法

年限平均法又称直线法，是指将固定资产的应计折旧额均衡地分摊到固定资产预计使用寿命内的一种方法。采用这种方法计算的每期折旧额均相等。计算公式如下：

$$年折旧率=\frac{1-预计净残值率}{预计使用寿命（年）}\times 100\%$$

$$月折旧额=固定资产原价\times月折旧率$$

$$月折旧率=\frac{1-预计净残值率}{折旧年限}\times 100\%$$

$$月折旧率=\frac{年折旧率}{12}$$

示例：某项设备账面原始价值为 50 000 元，预计净残值率为 4%，预计使用年限为 5 年，要求按照年限平均法计提各年、各月折旧额与折旧率。

$$固定资产年折旧额=\frac{50\ 000-50\ 000\times 4\%}{5}$$

$$=\frac{48\ 000}{5}=9\ 600\ （元/年）$$

$$年折旧率=\frac{9\ 600}{50\ 000}\times 100\%=19.20\%$$

$$固定资产月折旧额=\frac{固定资产年折旧额}{12}$$

$$固定资产月折旧额=\frac{9\ 600}{12}=800\ （元/月）$$

$$月折旧率=\frac{800}{50\ 000}\times 100\%=1.6\%$$

（2）工作量法

工作量法，是根据实际工作量计算每期应提折旧额的一种方法。计算公式如下：

$$单位工作量折旧额=\frac{原值-预计净残值}{预计总工作量}$$

$$某项固定资产月折旧额=该项固定资产当月工作量\times单位工作量折旧额$$

示例：某项设备账面原始价值为 50 000 元，预计净残值率为 4%，预计使用年限为 5 年，预计总工作量为 480 000 吨，本月产量 1 000 吨。要求按照工作量法计提本月折旧额。

$$单位工作量折旧额=\frac{50\ 000-50\ 000\times 4\%}{480\ 000}$$

$$=\frac{48\ 000}{480\ 000}=0.1\ （元/吨）$$

$$月折旧额=单位工作量折旧额\times当月实际完成工作量$$

$$月折旧额=1\ 000\ 吨\times 0.1\ 元/吨=100\ 元$$

（3）双倍余额递减法

双倍余额递减法，是指在不考虑固定资产预计净残值的情况下，根据每期期初固定资产原价减去累计折旧后的金额和双倍的直线法折旧率计算固定资产折旧的一种方法。计算公式如下：

$$年折旧额=年初净值\times\frac{2}{折旧年限}（最后两年除外）$$

$$年折旧率=\frac{2}{预计使用寿命（年）}\times 100\%$$

$$月折旧率=\frac{年折旧率}{12}$$

上例采用双倍余额递减法计算各年、各月折旧额如下：

$$年折旧率=\frac{2}{预计使用寿命（年）}\times 100\%$$

$$=\frac{2}{5}\times 100\%=40\%$$

年折旧额=期初固定资产账面净值×双倍直线折旧率

第1年折旧额=50 000×40%=20 000（元）

第2年折旧额=（50 000－20 000）×40%=12 000（元）

第3年折旧额=（50 000－20 000－12 000）×40%

=7 200（元）

应用这种方法计算折旧额时，应在其折旧年限到期前2年内，将固定资产净值扣除预计净残值后的余额平均摊销。

$$最后2年的年折旧额=\frac{倒数第2年年初的净值-预计净残值}{2}$$

上例第4年年初固定资产净值=50 000－20 000－12 000－7 200=10 800（元）

第4年、第5年计提固定资产折旧为：$\frac{10\ 800-2\ 000}{2}=4\ 400$（元）

$$固定资产月折旧额=\frac{固定资产年折旧额}{12}（略）$$

（4）年数总和法

年数总和法，又称年限合计法，是指将固定资产的原价减去预计净残值后的余额，乘以一个以固定资产尚可使用寿命为分子、以预计使用寿命逐年数字之和为分母的逐年递减的分数计算每年的折旧额。计算公式如下：

$$年折旧率=\frac{尚可使用年限}{预计使用寿命的年数总和}\times 100\%$$

$$月折旧率=\frac{年折旧率}{12}$$

月折旧额=（固定资产原价－预计净残值）×月折旧率

示例：上例如采用年数总和法，要求计算各年折旧额。

年数合计=1+2+3+4+5=15（年）

应提折旧总额=50 000×（1－4%）=48 000（元）

$$第1年折旧额=\frac{48\ 000\times 5}{15}=16\ 000（元）$$

$$第2年折旧额=\frac{48\ 000\times4}{15}=12\ 800（元）$$

$$第3年折旧额=\frac{48\ 000\times3}{15}=9\ 600（元）$$

$$第4年折旧额=\frac{48\ 000\times2}{15}=6\ 400（元）$$

$$第5年折旧额=\frac{48\ 000\times1}{15}=3\ 200（元）$$

固定资产应当按月计提折旧，计提的折旧应通过“累计折旧”科目核算，并根据用途计入相关资产的成本或者当期损益。例如，基本生产车间所使用的固定资产，其计提的折旧应计入制造费用；管理部门所使用的固定资产，其计提的折旧应计入管理费用；销售部门所使用的固定资产，其计提的折旧应计入销售费用；企业自行建造固定资产过程中使用的固定资产，其计提的折旧应计入在建工程成本；经营租出的固定资产，其应提的折旧额应计入其他业务成本。

【例3－29】20×3年12月30日，斯特公司计提固定资产折旧费为12 210元。其中，生产车间用固定资产折旧费为6 710元，行政管理部门用固定资产折旧费为5 500元。

这项经济业务的发生，一方面，企业计提的生产车间固定资产折旧费使制造费用增加6 710元，记入“制造费用”账户的借方，计提的行政管理部门固定资产折旧使管理费用增加5 500元，应记入“管理费用”账户的借方；另一方面，固定资产损耗的价值计入累计折旧，使计提折旧增加12 210元，应记入“累计折旧”账户的贷方。编制的会计分录如下：

借：制造费用	6 710	
管理费用	5 500	
贷：累计折旧		12 210

3. 固定资产折旧的复核

《企业会计准则第4号——固定资产》规定，企业至少应当于每年年度终了，对固定资产的使用寿命、预计净残值和折旧方法进行复核。在固定资产使用过程中，其所处的经济环境、技术环境以及其他环境有可能对固定资产使用寿命和预计净残值产生较大影响。例如，固定资产使用强度比正常情况大，致使固定资产实际使用寿命缩短；替代该项固定资产的新产品的出现致使其实际使用寿命缩短，预计净残值减少等。

如果固定资产使用寿命预计数与原先估计数有差异，应当调整固定资产使用寿命；如果固定资产预计净残值预计数与原先估计数有差异，应当调整预计净残值。如果固定资产给企业带来经济利益的方式发生重大变化，企业也应相应改变固定资产折旧方法。例如，某企业以前年度采用年限平均法计提固定资产折旧，此次年度复核中发现，与该固定资产相关的技术发生很大变化，年限平均法已很难反映该项固定资产给企业带来经济利益的方式，因此，决定将年限平均法改为双倍余额递减法。

（五）制造费用的归集和分配

生产部门为组织和管理生产活动而发生的各项费用，不能直接计入产品的成本中，为了正确计算产品的成本，必须将这些费用先记入“制造费用”账户。由于制造费用作为产品生产过程中的一项重要生产费用支出，最终也要由各种产品共同负担，因此需要采用一定的分配方法，将制造费用分配计入各种产品的成本中。一般常用的分配标准有生产工人工时、机器工时、消耗定额、直接人工费用等。计算公式如下：

$$制造费用分配率 = \frac{制造费用总额}{各种产品的分配标准之和}$$

某种产品应分配的制造费用 = 该种产品的分配标准 × 制造费用分配率

【例3-30】20×3年12月30日，斯特公司用库存现金支付车间固定资产日常修理费用3 000元。

一般情况下，固定资产投入使用之后，固定资产磨损、各组成部分耐用程度的不同，可能导致固定资产局部损坏。为了维护固定资产的正常运转和使用，充分发挥其使用效能，企业将对固定资产进行必要的维护。固定资产的日常修理费用、大修理费用等支出只是确保固定资产的正常工作状况，一般不产生未来的经济利益。因此，通常不符合固定资产的确认条件，在发生时应直接计入当期损益。

企业生产车间（部门）和行政管理部门等发生的固定资产修理费用等后续支出记入“管理费用”账户；企业专设销售机构的，其发生的与专设销售机构相关的固定资产修理费用等后续支出，记入“销售费用”账户。

这项经济业务的发生，一方面使车间管理费用增加3 000元，应记入“管理费用”账户的借方；另一方面使得库存现金减少3 000元，应记入“库存现金”账户的贷方。编制的会计分录如下：

借：管理费用　　3 000

　　贷：库存现金　　3 000

【例3-31】20×3年12月30日，斯特公司按A、B产品的生产工时比例分配制造费用，制造费用总额为60 500元，A产品的生产工时为24 000小时，B产品的生产工时为26 000小时。

按照生产工时的比例分配制造费用后，一方面使有关产品成本增加，应记入“生产成本”账户的借方；另一方面应结转分配的制造费用，记入“制造费用”账户的贷方。

$$制造费用分配率=\frac{60\ 500}{24\ 000+26\ 000}=1.21$$

A 产品应负担的制造费用 =24 000 ×1.21 =29 040（元）

B 产品应负担的制造费用 =26 000 ×1.21 =31 460（元）

编制的会计分录如下：

借：生产成本——A 产品　　29 040

　　　　　——B 产品　　31 460

　贷：制造费用　　60 500

（六）完工产品生产成本的计算与结转

产品生产成本又称产品制造成本，是指企业为生产一定种类、一定数量的产品所支出的各种生产费用的总和。产品生产成本的计算是指将生产过程中发生的、应计入产品成本的生产费用，按照产品品种或类别进行归集和分配，计算出各种产品的总成本和单位成本。

【例 3 -32】20 ×3 年 12 月 30 日，斯特公司计算本月 A、B 产品的生产成本（假设 A、B 产品均为本月开始投产，月底全部完工），并编制“完工产品成本汇总表”。本月 A 产品完工 5 000 件，B 产品完工 4 000 件，产品成本汇总表如表 3.11 所示。

表 3.11　完工产品成本汇总表

20 ×3 年 12 月 30 日　　单位：元

产品名称	直接材料	直接人工	制造费用	产品总成本	产品单位成本
A 产品	243 300	52 440	29 040	324 780	64.956
B 产品	246 600	38 760	31 460	316 820	79.205
合计	489 900	91 200	60 500	641 600	—

注：产品单位成本保留三位小数。

随着本月完工产品的入库，一方面，库存商品增加 641 600 元，记入“库存商品”账户的借方；另一方面，生产成本减少 641 600 元，记入“生产成本”账户的贷方。编制的会计分录如下：

借：库存商品——A 产品　　324 780

　　　　　——B 产品　　316 820

　贷：生产成本——A 产品　　324 780

　　　　　　——B 产品　　316 820

综上所述，企业生产过程主要账务处理程序用 T 形账户表示，如图 3.4 所示。

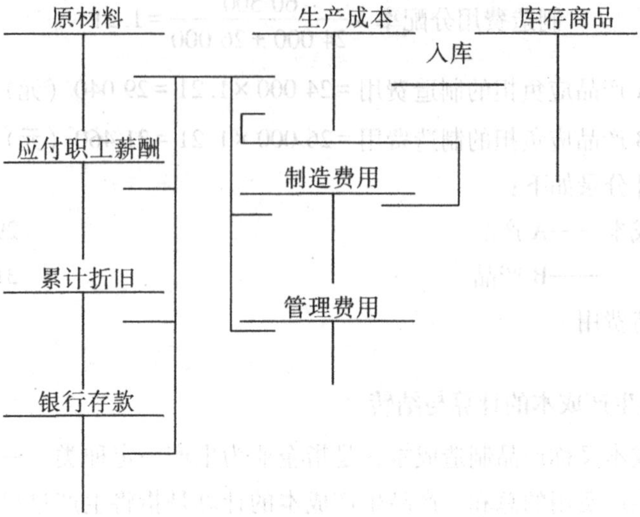

图 3.4　企业生产过程主要账务处理程序

第五节　商品销售业务的核算

一、销售业务核算的主要内容

企业在生产过程中生产的产品，用于销售即被称为商品。商品的销售过程，是生产经营的最后阶段，也是其价值的实现过程。在这一过程中，一方面，企业将生产出来的符合标准的商品，按照合同规定的条件发送给购货单位，以满足社会消费的需要；另一方面，企业要按照销售价格和结算制度的规定，从购货方办理结算手续，及时收取货款或形成债权。

在商品销售过程中，企业为取得一定数量的收入，必须付出相应数量的商品，为制造这些商品而耗费的生产成本，称为商品的销售成本。为了将商品销售出去，还会发生各种费用，如广告费、包装费、装卸费和运输费等，称为销售费用。企业在取得销售收入时，应按照《中华人民共和国企业所得税法》规定，计算缴纳企业生产经营活动应负担的税金。

企业在经营过程中除了要发生主营业务外，还会发生一些兼营的其他业务。其他业务是指企业在经营过程中发生的除主营业务以外的其他销售业务，包括销售材料、出租包装物、出租固定资产、代购代销以及提供非工业劳务等活动。

对于不同的企业，主营业务和其他业务的划分可能不同，一个企业的主营业务可能是另一个企业的其他业务，即便在同一个企业里，不同期间的主营业务和其他业务的内容也不是固定不变的。其他业务收入和成本的确认原则及计量方法与主营业务基本相同。但由于其他业务不属于企业主要经营业务的范围，按照重要性原则，对其他业务的核算可采取比较简单的方法。

综上所述，销售业务核算的内容主要包括主营业务销售和其他业务销售，办理价款结算并确定已取得的收入，同时确认结转销售成本、销售费用、税金及附加等。

二、商品销售业务核算应设置的账户

为了正确反映企业销售商品实现的收入和发生的销售成本、税金及附加、销售费用等往来结算情况，在会计核算中应设置“主营业务收入”“主营业务成本”“销售费用”“税金及附加”“应收账款”“预收账款”“其他业务收入”“其他业务成本”等账户。

1. “主营业务收入”账户

“主营业务收入”账户属于损益类账户，用来核算和监督企业在销售商品、提供劳务所产生的收入。该账户贷方登记已实现的主营业务收入；借方登记期末转入“本年利润”账户的收入；期末将本账户的余额结转后，应无余额。该账户应按主营业务的种类设置明细分类账户，进行明细核算。

2. “主营业务成本”账户

“主营业务成本”账户属于损益类账户，用来核算和监督企业因销售商品、提供劳务或让渡资产使用权等日常活动而发生的实际成本。该账户借方登记结转已售商品、提供的各种劳务等的实际成本；贷方登记期末转入“本年利润”账户的当期销售产品成本；期末结转后该账户应无余额。该账户应按照主营业务的种类设置明细分类，账户进行明细核算。

3. “销售费用”账户

“销售费用”账户属于损益类账户，用来核算和监督企业在销售商品、提供劳务的过程中发生的各种费用，包括保险费、包装费、广告费、商品维修费、预提产品质量保证损失、运输费、装卸费等，以及为销售本企业商品而专设销售机构（含销售网点、售后服务网点等）的职工薪酬、业务费、折旧费等经营费用。企业发生的与专设销售机构相关的固定资产修理费用等后续支出，也在本账户核算。该账户借方登记发生的各种销售费用；贷方登记转入“本年利润”账户的销售费用；期末结转后该账户应无余额。该账户应按照费用项目进行明细核算。

4. “税金及附加”账户

“税金及附加”账户属于损益类账户，用来核算和监督企业经营活动中发生的消费税、城市维护建设税、资源税和教育费附加等相关税费。该账户借方登记按规定应税企业负担的税金及附加；贷方登记期末转入“本年利润”账户中的数额；期末结转后本账户应无余额。《企业会计准则——应用指南》规定：除主营业务活动以外的其他经营活动发生的相关税费，也在“税金及附加”账户核算。该账户应按照税种进行明细核算。

5. “应收账款”账户

“应收账款”账户属于资产类账户，用来核算和监督企业因销售商品、提供劳务而应向购货单位或接受劳务单位收取的款项（包括为购货单位代垫的运费）。不单独设置“预收账款”账户的企业，预收账款也在本账户核算。该账户借方登记经营收入发生的应收款项；贷方登记实际收到的款项和转作坏账损失的应收款项。期末余额在借方，表示企业应收但尚未收到的款项；如为贷方余额，则反映企业预收的账款。该账户应按照购货单位或接受劳务的单位设置明细账户进行明细核算。

6. “预收账款”账户

“预收账款”账户属于负债类账户，用来核算和监督企业按照合同规定向购货单位预收的款项。该账户贷方登记预收购货单位的款项和购货单位补付的款项；借方登记向购货单位发出商品销售实现的货款和退回多付的款项。该账户期末余额一般在贷方，表示预收购货单位的款项；如是借方余额，则表示购货单位所欠的货款。本账户应按照购货单位设置明细账户，进行明细分类核算。预收款不多的企业，也可以将预收的款项直接记入“应收账款”账户的贷方，而不设本账户。

7. “其他业务收入”账户

“其他业务收入”账户属于损益类账户，用来核算和监督企业确认的除主营业务活动以外的其他经营活动实现的收入，包括出租固定资产、出租无形资产、出租包装物和商品、销售原材料等实现的收入。该账户贷方登记其他业务收入实现的增加；借方登记期末转入“本年利润”账户的其他业务收入额；结转后期末无余额。本账户应按照其他业务的种类设置明细账户，进行明细分类核算。

8. “其他业务成本”账户

“其他业务成本”账户属于损益类账户，用来核算企业确认的除主营业务活动以外的其他经营活动所发生的支出，包括销售材料的成本、出租固定资产的折旧额、出租无形资产的摊销额、出租包装物的成本或摊销额等。注意其他经营活动发生的相关税费，应在“税金及附加”账户核算。该账户借方登记其他业务成本，包括材料销售成本、提供劳务的成本费用等，即其他业务成本增加；贷方登记期末转入“本年利润”账户的其他业务成本；结转后期末无余额。本账户应按照其他业务的种类设置明细账户，进行明细分类核算。

三、商品销售业务核算的会计处理

1. 销售商品收入的核算

【例3－33】20×3年12月6日，斯特公司销售A产品1 500件给红塔公司，售价100元，开出增值税专用发票，增值税税率为13%，银行存款支付代垫运杂费300元，商品已发出，全部款项尚未收到。

此项经济业务的发生，一方面使企业应收的货款150 000元、增值税销项税

19 500元以及代垫的运杂费300元增加，应全部记入“应收账款”账户的借方；另一方面使企业主营业务收入增加150 000元，应记入“主营业务收入”账户的贷方；企业向购货方收取的增值税税额增加，应记入“应交税费——应交增值税（销项税额）”账户的贷方；支出的代垫运杂费应记入“银行存款”账户的贷方。编制的会计分录如下：

借：应收账款——红塔公司 169 800
　贷：主营业务收入——A产品 150 000
　　应交税费——应交增值税（销项税额） 19 500
　　银行存款 300

【例3-34】20×3年12月11日，斯特公司接到银行通知，收到红塔公司购买A产品的全部账款169 800元。

这项经济业务的发生，一方面使企业银行存款增加169 800元，应记入“银行存款”账户的借方；另一方面使企业应收账款减少169 800元，应记入“应收账款”账户的贷方。编制的会计分录如下：

借：银行存款 169 800
　贷：应收账款——红塔公司 169 800

【例3-35】20×3年12月15日，斯特公司销售给新华公司A产品2 000件，售价95元，开出增值税专用发票，增值税税率为13%。商品已发出，款项收到并存入银行。

此项经济业务的发生，一方面使企业银行存款增加214 700元，包括货款和增值税，应记入“银行存款”账户的借方；另一方面使企业主营业务收入增加190 000元，应记入“主营业务收入”账户的贷方；企业向购货方收取的增值税税额增加32 300元，应记入“应交税费——应交增值税（销项税额）”账户的贷方。编制的会计分录如下：

借：银行存款 214 700
　贷：主营业务收入——A产品 190 000
　　应交税费——应交增值税（销项税额） 24 700

【例3-36】20×3年12月16日，斯特公司根据合同规定，预收购货单位洪雅公司购买B产品的价款250 000元，存入银行。

此项经济业务的发生，一方面，使企业预收账款增加250 000元，应记入“预收账款”账户的贷方；另一方面，使企业银行存款增加250 000元，应记入“银行存款”账户的借方。编制的会计分录如下：

借：银行存款 250 000
　贷：预收账款——洪雅公司 250 000

【例3-37】20×3年12月20日，斯特公司向上述项付款的洪雅公司发出B产品2 000件，开出增值税专用发票，单价120元，价款240 000元，增值税税额为31 200元，原预收款不足，其差额部分21 200元，洪雅公司当即补付存入银行。

此项经济业务的发生，一方面使企业预收账款减少250 000元，应记入“预收账款”账户的借方，对方补付的不足款21 200元收存银行，记入“银行存款”账户的贷方；另一方面使企业主营业务收入增加240 000，应记入“主营业务收入”账户的贷方，企业向购货方收取的增值税销项税额增加40 800元，应记入“应交税费——应交增值税（销项税额）”账户的贷方。编制的会计分录如下：

借：预收账款——洪雅公司　　250 000
　　银行存款　　21 200
　贷：主营业务收入——B产品　　240 000
　　　应交税费——应交增值税（销项税额）　　31 200

【例3-38】20×3年12月21日，斯特公司销售给宝山公司B产品1 000件，开出增值税专用发票，单价120元，价款120 000元，增值税税额为15 600元，开出增值税专用发票，商品已发出。宝山公司开出一张期限为3个月、面值为135 600元、不带息的商业承兑汇票。

此项经济业务的发生，一方面使企业主营业务收入增加120 000元，应记入“主营业务收入”账户的贷方，企业向购货方收取的增值税税额增加15 600元，应记入“应交税费——应交增值税（销项税额）”账户的贷方；另一方面企业收到购货单位开出的商业承兑汇票135 600元，应记入“应收票据”账户的借方。编制的会计分录如下：

借：应收票据——宝山公司　　135 600
　贷：主营业务收入——B产品　　120 000
　　　应交税费——应交增值税（销项税额）　　15 600

综上所述，企业销售收入业务主要账务处理程序用“T”形账户表示如图3.5所示。

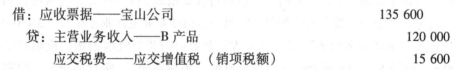

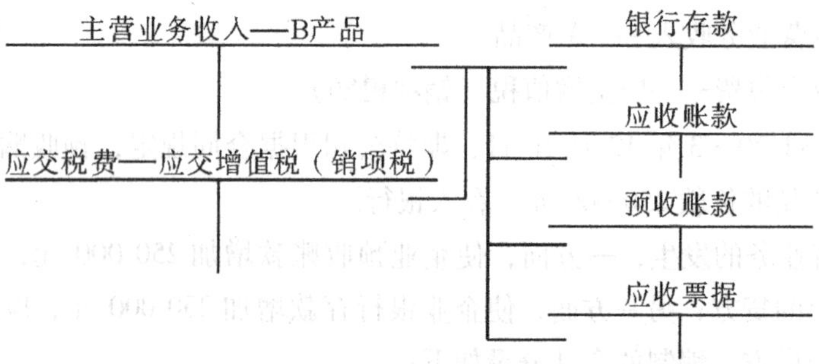

图3.5　企业销售收入业务主要账务处理程序

2. 主营业务成本结转的核算

【例3－39】20×3年12月31日，斯特公司计算并结转已售商品的销售成本，其中A产品3 500件，销售成本为231 350元，B产品3 000件，销售成本为242 400元，共计销售成本473 750元。

此项经济事项是结转已销商品的销售成本，一方面，主营业务成本增加473 750元，应记入“主营业务成本”账户的借方；另一方面，库存商品A、B分别减少231 350元和473 750元，应记入“库存商品”账户的贷方。编制的会计分录如下：

借：主营业务成本	473 750	
贷：库存商品——A产品		231 350
——B产品		242 400

3. 销售费用的核算

【例3－40】20×3年12月28日，斯特公司以银行存款支付销售商品的相关费用3 000元。

此项经济业务的发生，一方面使企业销售商品的费用增加3 000元，记入“销售费用”账户的借方；另一方面使企业银行存款减少3 000元，记入“银行存款”账户的贷方。编制会计分录如下：

借：销售费用	3 000	
贷：银行存款		3 000

四、其他业务核算的会计处理

其他业务收入是指企业主营业务收入以外的所有通过销售商品、提供劳务收入及让渡资产使用权等日常活动中所形成的经济利益的流入，如材料物资及包装物销售、无形资产转让、固定资产出租、包装物出租、运输、废旧物资出售的收入等。

其他业务收入是企业从事除主营业务以外的其他业务活动所取得的收入，具有不经常发生、每笔业务金额一般较小、占收入的比重较低等特点。

【例3－41】20×3年12月13日，斯特公司销售甲材料一批共计500千克，单价40元，价款共20 000元，增值税2 600元，款项收到并存入银行。

这项经济业务的发生，涉及“银行存款”“其他业务收入”和“应交税费”三个账户。斯特公司银行存款增加22 600元，应记入“银行存款”账户的借方；销售材料收入增加20 000元，应记入“其他业务收入”账户的贷方；应交的销项税额增加2 600元，应记入“应交税费”账户的贷方。编制的会计分录如下：

借：银行存款	22 600	
贷：其他业务收入		20 000
应交税费——应交增值税（销项税额）		2 600

【例3－42】20×3年12月30日，结转上述销售甲材料的成本。

前面已经计算出甲材料的采购单位成本为25.38元，销售500千克，共计12 690元。此项经济业务的发生，一方面，材料销售成本增加12 690元，应记入“其他业务成本”账户的借方；另一方面，库存材料减少，应记入“原材料”账户的贷方。编制的会计分录如下：

借：其他业务成本——材料销售　　12 690

　贷：原材料——甲材料　　12 690

五、税金及附加的核算

【例3-43】20×3年12月28日，斯特公司按规定计算本期应缴纳的消费税为5 000元。

此项经济业务的发生，一方面使企业应负担的税金增加5 000元，记入“税金及附加”账户的借方；另一方面，由于该税款尚未实际支付，形成企业的应交未交税金，应记入“应交税费”账户的贷方。编制的会计分录如下：

借：税金及附加　　5 000

　贷：应交税费——应交消费税　　5 000

【例3-44】20×3年12月30日，斯特公司依照税法规定，计算公司本月销售产品应缴纳的城市维护建设税和教育费附加。

1. 城市维护建设税

城市维护建设税简称“城建税”，是我国为了加强城市的维护建设，扩大和稳定城市维护建设资金的来源开征的一个税种。它是以纳税人实际缴纳的“三税”——增值税、消费税税额为计税依据，随“三税”同时附征，本质上属于一种附加税。

应纳税额=（实际缴纳的增值税+实际缴纳的消费税）×适用税率

规定的税率为：

纳税人所在地在城市市区的，税率为7%。

纳税人所在地在县城、建制镇的，税率为5%。

纳税人所在地不在城市市区、县城、建制镇的，税率为1%。

斯特公司本月增值税进项税为115 600元，销项税为122 400元，则：

本月实际应交增值税=销项税-进项税=122 400-115 600=6 800（元）

本月应交消费税为5 000元。

本月实际应交“三税”合计=6 800+5 000=11 800（元）

应纳城市维护建设税=11 800×7%=826（元）

2. 教育费附加

教育费附加是国家为扶持教育事业发展，计征用于教育的政府性基金。教育费附加率为3%，分别与增值税、消费税同时缴纳。教育附加费作为专项收入，由教育部门统筹安排使用。开征教育费附加，可以扩大和稳定地方教育经费的资金来源，对于加快我国文化教育事业的发展，提高全国人民科学文化水平，更好地促进社会经济发展，有着极其重要的意义。

应纳教育费附加 =（实际缴纳增值税税额 + 实际缴纳消费税税额）×征收比率

本月应纳教育费附加 = 11 800 × 3% = 354（元）

应纳城市维护建设税与教育费附加合计 = 826 + 354 = 1 180（元）

计算出本月应交的城建税及教育费附加后，形成企业的一项负债，一方面使企业应负担的税金增加 1 180 元，记入“税金及附加”账户的借方；另一方面，由于该税费款尚未实际支付，形成企业的应交未交税金，应记入“应交税费”账户的贷方。编制的会计分录如下：

借：税金及附加	1 180	
贷：应交税费——应交城市维护建设税		826
——应交教育费附加		354

【例 3 - 45】斯特公司缴纳应交的增值税、消费税、城市维护建设税和教育费附加。

此项经济业务的发生，一方面使企业应交税费减少 12 980 元，记入“应交税费”账户的借方；另一方面使企业银行存款减少 12 980 元，记入“银行存款”账户的贷方。编制的会计分录如下：

借：应交税费——应交增值税（已交税金）	6 800	
——应交消费税	5 000	
——应交城市维护建设税	826	
——应交教育费附加	354	
贷：银行存款		12 980

综上所述，企业销售过程中成本、费用及税金主要账务处理程序用“T”形账户表示如图 3.6 所示。

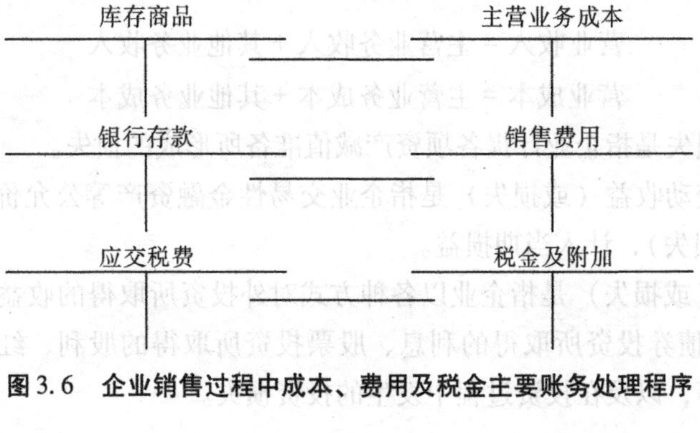

图 3.6　企业销售过程中成本、费用及税金主要账务处理程序

第六节 利润形成与分配业务的核算

企业一定时期经营活动的最终成果，是指企业实现的利润或发生的亏损。企业作为独立的经济实体，其生产经营活动的主要目的就是不断地提高企业的盈利水平，而企业的利润或亏损在很大程度上集中反映了企业经营的效益和经营管理水平，是衡量企业经营管理水平的一个重要综合指标。

企业实现利润，首先应按照《中华人民共和国企业所得税法》规定缴纳企业所得税，然后再将净利润按照规定程序进行分配，一部分留归企业自行支配，一部分分给企业的所有者。同时，企业若发生亏损，应按规定进行弥补。因此，财务成果的核算内容包括利润形成业务和利润分配业务两大部分。

一、利润形成业务的核算

1. 利润形成业务的核算内容

企业的利润总额是企业一定时期的全部收入减去与之相配比的全部费用而形成的。企业的利润从构成来看，既有通过生产经营活动获得的，即商品销售业务核算中涉及的主营业务收支、其他业务收支的核算，也包括管理费用、财务费用、投资收益这些营业活动中的损益，同时还有与生产经营无直接关系的事项所引起的利得和损失。利润的具体构成包括以下几部分：

（1）营业利润

营业利润 = 营业收入 - 营业成本 - 税金及附加 - 销售费用 - 管理费用 -
财务费用 - 资产减值损失 +
公允价值变动收益（ - 公允价值变动损失） +
投资收益（ - 投资损失）

其中：

营业收入 = 主营业务收入 + 其他业务收入

营业成本 = 主营业务成本 + 其他业务成本

资产减值损失是指企业计提各项资产减值准备所形成的损失。

公允价值变动收益（或损失）是指企业交易性金融资产等公允价值发生变动形成的利得（或损失），计入当期损益。

投资收益（或损失）是指企业以各种方式对外投资所取得的收益（或发生的损失），主要包括债券投资所取得的利息、股票投资所取得的股利、红利、其他投资所分得的利润等，以及在投资过程中发生的投资损失。

（2）利润总额

利润总额 = 营业利润 + 营业外收入 − 营业外支出

营业外收入是指企业发生的与其生产经营日常活动没有直接关系、计入当期损益的各项利得，如罚款收入、固定资产盘盈、出售固定资产净收益等。

营业外支出是指企业发生的与其生产经营日常活动没有直接关系、计入当期损益的各项损失，如罚款支出、固定资产盘亏、出售固定资产净损失、非常损失等。

（3）净利润

净利润 = 利润总额 − 所得税费用

所得税费用是根据《中华人民共和国企业所得税法》规定，按应纳税所得额和规定的所得税税率计算缴纳的所得税税额。一般来讲，凡是有盈利的企业，都必须缴纳所得税。

净利润是企业在一定时期生产经营活动的最终成果，也就是企业在一定会计期间内实现的收入减去成本费用后的差额。

2. 利润形成的核算应设置的账户

为了正确反映企业利润形成情况，在会计核算中应设置“管理费用”（本章第四节已经介绍）、“财务费用”（本章第四节已经介绍）、“营业外收入”“营业外支出”“投资收益”“所得税费用”等账户，“公允价值变动损益”“资产减值损失”等涉及的相关业务的核算将在后续的中级财务会计学课程中介绍。

（1）“营业外收入”账户

“营业外收入”属于损益类账户，用来核算企业发生的与生产经营无直接关系的各项利得。贷方登记企业发生的各项营业外收入，借方登记期末转入“本年利润”账户的营业外收入，期末结转后应无余额。该账户应按收入项目设置明细分类账户进行明细核算。

（2）“营业外支出”账户

“营业外支出”属于损益类账户，用来核算企业发生的与企业生产经营无直接关系的各项损失。该账户借方登记企业发生的各项营业外支出，贷方登记期末转入“本年利润”账户的营业外支出，期末结转后该账户应无余额。该账户应按支出项目设置明细分类账户进行明细核算。

（3）“投资收益”账户

“投资收益”账户属于损益类账户，用来核算企业对外投资取得的收益或发生的损失。该账户贷方登记取得的投资收益或期末投资损失的转出数，借方登记投资损失或期末投资净收益的转出数，期末结转后该账户应无余额。该账户应按投资的种类设置明细分类账户进行明细核算。

（4）“所得税费用”账户

“所得税费用”账户属于损益类账户，用来核算企业按规定从本期利润总额中扣除的所得税费用。该账户借方登记企业计算确定的当期应交所得税税额，贷方登记企业期末转入“本年利润”账户借方的数额，期末结转后该账户应无余额。

（5）“本年利润”账户

“本年利润”账户属于所有者权益类账户，用来核算和监督企业本年度实现的净利润或发生的净亏损。该账户贷方登记期末从“主营业务收入”“其他业务收入”“营业外收入”以及“投资收益（投资净收益）”等账户的转入数；借方登记期末从“主营业务成本”“税金及附加”“其他业务成本”“销售费用”“管理费用”“财务费用”“税金及附加”“营业外支出”“所得税费用”以及“投资收益（投资净损失）”账户的转入数。将本期转入的收入和成本费用的发生额进行对比，若为贷方余额，表示实现净利润；若为借方余额，表示发生净亏损。本年度1月至11月，该账户的余额保留在本账户，不予转账，表示截至本期期末年度累计实现的净利润或发生的累计净亏损。年末，应将本账户实现的净利润或者亏损额全部转入“利润分配——未分配利润”账户的贷方（或借方），结转后本账户无年末余额。

3. 利润形成业务的会计处理

【例3－46】20×3年12月15日，斯特公司收到违约赔偿款500元，存入银行。

此项经济业务的发生，一方面使斯特公司银行存款增加500元，应记入“银行存款”账户的借方；另一方面使营业外收入增加500元，应记入“营业外收入”账户的贷方。编制的会计分录如下：

借：银行存款　　500
　贷：营业外收入　　500

【例3－47】20×3年12月21日，斯特公司以银行存款向当地一家福利基金会捐赠2 000元。

此项经济业务的发生，一方面使与正常业务经营无关的营业外支出增加，应记入“营业外支出”账户的借方；另一方面使银行存款减少2 000元，应记入“银行存款”账户的贷方。编制的会计分录如下：

借：营业外支出　　2 000
　贷：银行存款　　2 000

【例3－48】20×3年12月30日，斯特公司用银行存款支付临时借款利息3 000元。

此项经济业务的发生，一方面使企业筹资费用增加，应记入“财务费用”账户的借方；另一方面使银行存款减少3 000元，应记入“银行存款”账户的贷方。编制的会计分录如下：

借：财务费用　　3 000
　贷：银行存款　　3 000

【例3－49】20×3年12月30日，斯特公司收到债券投资利息40 000元，存入银行。

此项经济业务的发生，一方面使银行存款增加40 000元，应记入“银行存款”账户的借方；另一方面债券投资取得的利息使投资收益增加，应记入“投资收益”账户的贷方。编制的会计分录如下：

借：银行存款　　40 000

　贷：投资收益　　40 000

【例3-50】20×3年12月31日，斯特公司将各损益类账户（不含所得税费用）的本月累积发生额转入“本年利润”账户，计算本月利润总额。

归集本月各损益类账户的发生额，如表3.12所示。

表3.12　各损益类账户本月发生额归集　　单位：元

账户名称	借或贷	金额	账户名称	借或贷	金 额
主营业务成本	借	473 750	主营业务收入	贷	700 000
其他业务成本	借	12 690	其他业务收入	贷	20 000
税金及附加	借	6 180	投资收益	贷	40 000
销售费用	借	3 000	营业外收入	贷	500
管理费用	借	63 310			
财务费用	借	3 000			
营业外支出	借	2 000			
合计		563 930	合计		760 500

将各收入类账户的本月发生额转入“本年利润”账户的贷方。编制的会计分录如下：

借：主营业务收入　　700 000

　　其他业务收入　　20 000

　　投资收益　　40 000

　　营业外收入　　500

　贷：本年利润　　760 500

将各成本、费用、支出类账户的本月发生额转入“本年利润”账户的借方。编制的会计分录如下：

借：本年利润　　563 930

　贷：主营业务成本　　473 750

　　　其他业务成本　　12 690

　　　税金及附加　　6 180

　　　销售费用　　3 000

　　　管理费用　　63 310

　　　财务费用　　3 000

营业外支出　　　　　　　　　　　　　　　　　　2 000

本月利润总额 = 760 500 − 563 930 = 196 570（元）

综上所述，企业利润总额形成业务主要账务处理程序用“T”形账户表示如图 3.7 所示。

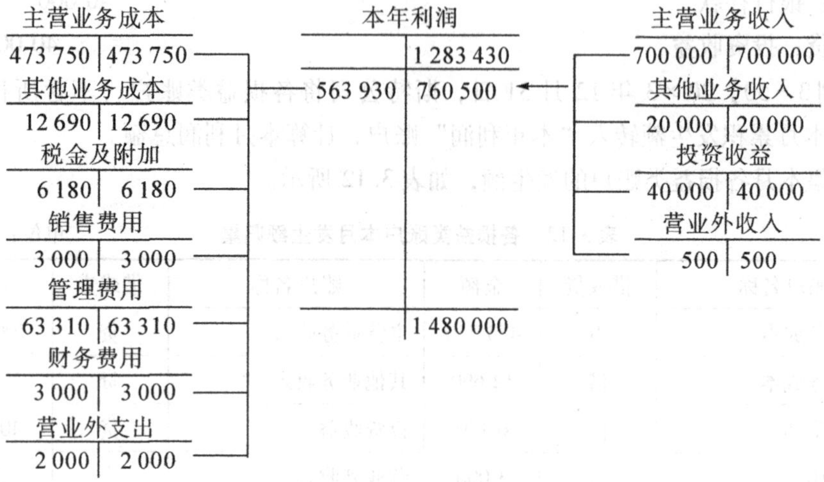

图 3.7　企业利润总额形成业务主要账务处理程序

【例 3 − 51】20×3 年 12 月 31 日，斯特公司结转本月按规定应交的所得税（假定没有纳税调整项目），所得税税率为 25%。假设斯特公司 1 月至 11 月累计应纳税所得额为 1 283 430 元，1 月至 11 月累计已缴纳所得税 315 000 元。

企业所得税是对我国内资企业和经营单位的生产经营所得和其他所得征收的一种税款，一般实行按季（或月）预交、年终汇算清缴，具体是按月还是按季预交由主管税务局确定，一般情况下是按季预交。按季预交的纳税人在季度终了之日起 15 日内，向税务机关报送预缴企业所得税纳税申报表，预缴税款。即每年 4 月 15 日前、7 月 15 日前、10 月 15 日前、1 月 15 日前向税务机关报送预缴企业所得税纳税申报表，预缴税款，如遇节假日则顺延。所得税计算公式为

应纳所得税税额 = 应纳税所得额 × 适用所得税税率

应纳税所得额 = 利润总额 ± 纳税调整项目

纳税调整项目主要是由于《中华人民共和国企业所得税法》与会计的相关规定不同而造成的，包括纳税调增项目和纳税调减项目。纳税调增项目是根据《中华人民共和国企业所得税法》规定的企业已经计入当期费用但超过《中华人民共和国企业所得税法》规定不允许扣除的项目（如超过《中华人民共和国企业所得税法》规定的业务招待费等）；纳税调减项目是根据《中华人民共和国企业所得税法》规定允许弥补的亏损和准予免税的项目（如 5 年内未弥补的亏损和国债的利息收入等）。由于纳税调整项目计算比较复杂，在基础会计中一般对其不予考虑。

本年应纳税所得额 = 1 283 430 + 196 570 = 1 480 000（元）

本年应交所得税税额 = 1 480 000 × 25% = 370 000（元）

本月应补交所得税税额 = 370 000 − 315 000 = 55 000（元）

此项经济业务的发生，一方面使所得税费用增加 55 000 元，应记入“所得税费用”账户的借方；另一方面所得税在未支付前形成企业的一项负债，应记入“应交税费——应交所得税”账户的贷方。编制的会计分录如下：

借：所得税费用　　55 000

　贷：应交税费——应交所得税　　55 000

斯特公司实际缴纳所得税时，一方面“应交税费”减少，记入借方；另一方面存款减少，记入“银行存款”账户贷方。编制的会计分录如下：

借：应交税费——应交所得税　　55 000

　贷：银行存款　　55 000

【例 3－52】20×3 年 12 月 31 日，斯特公司将“所得税费用”账户的本期发生额转入“本年利润”账户。

此项经济业务的发生，是将本期所发生的所得税费用转入“本年利润”账户。“所得税费用”从贷方转出，同时记入“本年利润”账户的借方。编制的会计分录如下：

借：本年利润　　55 000

　贷：所得税费用　　55 000

因此，本年实现净利润为

净利润 = 1 480 000 − 370 000 = 1 110 000（元）

二、利润分配业务的核算

1. 利润分配的程序

企业实现的净利润，应按照规定进行分配。在分配利润时，既要保证国家财政收入的稳定增长，又要满足企业发展的需要，同时还要兼顾投资者和广大职工的经济利益。因此，企业实现的净利润，除国家另有规定外，一般按照下列顺序分配：

（1）弥补企业以前年度亏损。企业发生的年度亏损，可以用下一年度的税前利润弥补。下一年度利润不足以弥补的，可以在 5 年内延续弥补。5 年内不足以弥补的，用净利润弥补，也可以用以前年度提取的盈余公积弥补。

（2）提取法定公积金。法定盈余公积按照本年实现的净利润的一定比例提取，公司制企业按 10% 提取，非公司制企业也可按照超过 10% 的比例提取。公司法定公积金累计额为公司注册资本的 50% 以上时，可以不再提取法定公积金。

（3）提取任意公积金。经股东大会决议，公司可以提取任意公积金。非公司制企业经类似权力机构批准，也可以提取。

（4）向投资者分配利润。企业以前年度未分配的利润，可以并入本年度向投资者分配。

企业实现的净利润按照上述顺序分配后，余下部分即为未分配利润，留待以后会计年度进行分配，也是留存于企业的收益，是所有者权益的组成部分。

2. 利润分配核算需要设置的账户

为了反映利润分配业务，企业在会计核算中应设置“利润分配”“盈余公积”等账户。

（1）“利润分配”账户

“利润分配”账户属于所有者权益类账户，用来核算和监督企业利润的分配（或亏损的弥补）及历年分配（或弥补）后的结存余额。该账户借方登记按规定实际分配的利润数，或年终时从“本年利润”账户的贷方转来的全年亏损总额；贷方登记年终时从“本年利润”账户借方转来的全年实现的净利润。年终贷方余额表示历年结存的未分配利润；如为借方余额，则表示历年结存的未弥补亏损。该账户通常按利润分配的具体项目设置明细分类账户，主要包括“提取法定盈余公积”“提取任意盈余公积”“盈余公积补亏”和“未分配利润”等账户。

需要说明的是，企业分配利润实际上是利润的减少，按理应记入“本年利润”科目的借方，直接冲减利润。但是，从企业来讲它不但需要提供利润的分配数，而且还需要反映企业已实现利润的累计数资料，提供企业在整个会计年度内所实现的全部净利润数据。因此，企业就需要增设“利润分配”科目，用“本年利润”核算净利润的实现情况，用“利润分配”核算净利润的分配情况。所以，“利润分配”科目是“本年利润”科目的调整科目。

（2）“盈余公积”账户

“盈余公积”账户属于所有者权益类账户，用来核算企业盈余公积金的提取、使用和结存情况。贷方登记企业从利润中提取的盈余公积；借方登记以盈余公积金转增资本、弥补亏损的数额；期末余额在贷方，表示企业提取的盈余公积的实际结存数额。企业应设置“法定盈余公积”“任意盈余公积”等账户进行明细核算。

（3）“其他应付款”账户

“其他应付款”账户包含过去的“应付股利”账户。“应付股利”账户属于负债类账户，用来核算企业经董事会或股东大会或类似机构决议确定分配的现金股利或利润。该账户贷方登记应付给投资者的现金股利或利润；借方登记实际支付的股利或利润；期末余额在贷方，表示企业尚未支付的股利或利润。该账户应按投资者进行明细核算。

3. 利润分配业务的会计处理

【例3－53】20×3年12月31日，斯特公司将本年度实现的净利润1 110 000元予以结转。

此项经济业务的发生，一方面使利润分配中的未分配利润增加，应记入“利润分配——未分配利润”账户的贷方；另一方面因结转净利润使本年实现的净利润减少，应记入“本年利润”账户的借方。编制的会计分录如下：

借：本年利润　　　　　　　　　　　　　　　　　　　　1 110 000

　　贷：利润分配——未分配利润　　　　　　　　　　　　　　1 110 000

【例 3－54】20×3 年 12 月 31 日，斯特公司根据《中华人民共和国公司法》的规定，按净利润的 10% 提取法定盈余公积金。

应提取的法定盈余公积金＝1 110 000×10%＝111 000（元）

此项经济业务是计提法定盈余公积金，属于利润分配的增加。一方面，利润分配减少 111 000 元，应记入“利润分配”账户借方；另一方面，盈余公积金增加 111 000 元，应记入“盈余公积”账户的贷方。编制的会计分录如下：

借：利润分配——提取法定盈余公积　　　　　　　　　　111 000

　　贷：盈余公积——法定盈余公积　　　　　　　　　　　　　111 000

【例 3－55】20×3 年 12 月 31 日，斯特公司根据批准的利润分配方案，向投资者分配利润 500 000 元。

此项经济业务是企业向投资者分配利润，表示利润分配数额的减少。一方面，利润分配减少 500 000 元，应记入“利润分配”账户的借方；另一方面，向投资者分配利润在没有实际支付之前，形成了企业的一项负债，应记入“应付股利”账户的贷方。编制的会计分录如下：

借：利润分配——其他应付款　　　　　　　　　　　　500 000

　　贷：应付股利　　　　　　　　　　　　　　　　　　　　　500 000

【例 3－56】年终决算时，公司将“利润分配”账户所属的其他各明细分类账户的借方余额结转到“利润分配——未分配利润”明细分类账户。

此项经济业务发生，是“利润分配”账户各明细分类账户之间的转账。编制的会计分录如下：

借：利润分配——未分配利润　　　　　　　　　　　　611 000

　　贷：利润分配——提取法定盈余公积　　　　　　　　　　　111 000

　　　　　　　　——其他应付款　　　　　　　　　　　　　　500 000

综上所述，企业利润分配业务主要账务处理程序用“T”形账户表示如图 3.8 所示。

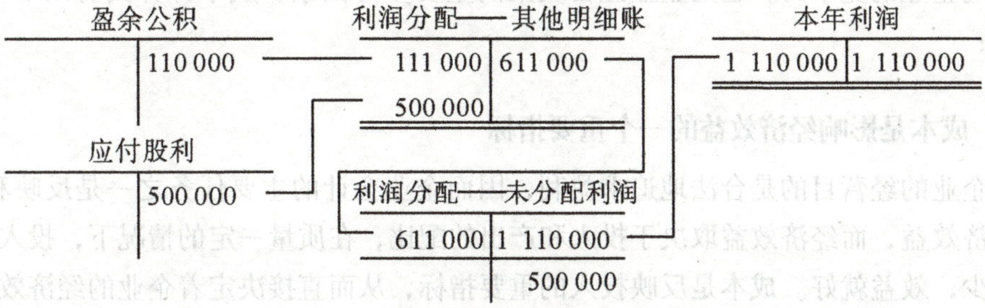

图 3.8　企业利润分配业务主要账务处理程序

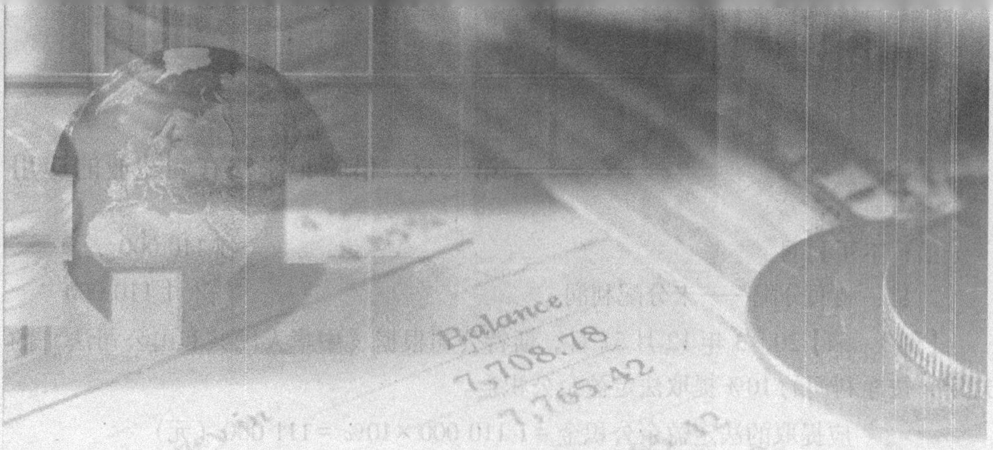

第四章　成本计算

第一节　成本计算概述

一、成本计算的定义

成本计算是对应计入一定对象的全部费用进行归集、计算，并确定各对象的总成本和单位成本的方法。成本计算问题存在于企业经营活动的全过程，只要一项经济活动要纳入会计核算系统，就有一个以何种成本入账的问题。因此，成本计算实际上是一种会计计量活动，它所要解决的是会计核算对象的货币计价问题。

二、成本计算的作用

成本的本质是耗费、投入，它与企业的经济效益和产品定价有着直接的联系，并影响企业的竞争力，也是企业经营决策的重要参考因素。成本计算具有以下重要作用：

（一）成本是影响经济效益的一个重要指标

企业的经营目的是合法地追求盈利，因而企业会计的主要任务之一是反映和提高经济效益，而经济效益取决于投入和产出的配比，在质量一定的情况下，投入低、消耗少，效益就好。成本是反映投入的重要指标，从而直接决定着企业的经济效益。

（二）成本是企业内部控制和考核的重要指标

企业每一个部门、每一项活动都会有一定的消耗，均可借助于成本进行反映、控制和考核。因此成本不仅涉及企业的整体经济效益，而且也关系到每一个部门、每一项活动的工作质量、工作业绩、工作效率及其费用消耗的内部控制、考核和评价。

（三）成本是制定销售价格的重要因素

从整个社会看，商品价格往往是由各部门的平均成本加上社会平均利润形成的。在市场经济条件下，尽管商品的价格取决于市场，但是成本仍然是决定商品价格的重要因素。企业在定价时，一般都要以成本为基础，如使用的成本加成法、毛利率法、边际分析法等定价方法，都离不开成本。

（四）成本是企业进行商业竞争的重要手段

在市场经济条件下，企业之间的商业竞争主要表现在价格、质量和服务上，而这些竞争归根到底是成本的竞争。只有降低产品生产成本，才能降低产品价格，才有可能提高产品质量和服务水平。

（五）成本将为企业提供经营决策的重要数据

在市场经济条件下，企业随时面临着各种风险，机遇和挑战共存。因而在各种可能的备选方案中，选择最优方案，是企业重要的经营决策。无论是长期还是短期决策，选择方案的主要标准是看方案能否为企业带来最大效益，因而影响决策的一个重要因素就是成本，成本是企业经营决策时必须参考的重要指标。

三、成本计算的基本要求

为了正确、及时地计算成本，有关会计人员应遵循如下要求。

（一）要严格执行国家相关法律规章中规定的成本开支范围和费用开支标准

成本开支范围是根据企业经营活动中所发生的费用的不同性质，依据成本的内容和加强成本核算的要求，由国家在相关法律规章（如《中华人民共和国企业所得税暂行条例》《企业国有资产监督管理暂行条例》等）中统一制定。所谓成本开支范围，是指哪些费用允许列入成本，哪些费用不允许列入成本的规定。成本开支范围的基本内容是，一切与营业活动有关的支出，都应计入企业的成本、费用。就制造企业而言，所发生的直接材料、直接人工、制造费用、管理费用、财务费用和销售费用构成企业的成本费用范围。其中，直接材料、直接人工和制造费用构成产品的制造成本（亦称生产成本）；管理费用、财务费用和销售费用则由于和产品的受益关系不太明显，分配的客观标准不易确定，不计入产品的制造成本，全部作为该会计期间的费用，冲减当期收益。费用开支标准是指对某些费用支出的金额和比例做出一些限制性的规定，如允许在税前列支的职工薪酬金额、坏账提取比例和交际应酬费的提取比例等。企业应严格遵守成本开支范围和费用开支标准，在合法的前提下经营活动展开，既能保证成本、费用的真实性，内容的一致性，具有分析对比的可能性，又能正确地计算企业的损益，真实地反映企业的财务成果，提供真实、正确、有用的会计信息。

（二）划清支出、费用和成本的界限

1. 划清收益性支出和资本性支出的界限

所谓收益性支出，是指凡支出所带来的效益仅与一个会计年度相关的支出，收益性支出都应计入该会计年度的费用。所谓资本性支出，是指凡支出能在几个会计年度带来收益的支出，资本性支出应计入相关资产的成本中，并随着相关资产的消耗，合理分摊入相关的会计年度中。如购建固定资产的支出，应计入固定资产的成本，在固定资产的使用期间分摊到相关会计年度的成本费用中。

2. 划清成本与费用的界限

费用是经营活动中发生的各种各样经济利益流出的总称，而成本则是指归集到受益计算对象上去的费用。如前所述，企业经营活动中发生的费用，并非全部计入成本，有一部分是作为期间费用，列作当期损益的。因此，为保证成本资料的真实性，以及相应会计信息的相关有用性，在成本计算时，要划清成本与费用的界限。

3. 划清本期成本费用与下期成本费用的界限

企业应按照权责发生制核算原则，划分成本费用的受益期间。按照“谁受益谁负担，受益多负担多，受益少负担少”的原则，只要是本期产品受益的资金耗费，就应计入本期产品成本之中；只要是由本期及以后各期共同受益的资金耗费，就应在受益期间内采用适当的方法进行合理的分配。

4. 划清不同产品的成本界限

属于哪种产品受益的费用，就应由该种产品负担，计入该种产品的成本，不能将由其他产品受益的费用，计入不相关资产的成本。

5. 划清在产品成本与产成品成本的界限

制造企业对于应计入本期产品成本的费用，如应由在产品和产成品共同承担，就要采用适当的方法，将生产费用在产成品和在产品之间进行分配，分清哪些是在产品应承担的费用，哪些是产成品应承担的费用。

（三）做好成本核算的各项基础工作

要正确、及时地计算成本，做好各项基础工作是很重要的，如果基础工作做得不好，就会影响成本计算的正确性和及时性。成本核算的基础工作主要有：

1. 建立和健全成本计算的原始记录

产品成本的正确计算，离不开可靠的原始记录和凭证。产品生产过程中发生的材料及动力的消耗、工时的消耗、设备的运转、费用的开支、在产品的内部转移、废品的发生和返修、产品与自制半成品的送检和验收入库等，都必须有完整的原始记录和填制必要的原始凭证，并制定原始凭证的合理传递程序，及时为产品成本计算提供依据。

2. 建立和健全材料的计量、验收、领退、盘点制度

建立和健全材料的计量、验收、领退、盘点制度，是进行产品成本计算的重要前提。一切材料的进出、消耗都要严格履行计量、验收手续；一切可以利用的废料都要及时地回收和计价；一切生产设备、工具、仪表都要配备齐全，并由专人维修和管理；仓库、车间和班组的材料，包括原材料、在产品、半成品等，都应按规定进行清查、盘点，以取得可靠的会计核算资料。做好上述各项基础工作，不仅有利于正确计算产品成本，而且还有利于加强生产管理和材料管理，保护企业财产的完整与安全。

3. 制定和完善各种消耗定额

消耗定额是指在确保企业生产经营活动正常进行的前提下，为避免不必要的资金耗费而制定的人、财、物的最低消耗标准。工业企业需要制定的消耗定额主要包括以下内容：单位产品的材料耗用定额、单位产品的工时耗用定额、单位材料的计划价格、单位工时的计划工资率、单位工时的制造费用定额、单位产品变动销售费用定额。这些定额的制定和运用，不仅可以作为分配实际费用的标准，以提高成本计算的质量和工作效率，而且有利于成本控制。企业在实行定额管理的情况下，还应根据情况的变化适时地修订和完善各种消耗定额，以保证充分发挥消耗定额的作用。

4. 制定和完善企业内部价格

企业在生产经营过程中，内部各单位之间常常相互提供产品、材料和劳务等，在实行企业内部经济责任制的情况下，应该合理地确定内部结算价格，这是划分经济责任、正确评价企业内部各单位工作成绩的重要依据。对于非独立核算的单位，应该采用预计成本（也叫定额成本、计划成本或标准成本）作为内部结算价格，以利于划清内部经济责任，并适当简化日常管理工作；对于独立核算的企业内部单位，则一般以产品或劳务的市价为基础，进行适当调整后作为内部结算价格，以利于评价各自的经营成果。

（四）选择适当的成本计算方法

此外，企业还应根据生产特点和管理要求，选择适当的成本计算方法和成本计算组织形式。产品成本是在生产过程中形成的，产品的生产组织和生产工艺特点及管理的不同要求是影响产品成本计算方法及成本计算组织形式的重要因素。而成本计算方法及成本计算组织形式选择的合理性，将直接影响产品成本计算的准确性。因此，企业只有按照产品生产特点和管理要求，选用适当的成本计算方法及成本计

算组织形式，才能准确、及时地计算出产品生产成本，为成本管理提供有用的会计信息。成本计算方法一经选定，一般不得随意变更。

四、成本核算的一般程序

产品成本核算是一项较复杂的工作，涉及内容广泛，可运用的方法很多。为了保证成本信息质量，组织成本核算规范、有序进行，在设置成本核算账户的基础上，产品成本核算的一般程序如下。

（一）确定成本计算对象，开设成本计算单

进行成本计算，首先要确定成本计算对象。所谓成本计算对象，是指生产费用归属的对象，也就是生产成本的承担者，是成本计算的客体。成本计算对象的确定，是开展成本计算的前提。

在确定成本计算对象的基础之上，应按照成本计算对象编制各产品成本计算单。成本计算单是计算产品成本的会计工具。它一般应包括以下一些基本内容：产品名称、成本计算期、产品生产成本项目、产量资料和其他资料。成本计算单的一般格式如表 4.1 所示。

表 4.1　成本计算单

产品名称：　　　　　　　　　　　　　　　　完工产品产量：　　件
金额单位：　　元　　　　　　　　　　　　　在产品数量：　　件

项目	直接材料	直接人工	制造费用	合计
期初在产品成本				
本期生产费用				
合计				
期末在产品成本				
完工产品总成本				
完工产品单位成本				

（二）审核生产费用

对于企业发生的生产费用，应按照国家的相关规定进行审核和控制，确定各项费用是否应该开支，已开支的费用是否应该计入产品成本。凡是不符费用开支规定的，不予入账，并追究相应的违规责任；凡应计入资本性支出、营业外支出或期间费用的，均应记入相应的账户，不得计入产品生产成本。

（三）归集和分配生产费用

按照成本分配受益原则，凡能直接确定归属于某一特定产品成本的费用，直接计入该种产品的生产成本之中。凡不能直接确定归属于某一特定产品成本的费用，应按照受益原则及一定的方法和标准分配计入不同的产品生产成本之中。一般情况下，分配方法和标准一经确定，不应随便变更，以保持各期产品成本计算的指标口径一致。

（四）计算完工产品成本和月末在产品成本

将生产费用计入各成本核算对象后，对于既有完工产品又有月末在产品的产品，应采用适当的方法，把生产费用在其完工产品和月末在产品之间进行分配，求出按成本项目反映的完工产品和月末在产品的成本。

（五）编制成本计算单，计算完工产品总成本和单位成本

在产品成本计算中，应按产品成本计算对象、产品成本项目开设明细账并进行登记，然后编制成本计算单，将各完工产品成本从其明细账中转入成本计算单，并计算出完工产品总成本和单位成本。

五、成本计算的内容

制造企业的经营过程一般要经过供应、生产和销售三个阶段。各个阶段要分别计算存货采购成本、产品生产成本和产品销售成本。关于企业经营过程中成本计算的详细方法，成本会计课程中会有详尽说明，本书只简要说明产品生产成本的基本计算方法。

生产过程中发生的应计入产品生产成本的生产费用，在计入相应产品成本时，按生产费用的经济用途进行归集，计入相应的成本项目。产品成本计算的成本项目，一般由以下三项组成：

（1）直接材料，是指为产品生产而耗费的原材料、辅助材料、修理用备件、外购半成品、燃料、动力、包装物、低值易耗品以及其他直接材料等。

（2）直接人工，是指直接从事产品生产的工人工资、奖金、津贴和福利费等薪酬。

（3）制造费用，是指企业各生产单位为组织和管理生产所发生的各项费用，包括车间管理人员薪酬、固定资产折旧费、机物料耗费、办公费、差旅费、水电费、劳动保护费等。

其中，直接材料和直接人工与相应产品生产的关系较为密切，一般可以直接确定应计入产品制造成本的金额有多少，应将其直接计入产品生产成本。制造费用一

般为应由多种产品共同负担的共同性费用，一般不能直接计入产品的生产成本，应确定适当的分配标准和合理的分配方法，分配计入各种产品生产成本。

生产成本明细账应按产品品种、批别或类别分别设置，应采用一定的成本计算方法，计算、确定产品生产成本。计算产品的生产成本，必须根据企业的生产类型（生产组织和工艺技术）和管理要求，采用如品种法、分批法、分步法等不同的成本计算方法。这些具体的成本计算方法，将在成本会计学中讲述，本课程不再涉及。

第二节　材料成本的核算

一、材料费用的归集

材料费用是指企业在生产过程中耗用材料的价值表现，包括耗用的主要材料、辅助材料、外购半成品、修理用备件、包装材料等。耗用材料是发生材料费用的直接原因，其主要标志是材料领用（发出）。企业生产过程中领用的材料品种、数量很多，为明确各单位的经济责任，便于分配材料费用，以及不断降低材料的消耗，在领用材料时，必须办理必要的领料手续，并经有关人员审核签字后，才能办理领料。材料费用应根据领料凭证按受益对象区分车间、部门和不同用途后进行相应的归集和分配。

企业应当采用加权平均法、先进先出法或者个别计价法确定发出材料的实际成本。

二、材料费用的分配

工业企业的材料费用在产品成本中一般都占有较大的比重，其费用归集与分配的正确性，直接关系到产品成本计算的正确性。因此，对材料的归集与分配，必须力求准确。在领用构成产品实体的原材料时，应尽可能在“领料单”上注明用途，以便根据领料凭证分清各成本计算对象的原材料消耗情况。

生产某种产品领用的材料，可直接记入该产品生产成本明细账中的“直接材料”成本项目；对于几种产品共同耗用的原材料，应选择适当的标准，将材料费用在各种产品之间进行分配，分别记入各产品生产成本明细账中；被车间制造部门用作组织、管理生产，不易直接分清车间各产品应负担的数额，作为间接费用，记入“制造费用”账户，月末分配计入各产品成本；企业行政管理部门消耗的材料费用，应记入“管理费用”账户。

【例 4 -1】12 月 31 日，根据发料凭证编制发料汇总表，如表 4.2 所示。

表4.2　发出材料汇总表　　　　单位：元

项目	甲材料	乙材料	合计
生产A产品领用	25 000	19 000	44 000
生产B产品领用	11 200	5 100	16 300
车间一般耗用	1 500		1 500
行政管理部门耗用		400	400
合计	37 700	24 500	62 200

这项经济业务的发生，一方面，生产A、B产品耗用材料，使得产品生产成本增加，应记入“生产成本”账户借方，车间一般耗用材料，使得间接费用增加，应记入“制造费用”账户的借方，行政管理部门耗用材料，使得期间费用增加，应记入“管理费用”账户的借方；另一方面，仓库发出材料，使得原材料减少，应记入“原材料”账户的贷方。编制会计分录为：

借：生产成本——A产品　　44 000
　　　　　　——B产品　　16 300
　　制造费用　　1 500
　　管理费用　　400
　贷：原材料——甲材料　　37 700
　　　　　　——乙材料　　24 500

第三节　人工成本的核算

人工费用包括工资、福利费等支付给职工的各种薪酬。

职工薪酬是指企业为获得职工提供的服务而给予职工各种形式的报酬以及其他的相关支出。它包括职工在职期间和离职后企业提供给职工的全部货币性薪酬和非货币性薪酬，既包括提供给职工本人的薪酬，也包括提供给职工配偶、子女或其他被赡养人的福利等。职工是指包括与企业订立正式劳动合同的所有人员，含全职、兼职和临时职工；也包括未与企业订立正式劳动合同但由企业正式任命的人员，如董事会成员、监事会成员和内部审计委员会成员等。

职工薪酬的具体内容有：①职工工资、奖金、津贴和补贴；②职工福利费；③医疗保险费、养老保险费、失业保险费、工伤保险费和生育保险费等社会保险费；④住房公积金；⑤工会经费和职工教育经费；⑥非货币性福利；⑦因解除与职工的劳动关系给予的补偿（简称“辞退福利”）；⑧其他与获得职工提供的服务相关的支出。

因此，职工薪酬应作为企业的一项费用进行列支、核算。企业应当在职工为其提供服务的会计期间，根据职工提供服务的受益对象，将应确认的职工薪酬全部计入相关资产成本或当期费用，同时确认为应付职工薪酬，解除劳动关系的补偿金除外。

一、应付工资的归集与分配

企业财会部门应根据计算的职工工资编制工资结算单，作为与职工进行工资结算的依据。根据工资结算单，按照车间、部门以及不同的人员编制“工资结算汇总表”，作为工资归集与分配的依据。

工资费用应按发生的车间、部门和用途归集与分配。生产车间生产工人的工资，应作为“直接人工”成本项目，直接记入“生产成本”账户；制造车间管理人员的工资费用，由于不易直接分清车间各产品应负担的数额，应作为间接费用，记入“制造费用”账户，月末分配计入各产品成本；专设销售机构人员、厂部行政管理人员、福利部门人员、在建工程人员的工资费用，应分别记入“销售费用”“管理费用”“应付职工薪酬”和“在建工程”等账户。

在计件工资制下，所支付的生产工人工资是直接费用，应根据工资结算凭证，直接记入各种产品成本的“直接人工”成本项目中。在计时工资制下，如果企业只生产一种产品，则所支付的生产工人工资也属于直接费用，应直接记入有关产品明细账账户的“直接人工”成本项目；如果生产多种产品，则需采用既合理又简便的分配方法，分配计入各种产品成本中。最常用的分配方法是按实用工时比例或定额工时比例分配。在实际工作中，工资的分配是通过编制“工资费用分配表”进行的。

一般地，企业计算工资费用与实际发放工资的时间是不一致的，往往是根据考勤、产量等记录先计算本期应负担的工资费用，以符合权责发生制的要求，而实际发放时间滞后。所以，计算出工资费用的时间，也是企业对职工负债形成的时间。

【例4-2】公司12月31日职工工资汇总表如表4.3所示。

表4.3 职工工资汇总表 单位：元

部门	应付工资		代扣款项			实发工资
	基本工资	奖金	养老保险费	住房公积金	个人所得税	
A产品生产工人	25 000	12 000	600	500	650	35 250
B产品生产工人	34 000	8 000	400	500	350	40 750
车间管理人员	7 400	600	200	200	200	7 400
行政管理人员	10 000	3 800	400	200	200	13 000
销售人员	3 400	1 000	200	100	100	4 000
合计	79 800	25 400	1 800	1 500	1 500	100 400

这项经济业务发生后，引起费用和负债两个要素同时增加。一方面，生产A、B产品工人的工资，使得产品生产成本增加，应记入“生产成本”账户的借方，车间管理人员工资，使得间接费用增加，应记入“制造费用”账户的借方，行政管理部门人员工资，使得期间费用增加，应记入“管理费用”账户的借方，销售部门人员工资，使得期间费用增加，应记入“销售费用”账户的借方；另一方面，工资费用的计算，也是企业对职工负债的形成，使得“应付职工薪酬”增加，应记入贷方。

编制会计分录如下：

借：生产成本——A产品　　37 000
　　　　　　——B产品　　42 000
　　制造费用　　8 000
　　管理费用　　13 800
　　销售费用　　4 400
　贷：应付职工薪酬——应付工资　　105 200

同时应该用会计分录反映代扣款项的扣除，这些代扣款项要由企业进一步上交给其他单位，所以编制会计分录如下：

借：应付职工薪酬——应付工资　　4 800
　贷：其他应付款——养老保险费　　1 800
　　　　　　　　——住房公积金　　1 500
　　　应交税费——应交个人所得税　　1 500

【例4－3】以现金支付职工工资时，应编制的会计分录为：

借：应付职工薪酬——应付工资　　100 400
　贷：库存现金　　100 400

在实际工作中，企业除了用现金发放职工薪酬外，更多通过银行代发职工薪酬，这样可以减少企业员工的工作量，提高职工薪酬发放的速度与准确率。通过银行代发职工薪酬，企业只需要签发一张转账支票送交银行即可。

【例4－4】公司签发转账支票一张，金额100 400元，委托银行代为支付职工薪酬。

编制会计分录如下：

借：应付职工薪酬——应付工资　　100 400
　贷：银行存款　　100 400

二、职工福利费的归集与分配

企业根据规定按照工资总额的一定比例（一般为14%）每月提取职工福利费，以用于职工福利事业，如医疗、生活困难补助等。其归集与分配的方法与工资基本相同。由于福利费是根据工资总额的一定比例计提的，而工资费用分配表中已经分配了各种用途的工资，为了减少费用分配表的编制工作，这两种费用分配表也可以合并编制。

【例4－5】公司按本月职工工资总额的14%计提职工福利费。

这项经济业务发生后，引起费用和负债两个要素同时增加。“生产成本”增加11 060元记入借方，“制造费用”增加1 120元记入借方，“管理费用”增加1 932元记入借方，“销售费用”增加616元记入借方，“应付职工薪酬”增加14 728元记入贷方。

编制会计分录如下：

借：生产成本——A产品　　5 180
　　　　　　——B产品　　5 880
　　制造费用　　1 120
　　管理费用　　1 932
　　销售费用　　616
　贷：应付职工薪酬——应付福利费　　14 728

第四节　制造费用的核算

产品成本构成的主要项目有直接材料、直接人工和制造费用。直接材料和直接人工一般属于直接费用，应在费用发生时直接计入生产成本；制造费用一般属于间接费用，应按一定标准分配计入生产成本。

制造费用是指企业各生产车间为组织和管理生产所发生的各项费用，包括车间组织管理人员的工资和福利费、车间使用固定资产的折旧费、办公费、水电费、机物料消耗、劳动保护费等。制造费用的归集和分配是通过“制造费用”总账账户进行的。

制造费用核算的一般步骤：

（1）登记制造费用明细账，汇集制造费用，求出总额。

（2）选择标准计算制造费用分配率（编制制造费用分配表进行）。

（3）计算各种产品应负担的制造费用数额。

（4）编制结转会计分录。

一、制造费用的归集

企业按车间名称开设的制造费用明细账，要按费用项目设置专栏，将本会计期间所发生的制造费用全部登记在制造费用明细账上，以求出本期间制造费用总数，然后按一定标准将制造费用分配给所生产的产品。假定本月机器设备计提折旧9 500元。

根据各项要素费用分配表以及各有关凭证，登记制造费用明细账，如表4.4所示。

表4.4 制造费用明细账 单位：元

年		凭证号	摘要	费用项目				
月	日			工资	福利费	折旧	材料费	合计
			耗用材料				1 500	1 500
			分配工资	8 000				8 000
			计提福利费		1 120			1 120
			计提折旧			9 500		9 500
			本月合计	8 000	1 120	9 500	1 500	20 120
			结转制造费用	8 000	1 120	9 500	1 500	20 120

二、制造费用的分配

制造费用分配时，可分两种情况：一是在生产一种产品或提供一种劳务的车间和企业中，制造费用可以直接计入该种产品或劳务的成本中；二是在生产多种产品或提供多种劳务的车间和企业中，制造费用则要按一定的分配标准在各种产品或劳务之间进行分配。分配制造费用的标准，可以是生产工时，也可以是机器工时基本生产工人工资等，企业可以选择使用。但为保持前后会计期间的可比性，标准一经选定就不要随意变动。

【例4-6】假定本月生产产品总工时为20 000小时，其中生产A产品工时8 000小时，生产B产品工时12 000小时，将本月发生的制造费用20 120元，按生产工时分配给所生产的A、B两种产品。

编制制造费用分配表如表4.5所示。

表4.5 制造费用分配表

产品	生产工时/小时	分配率	应分配金额/元	备注
A产品	8 000		8 048	
B产品	12 000		12 072	
合计	20 000	1.006	20 120	

将制造费用分配给所生产的产品后，编制结转制造费用会计分录：

借：生产成本——A产品　　8 048

　　　　　　——B产品　　12 072

　贷：制造费用　　20 120

制造费用在分配至各种产品的生产成本之后，应计入产品生产成本的直接材料费用、直接人工费用和制造费用等都已归集在“生产成本”账户的借方，在此基础上就可以进行产品生产成本的计算。

第五节 产品生产成本的计算

产品生产成本计算是指在产品生产完工之后，编制产品生产成本计算单，计算验收入库的完工产品生产总成本和单位成本。计算产品的生产成本，必须根据企业的生产类型（生产组织和工艺技术）和管理要求，采用如品种法、分批法、分步法等不同的成本计算方法。这些具体的成本计算方法，将在成本会计学中讲述，本课程不再涉及。

企业应按产品品种设置生产成本明细账，用来核算、归集应计入各种产品生产成本的各项生产费用。月末，如果某种产品全部完工，该产品生产成本明细账所归集的费用总额即为该种完工产品的生产总成本；如果某种产品全部没有完工，该产品生产成本明细账所归集的费用总额即为该种产品在产品生产的总成本；如果某种产品部分完工，该产品生产成本明细账所归集的费用总额，还应采用一定的方法在完工产品和在产品之间进行分配，然后计算出完工产品的生产总成本和单位成本。成本计算公式为

完工产品成本 = 期初在产品成本 + 本期生产费用 − 期末在产品成本产品单位成本

= 完工产品总成本 ÷ 完工产品数量

上述公式中，期初在产品成本和本期生产费用可在生产成本明细账中直接查到。关键是期末在产品成本的确定，这也将在成本会计学中专门讨论。

【例 4 − 7】该企业期初在产品资料如表 4.6 所示。期末 A 产品 50 件已全部完工；B 产品 120 件，其中，完工产品 100 件，在产品 20 件。在产品成本按定额成本标准计算。单位 B 在产品各成本项目的定额成本为：直接材料 20 元、直接人工 48 元、制造费用 10 元。请计算完工产品的生产成本。

表 4.6 期初在产品资料 单位：元

产品名称	直接材料	直接人工	制造费用	合计
A 产品	220	110	120	450
B 产品	450	600	580	1 630
合计	670	710	700	2 080

一、登记生产成本明细账

企业要按产品品种开设生产成本明细账，根据经济业务发生情况逐笔登记生产成本明细账，汇总本月发生的生产费用和全部生产费用，结转完工产品成本。根据有关经济业务登记A、B产品生产成本明细账，如表4.7和表4.8所示。

表4.7　生产成本明细账

产品名称：A产品　　　　单位：元

年		凭证号	摘要	直接材料	直接人工	制造费用	合计
月	日						
			期初余额	220	110	120	450
			生产领料	44 000			44 000
			结转工资		37 000		37 000
			计提福利费		5 180		5 180
			结转制造费用			8 048	8 048
			本月生产费用合计	44 000	42 180	8 048	94 228
			全部生产费用合计	44 220	42 290	8 168	94 678
			结转完工产品成本	44 220	42 290	8 168	94 678

表4.8　生产成本明细账

产品名称：B产品　　　　单位：元

年		凭证号	摘要	直接材料	直接人工	制造费用	合计
月	日						
			期初余额	450	600	580	1 630
			生产领料	16 300			16 300
			结转工资		42 000		42 000
			计提福利费		5 880		5 880
			结转制造费用			12 072	12 072
			本月生产费用合计	16 300	47 880	12 072	76 252
			全部生产费用合计	16 750	48 480	12 652	77 882
			结转完工产品成本	16 350	47 520	12 452	76 322
			期末在产品成本	400	960	200	1 560

产品完工验收入库，编制结转完工产品会计分录为：

借：库存商品——A 产品　　94 678
　　　　　　——B 产品　　76 322
　贷：生产成本——A 产品　　94 678
　　　　　　　——B 产品　　76 322

二、编制成本计算单

根据生产成本明细账中结转完工产品成本对应的各成本项目数及完工验收数量，编制生产成本计算单，计算完工产品总成本和单位成本，如表 4.9 和表 4.10 所示。

表 4.9　成本计算单

产品名称：A 产品　　20×1 年 12 月　　完工数量：50 件

成本项目	完工产品成本	
	总成本/元	单位成本/元
直接材料	44 220	884.4
直接人工	42 290	845.8
制造费用	8 168	163.36
合计	94 678	1 893.56

表 4.10　成本计算单

产品名称：B 产品　　20×1 年 12 月　　完工数量：100 件

成本项目	完工产品成本	
	总成本/元	单位成本/元
直接材料	16 350	163.5
直接人工	47 520	475.2
制造费用	12 452	124.52
合计	76 322	763.22

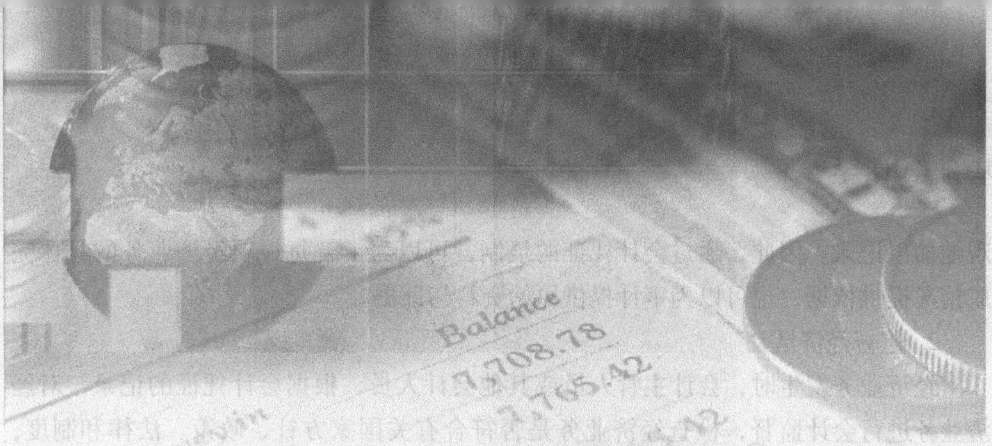

第五章　会计凭证与会计账簿

第一节　会计凭证

会计核算的各种方法是相互联系、密切配合的，构成一个完整的方法体系。在会计核算工作中，必须正确地运用这些方法：对于日常发生的经济业务，要填制和审核凭证，按照规定的会计科目进行分类核算，并运用复式记账法记入有关账簿；对于经营过程中发生的各项费用，应当进行成本计算；一定时期终了，通过财产清查，核实账簿记录，在账证相符、账账相符、账实相符的基础上，根据账簿记录，编制会计报表。其中，填制和审核会计凭证是会计工作的重要方法，是会计工作的起点。

一、会计凭证概述

会计凭证，是记录经济业务、明确经济责任，作为记账依据的书面证据。它是组织经济活动、传输经济信息、实行会计监督的重要依据。

填制、取得会计凭证是会计工作的初始阶段和基本环节。任何企业、单位，对所发生的每一项经济业务都必须按照规定的程序和要求，由经办人员取得或自制会计凭证。在会计凭证中，要列明经济业务发生的日期、内容、数量、金额，并在会计凭证上签名、盖章，借以明确经济责任。只有经过审核无误的会计凭证，才能据以收付款项、收发财产物资和登记账簿。在会计核算过程中，会计凭证具有以下三个方面的作用：

1. 反映经济业务

任何一笔经济业务的发生或完成，都必须按照规定及时填制会计凭证，真实客观地加以记录。因此，通过会计凭证的填制，可以为了解每一项经济业务的具体完成情况提供依据，也可以为审计提供原始资料与证据。

2. 监督经济活动

经济业务发生时，会计主管人员或其他会计人员，根据会计凭证的记录，对经济业务进行会计监督，检查经济业务是否符合有关国家方针、政策、法律和制度，防止不合理、不合法的经济业务发生。

3. 明确经济责任

经济业务发生后，要取得或填制适当的会计凭证，证明经济业务已经发生或完成，同时要由有关的经办人员在凭证上签字、盖章，明确经济业务责任人，使有关责任人在其职权范围内各司其职、各负其责，明确经济责任，加强岗位责任制。

由于各个单位的经济业务是复杂多样的，因而所使用的会计凭证种类繁多，其用途、性质、填制的程序以及格式等都因经济业务的需要不同而具有多样性。按照不同的标志可以对会计凭证进行不同的分类。其中按照会计凭证填制的程序和用途不同可以分为原始凭证和记账凭证。原始凭证与记账凭证又可以根据其来源、反映内容不同等继续划分。具体分类如图 5. 1 所示。

- 会计凭证
  - 原始凭证
    - 按照来源不同
      - 外来原始凭证
      - 自制原始凭证
        - 一次性凭证
        - 累计凭证
        - 汇总凭证
  - 记账凭证
    - 按凭证反映内容不同
      - 通用记账凭证
      - 专用记账凭证
        - 收款凭证
        - 付款凭证
        - 转账凭证
    - 按照填制方式不同
      - 单式记账凭证
      - 复式记账凭证
    - 按照是否经过汇总
      - 一次记账凭证
      - 汇总记账凭证
        - 分类汇总凭证
        - 全部汇总凭证

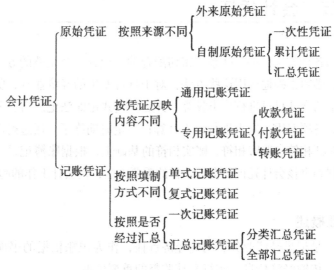

图 5. 1　会计凭证分类

下面就原始凭证和记账凭证的具体内容进行详细说明。

二、原始凭证

(一) 原始凭证的种类和内容

原始凭证是在经济业务发生时直接取得或填制的，用以记录和证明经济业务的发生或完成情况的书面文件。各企业、事业单位必须根据实际发生的经济业务事项取得或填制原始凭证，作为会计记账的原始资料和重要证据。例如，产品验收入库单、领料单、发货票、收据、银行结算凭证等，都属于原始凭证。凡不能证明经济业务已经发生或完成的有关文件，如购料申请单、生产通知单、购货合同等不具备法律效力或不具备原始凭证基本内容的有关单据，都不能视同原始凭证，也不能作为会计账务处理的依据。

原始凭证按来源不同，可分为外来原始凭证和自制原始凭证。

1. 外来原始凭证

外来原始凭证是指同外部单位发生经济往来关系时，从外部单位取得的原始凭证，如增值税专用发票、收据、银行传票等。其格式如图 5.2、图 5.3 所示。

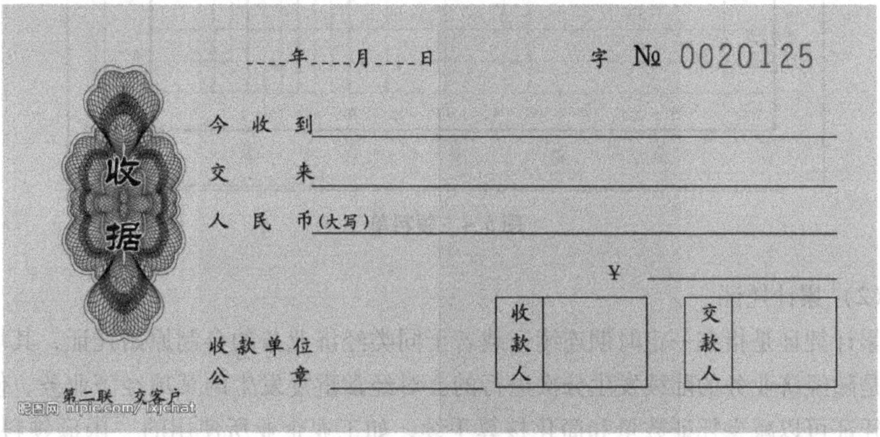

----年----月----日　字 № 0020125

收据

今收到

交来

人民币（大写）

¥

收款单位公章　收款人　交款人

第二联　交客户

图 5.2　收据

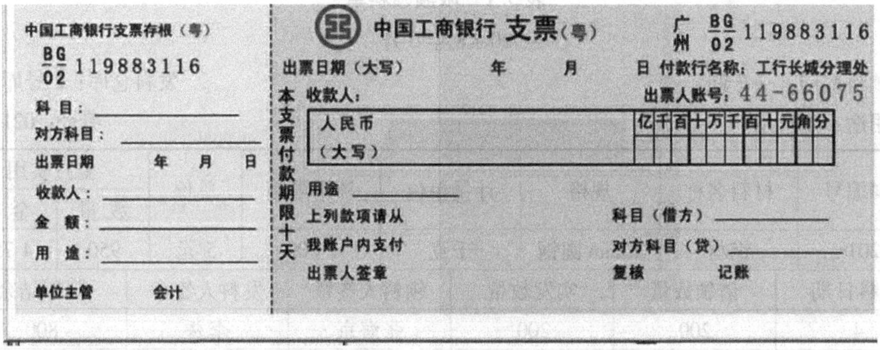

中国工商银行支票存根（粤）

BG 02 119883116

科目：

对方科目：

出票日期　年　月　日

收款人：

金额：

用途：

单位主管　会计

中国工商银行 支票（粤）　广州 BG 02 119883116

出票日期（大写）　年　月　日　付款行名称：工行长城分理处

本支票付款期限十天

收款人：　出票人账号：44-66075

人民币（大写）　亿 千 百 十 万 千 百 十 元 角 分

用途

上列款项请从

我账户内支付

出票人签章

科目（借方）

对方科目（贷）

复核　记账

图 5.3　银行支票

2. 自制原始凭证

自制原始凭证是指由本单位经办业务的部门或人员，在执行或完成某项经济业务时自行填制的会计凭证。自制原始凭证按照其填制的手续和完成情况的不同，可以分为一次性凭证、累计凭证、汇总凭证。

(1) 一次性凭证

一次性凭证是指只反映一项经济业务或同时反映若干项同类性质的经济业务，填制手续是一次完成的原始凭证，如生产车间领用材料时填制的“领料单”，产品完工入库时填制的“产成品入库单”，企业仓库保管人员在验收材料入库时所填制的“收料单”等。其格式如图 5.4 所示。

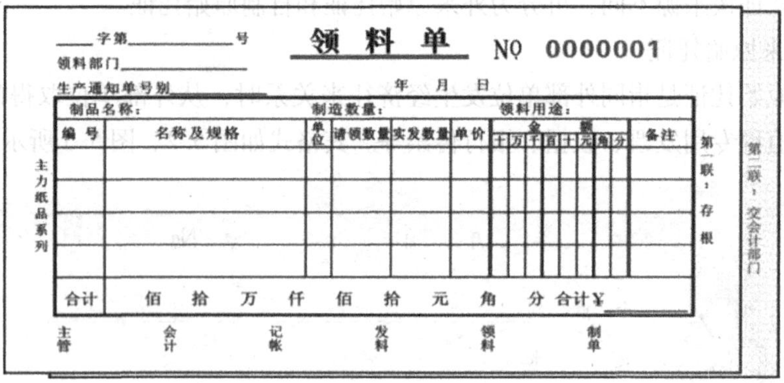
____字第________号　领料单　№ 0000001
领料部门________
生产通知单号别________　年　月　日

制品名称：			制造数量：			领料用途：	
编号	名称及规格	单位	请领数量	实发数量	单价	金额（十万千百十元角分）	备注
合计	佰 拾 万 仟 佰 拾 元 角 分					合计¥	

主力纸品系列
第一联：存根
第二联：交会计部门
主管　会计　记帐　发料　领料　制单

图 5.4　领料单

(2) 累计凭证

累计凭证是指在一定时期连续记载若干同类经济业务的自制原始凭证，其填制手续是随经济业务的陆续发生分次进行的。对经常重复发生的某项经济业务，使用累计凭证可以减少凭证数量和简化核算手续，如工业企业所使用的“限额领料单”等。其格式如表 5.1 所示。

表 5.1　限额领料单

20×8 年 6 月

领料部门：一车间　　　　发料仓库：2 号库

用途：生产用　　　　编号：021

<table>
<tr><td rowspan="2">材料编号</td><td rowspan="2">材料名称</td><td rowspan="2">规格</td><td rowspan="2">计量单位</td><td rowspan="2">领用限额</td><td rowspan="2">单价</td><td colspan="2">全月实用</td></tr>
<tr><td>数 量</td><td>金 额</td></tr>
<tr><td>1201</td><td>钢材</td><td>20mm 圆钢</td><td>千克</td><td>1 000</td><td>5 元</td><td>950</td><td>4 750</td></tr>
<tr><td>领料日期</td><td>请领数量</td><td>实发数量</td><td colspan="2">领料人签章</td><td>发料人签章</td><td colspan="2">限额结余</td></tr>
<tr><td>4</td><td>200</td><td>200</td><td colspan="2">张海京</td><td>李兹</td><td colspan="2">800</td></tr>
<tr><td>9</td><td>300</td><td>300</td><td colspan="2">张海京</td><td>李兹</td><td colspan="2">500</td></tr>
<tr><td>15</td><td>200</td><td>200</td><td colspan="2">张海京</td><td>李兹</td><td colspan="2">300</td></tr>
<tr><td>23</td><td>100</td><td>100</td><td colspan="2">张海京</td><td>李兹</td><td colspan="2">200</td></tr>
<tr><td>28</td><td>150</td><td>150</td><td colspan="2">张海京</td><td>李兹</td><td colspan="2">50</td></tr>
<tr><td>合计</td><td>950</td><td>950</td><td colspan="2"></td><td></td><td colspan="2"></td></tr>
</table>

供应部门负责人：李丹　　生产部门负责人：刘芳　　仓库管理员：徐海

（3）汇总凭证

汇总凭证是指在会计核算工作中，为简化记账凭证的编制工作，将一定时期内若干份记录同类经济业务的原始凭证加以汇总，用以集中反映某项经济业务总括发生情况的会计凭证，如工资汇总表、商品销货汇总表、发料凭证汇总表等。其格式如表 5.2 所示。

表 5.2　发料汇总表

附领料单 25 份　　　　20×8 年 6 月 30 日　　　　单位：元

会计科目	领料部门	原材料	燃料	合计
基本生产成本	一车间	5 000	10 000	15 000
	二车间	8 000	14 000	22 000
	小计	13 000	24 000	37 000
辅助生产成本	供电车间	7 000	2 000	9 000
	锅炉车间		4 000	4 000
	小计	7 000	6 000	13 000
制造费用	一车间	400		400
	二车间	600		600
	小计	1 000		1 000
管理费用		200	300	500
合计		21 200	30 300	51 500

会计主管：　　　　审核：　　　　制单：

（二）原始凭证的基本要素

由于原始凭证的来源和种类不同，加之各企业经济业务的复杂性、多样性及经济管理的要求不同，原始凭证的名称、格式、内容等也不尽相同。但作为经济业务发生或完成的原始证明，各种原始凭证都具备一些共同的基本内容，主要包括以下七个方面：

（1）凭证的名称。它表明原始凭证所记录业务内容的种类，反映原始凭证的用途，如“入库单”“借款单”等。

（2）原始凭证的填制日期与编号。填制原始凭证的日期一般是业务发生或完成的日期。如果在业务发生或完成时，因各种原因未能及时填制原始凭证的，应以实际填制日期为准。

（3）填制凭证的单位及填制人姓名。

（4）接收凭证单位的名称。它将接收凭证单位与填制凭证单位或填制人员相联系，表明经济的来龙去脉。

（5）经济业务的详细内容。经济业务内容主要是表明经济业务的项目、名称、数量、单价和金额以及有关的附注说明。

（6）经办人员的签名与盖章。经办人员的签名盖章是为了通过该项内容明确经济责任。

（7）数量、单价和金额。某些自制的原始凭证（如领料单）需注明数量、单价和金额。

（三）原始凭证的填制要求

原始凭证的填制有三种形式：一是根据实际发生或完成的经济业务，由经办人员直接填列，如“入库单”；二是根据已经入账的有关经济业务，由会计人员利用账簿资料进行加工整理填列，如各种记账编制凭证；三是根据若干张反映同类经济业务的原始凭证定期汇总原始凭证。

原始凭证的种类不同，其具体填制方法和填制要求也不完全一致。但就原始凭证应反映经济业务、明确经济责任而言，原始凭证填制的一般要求是相同的。为了确保会计核算资料的真实、正确、及时，应按下列要求填制原始凭证：

（1）原始凭证所反映的经济业务内容必须合法、合理、合规。会计凭证所反映的经济业务必须合法，必须符合国家有关政策、法令、规章、制度的要求。

（2）原始凭证的内容必须真实可靠。原始凭证填制的内容、数字等，必须根据实际情况填列，实物的数量和质量，要经过有关部门和人员查收，有关金额的数字计算要经过有关人员核对，不得弄虚作假、少报多领，确保原始凭证所反映的经济业务真实可靠，符合实际情况。

（3）凭证的填制及其手续必须完整、齐全。原始凭证的各项内容必须根据实际情况填写齐全，不得遗漏或随意省略，填制手续要完备。从外单位取得的原始凭证必须盖有填制单位的公章；从个人取得的原始凭证，必须有填制人员的签名或盖章；自制原始凭证必须有经办单位负责人或其指定人员的签名或盖章；对外开出的原始凭证，必须加盖本单位公章；一张原始凭证所列支出需要由几个单位共同负担的，应当按其他单位负担的部分，开给对方原始凭证分割单，进行结算。

一式几联的原始凭证，应当注明各联的用途，只能以一联作为报销凭证。一式几联的发票和收据，必须用复写纸（发票和收据本身具备复写纸功能的除外）套写，并连续编写。作废时应当加盖“作废”戳记，连同存根一并保存，不得撕毁。

发生销货退回的，除填制退货发票外，还必须有退货验收证明；退款的，必须取得对方的收款收据或者汇款银行的凭证，不得以退货发票代替收据。

职工公出借款凭证必须附在记账凭证之后，收回借款时，应当另开收据或退还借据副本，不得退还原借款收据。

经上级有关部门批准的经济业务，应当将批准文件作为原始凭证附件。如果批准文件需要单独归档的，应当在凭证上注明批准机关名称、日期和文件字号。

（4）凭证的书写必须规范。文字摘要简练，数量、单价、金额计算要正确。各种凭证必须连续编号，以便考查。凭证如果已预先编号，在写错作废时应加“作废”戳记，且多联凭证要全部保存，不得销毁。

书写要符合规定。书写时要按规定使用蓝色或黑色笔书写（多联复写的除外），字迹要清楚、规范。书写要符合规定并正确，凡是有大写和小写金额的原始凭证，大写与小写金额必须相符，且汉字大写金额数字一律用壹、贰、叁、肆、伍、陆、柒、捌、玖、拾、佰、仟、万、亿、元、角、分、零、整等。大写金额数字到元或角为止的，在“元”或“角”字之后应当写“整”字。大写金额前未印有货币名称的，应当加填货币名称，货币名称与金额数字之间不得留有空白；小写金额前要加人民币符号“￥”。

各种原始凭证不能随意涂改。原始凭证数字填写如有错误应重开，文字错误要使用正确的改错方法更正，不得涂改、刮擦、挖补或用褪色药水改写，更正处应当加盖开出单位的公章。

（四）原始凭证的审核

原始凭证的审核是一项政策性、技术性很强的工作，要求会计人员熟知财经政策和具备相当的专业知识和技能。在审核凭证中，应重点审核以下三个方面：

1. 合法性审核

合法性审核是指审查发生的经济业务是否符合国家的政策、法令、制度和计划的规定，有无违反财政纪律等违法乱纪行为。如有违反，要向本单位领导汇报，提出拒绝执行的意见，必要时，可向上级领导机关反映有关情况；对于弄虚作假、营私舞弊、伪造涂改凭证等违法乱纪行为，必须及时揭露，严肃处理。

2. 合理性审核

合理性审核是指依据勤俭节约原则，审核有无挥霍浪费、不讲经济效益的行为。合理性审核具体包括：审核经济活动的内容是否符合规定的审核权限和手续，审核经济业务活动是否符合提高经济效益的要求，审核经济活动是否符合规定的开支标准，审核经济活动是否符合勤俭节约的原则等。

3. 合规性审核

合规性审核是指审查原始凭证填写的内容是否符合规定的要求，如查明凭证所记录的经济业务是否符合实际情况，应填写的项目是否齐全，数字和文字是否正确，书写是否清楚，有关人员是否已签名盖章等。如有手续不完备或数字计算错误的凭证，应由经办人员补办手续或更正错误。

三、记账凭证

（一）记账凭证及其种类

记账凭证是会计人员根据审核无误的原始凭证或原始凭证汇总表，按照经济业务的内容加以归类，用来确定会计分录而编制的直接作为登记账簿依据的会计凭证。

记账凭证与原始凭证的本质区别在于记账凭证上载有会计分录。原始凭证上载有的一切可以用货币计量的内容还都是经济数据，而会计分录则将经济数据转化为会计信息，这个过程具有决定性的意义。两者存在以下具体区别：①原始凭证是由经办人员填制的，记账凭证一律由会计人员填制；②原始凭证是根据发生或完成的经济业务填制的，记账凭证是根据审核后的原始凭证填制的；③原始凭证仅用以记录、证明经济业务已经发生或完成，记账凭证要依据会计科目对已经发生或完成的经济业务进行归类、整理，记账凭证上载有会计分录；④原始凭证是填制记账凭证的依据，记账凭证是登记账簿的依据。

记账凭证的种类和格式很多，为了正确使用记账凭证可对其进行下列不同分类：

1. 按反映的内容不同分类

（1）专用记账凭证

专用记账凭证是专门用于某项经济业务的记账凭证。一般按货币资金的收付关系分为收款凭证、付款凭证和转账凭证三种。在实际工作中，为了便于识别，避免差错，提高会计工作效率，各种专用记账凭证通常用不同颜色的纸张印刷。

①收款凭证

收款凭证是根据现金和银行存款收入业务的原始凭证填制，用以记录现金和银行存款收入业务的记账凭证。它具体分为现金收款凭证和银行收款凭证两种。收款凭证的借方肯定是现金或银行存款账户。其格式如图 5.5、图 5.6 所示。

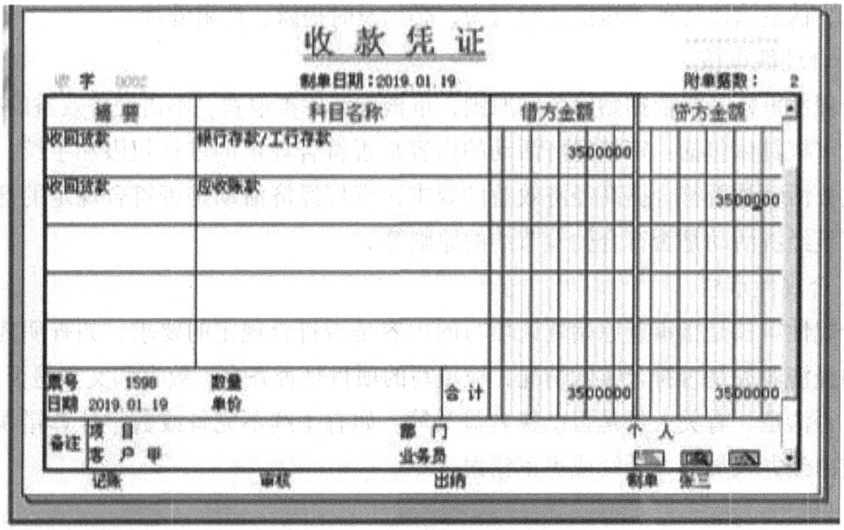
收款凭证

收 字 0002　　制单日期：2019.01.19　　附单据数：2

摘要	科目名称	借方金额	贷方金额
收回货款	银行存款/工行存款	3500000	
收回货款	应收账款		3500000
票号 1598 日期 2019.01.19	数量 单价	合计 3500000	3500000

备注　项目　部门　个人
客户 甲　业务员

记账　审核　出纳　制单 张三

图 5.5　银行存款收款凭证

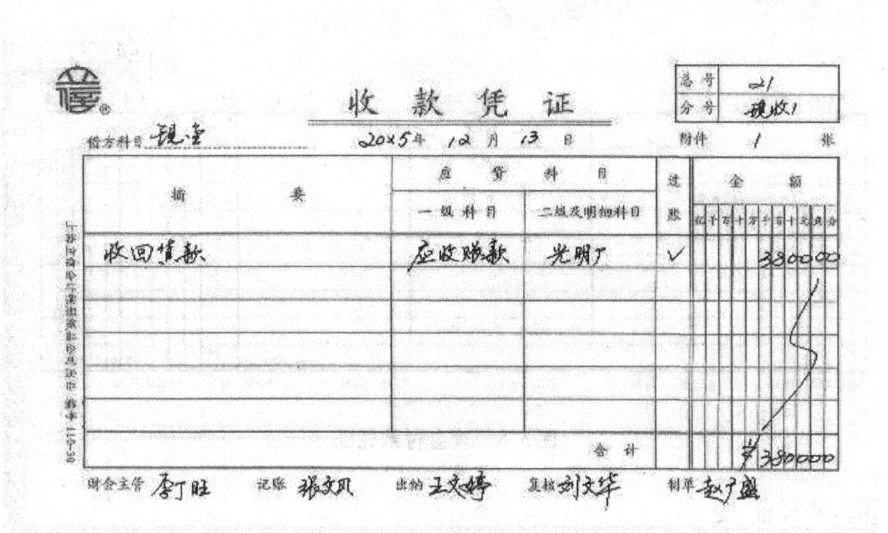

收款凭证

总号 21　分号 现收1

借方科目 现金　　20×5年 12月 13日　　附件 1 张

摘要	应贷科目 一级科目	应贷科目 二级及明细科目	过账	金额
收回货款	应收账款	光明厂	√	380000
合计				¥380000

财会主管 李丁旺　记账 张文凤　出纳 王文婷　复核 刘文华　制单 赵广盛

图 5.6　现金收款凭证

②付款凭证

付款凭证是根据现金和银行存款付出业务的原始凭证填制，用以记录现金和银行存款付款业务的记账凭证。它具体分为现金付款凭证和银行付款凭证两种。付款凭证的贷方肯定是现金或银行存款账户。其格式如图 5.7、图 5.8 所示。

付款凭证

总号　分号 银付05

贷方科目 银行存款　　2017 年　1 月　22 日　　附件 1 张

摘要	应借科目 一级科目	应借科目 二级及明细科目	过账	金额
缴纳上月所得税	应交税费	应交所得税	√	2138400
合计				¥2138400

财会主管 张颖　记账 肖平　出纳 肖平　复核 刘利　制单 肖平　领款人签章

图 5.7　银行存款付款凭证

付款凭证

总号	
分号	现付05

贷方科目 库存现金　　2017 年　1 月　24 日　　附件　2 张

摘要	应借科目		过账	金额										
	一级科目	二级及明细科目		亿	千	百	十	万	千	百	十	元	角	分
支付就餐费	管理费用		√							6	1	4	3	0
										6	1	4	3	0
合　计									¥	6	1	4	3	0

财会主管 张颖　记账 肖平　出纳 肖平　复核 刘利　制单 肖平　领款人签章

图 5.8　现金付款凭证

③转账凭证

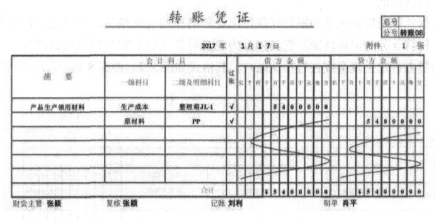

转账凭证是用以记录不涉及现金、银行存款收付款业务的其他转账业务的记账凭证。转账凭证的借方与贷方科目均不涉及货币资金科目。其格式如图 5.9 所示。

转账凭证

总号	
分号	转账08

2017 年　1 月 1 7 日　　附件　1 张

摘要	会计科目		过账	借方金额											贷方金额										
	一级科目	二级及明细科目		亿	千	百	十	万	千	百	十	元	角	分	亿	千	百	十	万	千	百	十	元	角	分
产品生产领用材料	生产成本	整理箱JL-1	√					5	4	0	0	0	0	0											
	原材料	PP	√																5	4	0	0	0	0	0
合计							¥	5	4	0	0	0	0	0				¥	5	4	0	0	0	0	0

财会主管 张颖　复核 张颖　记账 刘利　制单 肖平

图 5.9　转账凭证

在会计实务中，某些经济业务既是货币资金收入业务，又是货币资金支出业务，如现金和银行存款之间的转账业务。为了避免记账重复，对于这类业务一般只编制付款凭证，不编制收款凭证。即将现金存入银行时，编制现金付款凭证；从银行存款提取现金时，编制银行存款付款凭证。

（2）通用记账凭证

通用记账凭证是适合于所有经济业务的记账凭证。采用通用记账凭证的单位，无论是收款、付款还是转账业务，都采用统一格式的记账凭证。通用记账凭证通常适合规模不大、款项收付业务多的企业。通用记账凭证的基本格式与专用记账凭证的转账凭证格式相同，其格式如图 5.10 所示。

记　账　凭　证　　记 字第 05 号

20××年 3 月 7 日　　附原始凭证 1 张附件 张

摘要	科目	子目或户名	√	借方金额（亿千百十万千百十元角分）	贷方金额（亿千百十万千百十元角分）
预借差旅费	应收账款	黄鑫		500000	
	库存现金				500000
合	计			¥500000	¥500000

会计 宋鑫　记账　出纳　复核　制单 仲放

图 5.10　通用记账凭证

2. 按填制方式的不同分类

（1）复式记账凭证

复式记账凭证是把一笔经济业务所涉及的所有会计账户名称都集中记录在一张会计凭证上。它能完整地反映经济业务所涉及的全部账户及其对应关系，但不利于分工记账，也不便于科目汇总。以上所述的收款凭证、付款凭证和转账凭证都是复式记账凭证，其格式就是复式记账凭证的格式。

（2）单式记账凭证

单式记账凭证是将一笔经济业务所涉及的每一个会计科目分别填制凭证。填列借方科目的称为借项记账凭证，填列贷方科目的称为贷项记账凭证。一项经济业务涉及几个会计科目就分别填制几张凭证。单式记账凭证内容单一，便于按科目汇总，但在一张凭证上不能完整地反映一笔经济业务的全貌。单式记账凭证的一般格式如表 5.3、表 5.4 所示。

表 5.3　单式记账凭证（借项记账凭证）

20×6 年 2 月 15 日　　凭证编号 9 $\frac{1}{3}$ 号

摘要	总账科目	明细科目	账页	金额
购甲材料	材料采购	甲材料		1 000
对应总账科目：银行存款				

附件 1 张

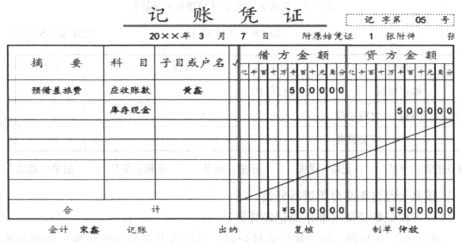

财务主管：李某　记账：黄某　出纳：赵某　审核：李某　制单：刘某

表 5.4 单式记账凭证（贷项记账凭证）

20×6 年 2 月 15 日　　　　凭证编号 9 $\frac{3}{3}$ 号

摘要	总账科目	明细科目	账页	金额
购甲材料	银行存款			1 170
对应总账科目：材料采购				
应交税费				

附件 1 张

财务主管：李某　记账：黄某　出纳：赵某　审核：李某　制单：刘某

3. 按是否经过汇总分类进行分类

（1）一次记账凭证（非汇总记账凭证）

一次记账凭证是指一张记账凭证只记录一笔经济业务的记账凭证，如前面所介绍的收款凭证、付款凭证和转账凭证。

（2）汇总记账凭证

汇总记账凭证是指将记录内容相同的记账凭证加以汇总填制的记账凭证。汇总记账凭证按汇总的方式不同分为分类汇总记账凭证和全部汇总记账凭证两种类型。

分类汇总记账凭证是按收款凭证、付款凭证和转账凭证分别定期（按旬、按月）汇总，分别编制汇总收款凭证、汇总付款凭证、汇总转账凭证三种记账凭证。全部汇总记账凭证是将全部记账凭证汇总在一张记账凭证汇总表（科目汇总表）中。

（二）记账凭证的基本要素

记账凭证主要用来将经济数据转化为会计信息。虽然反映各种不同的经济业务所使用的记账凭证的种类和具体格式各不相同，但作为确定会计分录和进行款项收付、账簿登记的依据，记账凭证必须反映经济业务归类核算项目、填制依据与有关人员的责任。因此，无论哪种记账凭证必须具备以下基本要素：

（1）填制凭证日期。

（2）凭证编号。

（3）经济业务内容摘要。

（4）会计分录（会计科目、借贷方向和金额），这是记账凭证的主体部分。

（5）金额合计，记账备注。

（6）所附原始凭证的张数。

（7）填制凭证人员、稽核人员、记账人员、会计主管人员的签名或盖章。收、付款的记账凭证还应由出纳人员签名或盖章。以自制的原始凭证或者原始凭证汇总表代替记账凭证的，也必须具备记账凭证应有的项目。

（三）记账凭证的填制

填制记账凭证，是会计核算工作的重要环节之一。记账凭证的填制除了要做到“真实可靠、内容完整、填写及时、书写清楚”之外，还必须达到下列具体要求：

（1）正确、简明地填写记账凭证的摘要。记账凭证摘要的填写要用简明扼要的语言，正确地表达出经济业务的主要内容。

（2）正确地填写会计分录。必须按照会计制度的规定，根据经济业务的内容，编制会计分录。其中，有关的一级、二级或明细科目要填写齐全，不得任意简化或改动。

（3）正确填写记账凭证的日期。收付款凭证应按货币资金收付的日期填写。转账凭证原则上按收到原始凭证的日期填写，但是，如果一张转账凭证根据不同日期的原始凭证填写时，也可按填制日期填写。月终转账业务，应按月末的日期填写。

（4）记账凭证的编号要根据不同的情况采纳不同的方法。编号方法主要有三种：①如果企业采用通用记账凭证，记账凭证编号可以采取顺序编号法，即按月编制序号。②如果企业采用收款凭证、付款凭证和转账凭证的专用记账凭证形式，则记账凭证应按照字号编号法。即把不同类型的记账凭证用“字”加以区别，再把同类的记账凭证按顺序加以连续编号。如“收字第××号”“付字第××号”“转字第××号”等。③如果一笔经济业务需要填制多张记账凭证，记账凭证可以采用分数编号法。前面的整数为总顺序号，后面的分数为该项经济业务的分号，分母表示该项经济业务的记账凭证总张数，分子表示该项经济业务的顺序号。

（5）每张记账凭证都要注明所附原始凭证的张数，以便查核。如果根据同一原始凭证填制数张记账凭证时，应在未附原始凭证的记账凭证上注明“附件××张，见第××号记账凭证”。如果原始凭证需要另行保管，则应在附件栏内加以注明。下列情况可以不附原始凭证：更正错账的记账凭证，结账的记账凭证。

（6）记账凭证应按行次进行填写，不得跳行或留有空行。如记账凭证填制后还有空行，应该画一条斜线或一条s形线注销。该线应从金额栏最后一笔金额数字下的空行画到合计数行上面的空行，要注意斜线两端都不能画到有金额数字的行次上。

（7）记账凭证填制后，应该进行复核和检查。有关人员均需在记账凭证上签名或盖章，保证记账凭证的正确性和完整性。

（8）错误的记账凭证要重新填列。记账凭证的填制，如果发生错误，应该重新填制，不得在原始凭证上做出任何修改。如果已经登记入账，应该用规定的方法更正。

（四）记账凭证的审核

1. 完整性审核

完整性审核是指审核记账凭证是否附有原始凭证，项目是否填写齐全，有关人员是否签字或盖章。

2. 正确性审核

正确性审核是指审核记账凭证应借、应贷会计科目（一级、二级或明细科目）和金额是否正确，借贷双方金额是否相符，明细账金额之和与相应的总账金额是否相符。

四、会计凭证的传递与保管

（一）会计凭证的传递

会计凭证的传递是指会计凭证从填制或取得起，经过审核、记账、装订到归档为止，在有关部门和人员之间按照规定的时间、路线进行传递和处理的过程。其具体要求如下：

（1）必须明确会计凭证的传递环节。当一项经济业务需要填制或取得数联会计凭证时，每一联不同用途的会计凭证都应明确规定各自的具体传递路线。只有这样，才能避免会计凭证传递中的混乱。

（2）必须明确会计凭证在每一个环节的停留时间。会计凭证在各个环节停留的时间应根据具体情况确定。确定的基本原则是：既要保证经办人员有一定的时间完成业务手续，又要讲求效率，防止传递过程中的拖延和积压，影响会计工作的正常秩序。

（3）必须制定会计凭证在传递过程中的衔接制度。为了保证会计凭证在传递过程中的安全完整，防止遗失、损坏，必须规定不同环节之间的交接签收制度。

会计凭证的传递程序、时间和衔接手续明确后，可制成凭证流传图，作为一项经营管理上的规章制度，在报请单位领导批准后，由各有关部门和人员遵照执行，以保证凭证传递工作有条不紊、迅速有效地进行。

（二）会计凭证的保管

会计凭证的保管是指会计凭证在登账之后的整理、装订和归档保存。会计凭证作为各项经济活动的历史记录，是会计核算单位重要的经济档案，必须加以妥善地整理和保管。会计凭证的整理保管必须遵循下列要求：

1. 会计凭证的整理归类

各种记账凭证，必须连同所附原始凭证和原始凭证汇总表，按顺序分类编号，定期（每天、每5天或每旬、每月）装订成册，并加具封面、封底，注明单位名称、凭证种类、所属年月和起讫日期、起讫号码、凭证张数。会计主管或指定装订人员要在装订线封签处签名或盖章，然后入档保管。

2. 会计凭证的造册归档

每年的会计凭证都应由会计部门按照归档的要求，负责整理立卷或装订成册。

当年的会计凭证，在会计年度终了后，可暂由会计部门保管1年，期满后，原则上由会计部门编造清册移交本单位档案部门保管。档案部门接受的会计凭证，原则上要保持原卷册的封装，由会计部门和经办人员共同拆封整理，以明确责任。会计凭证必须做到妥善保管，存放有序，查找方便，并要严防毁损、丢失和泄密。

3. 会计凭证的查阅

会计凭证原则上不得借出，如有特殊需要，须报请批准，但不得拆散原卷册，并应限期归还。需要查阅已入档的会计凭证时，必须办理借阅手续。其他单位因特殊原因需要使用原始凭证时，经本单位负责人批准，可以复制。

4. 会计凭证的销毁

2016年新修订的《会计档案管理办法》中规定会计凭证的最低保管期限为30年。保管期未满，任何人都不得随意销毁会计凭证。

第二节　会计账簿

一、会计账簿的概述

（一）设置会计账簿的意义

会计账簿，简称账簿，是以会计凭证为依据，对全部经济业务进行全面、系统、连续、分类的记录和核算的簿记，是由具有一定格式、互相有联系的若干账页所组成的。

企业科学地设置、准确地登记账簿，能系统地记录和提供企业经济活动的各种数据，对加强企业经济核算、改善和提高经营管理有重要的意义。账簿的作用可以概括如下：

（1）归类整理的作用。账簿记录可以对经济业务进行序时或分类核算，将分散的经济业务登记在账簿中，能够全面、连续、系统地反映一个单位的经济业务，从而为经营管理提供系统、完整的会计信息。

（2）依据作用。账簿能为定期编制会计报表提供依据。账簿记录是编制会计报表的主要依据，为了反映某一特定时期的财务状况和一定时期的经营成果，就必须进行结账工作，进行有关账簿之间的核对，账簿记录与实有数额核对，以保证账账相符、账实相符，据以编制会计报表，向有关各方提供所需要的会计信息，为财务成果分配提供依据，为会计检查与会计分析提供依据。

（3）保证财产物资的安全与完整。账簿里记载了每项经济业务的发生情况，会计监督部门、审计监督部门等经济监督部门通过检查和监督账簿记录，可以了解经济活动的合法合理性，从而做出分析和评价，并且提出建议和改进措施。

（4）经济档案的作用。账簿是主要会计档案，也是经济档案的重要组成部分。利用账簿积累会计资料，有利于日后考查和使用。

（二）会计账簿的种类

为了满足经营管理的需要，企业所使用的账簿是多种多样的，按不同的标准进行分类主要有以下三种。具体分类如图 5.11 所示。

- 会计账簿
  - 按用途
    - 序时账簿
      - 特种日记账
      - 普通日记账
    - 分类账簿
      - 总分类账
      - 明细分类账
    - 备查账簿
  - 按外表格式
    - 定本式账簿
    - 活页式账簿
    - 卡片式账簿
  - 按账页格式
    - 三栏式
    - 多栏式
    - 数量金额式

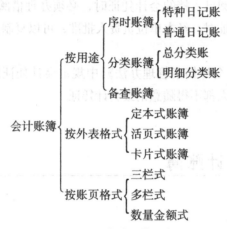

图 5.11　会计账簿分类

1. 按用途进行分类

（1）序时账簿

序时账簿，又称为日记账。它是以每笔经济业务为记录单位，按照经济业务发生时间的先后顺序，逐日逐笔进行登记的账簿。序时账簿按照其记录的内容不同，又分为普通日记账和特种日记账。

普通日记账是用来登记全部经济业务发生情况的日记账，通常把每天所发生的经济业务，按照发生的先后顺序，逐日逐项编成会计分录记入账簿中。因此，这种日记账又被称为分录日记账。

特种日记账只是把重要的项目按照经济业务发生的先后顺序记入日记账中，反映某个特定项目的详细情况。例如，为了加强货币资金的管理，单设现金日记账和银行存款日记账，这就是专为提供现金和银行存款收付情况的详细资料而设置的特种日记账。现金日记账和银行存款日记账的一般格式如图 5.12、图 5.13 所示。

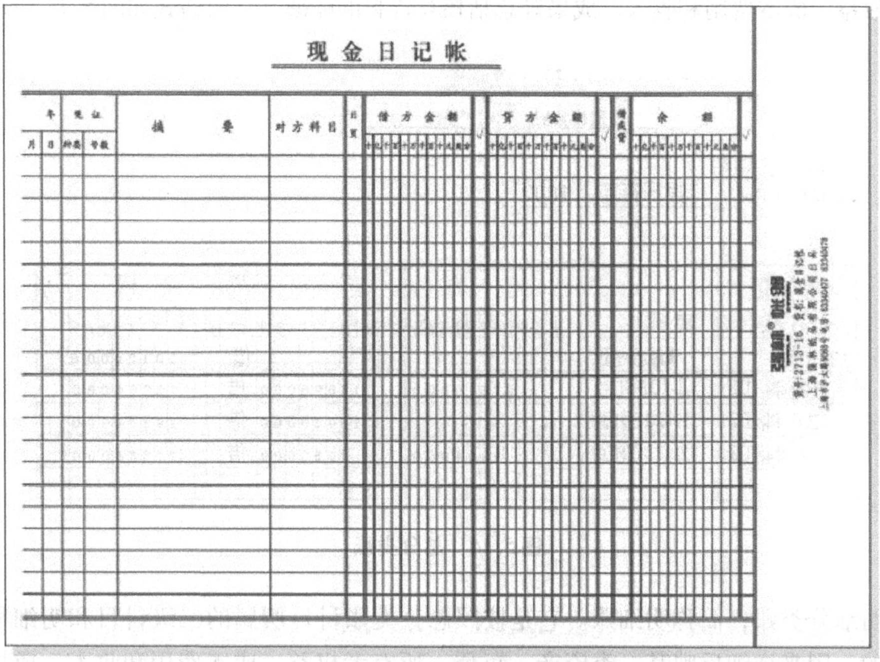

图 5.12　现金日记账

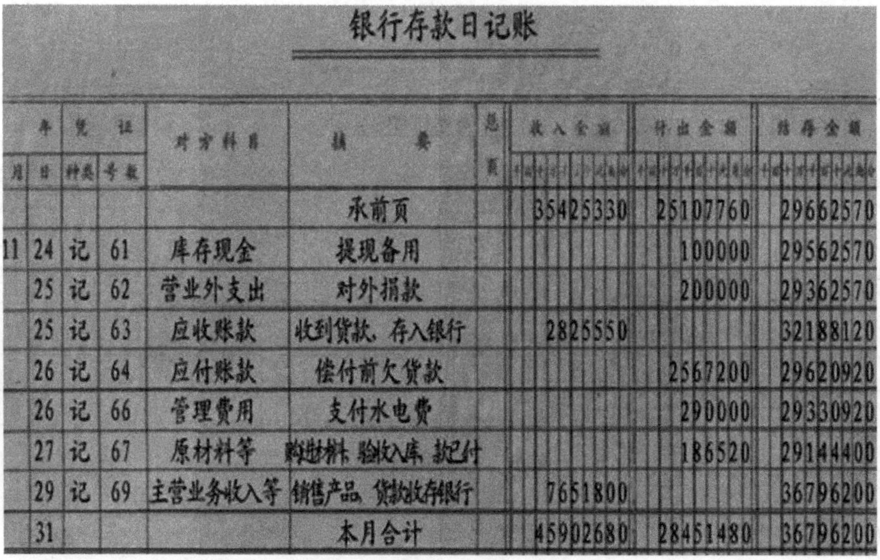

银行存款日记账

年		凭证		对方科目	摘要	总页	收入金额	付出金额	结存金额
月	日	种类	号数						
					承前页		35425330	25107760	29662570
11	24	记	61	库存现金	提现备用			100000	29562570
	25	记	62	营业外支出	对外捐款			200000	29362570
	25	记	63	应收账款	收到货款，存入银行		2825550		32188120
	26	记	64	应付账款	偿付前欠货款			2567200	29620920
	26	记	66	管理费用	支付水电费			290000	29330920
	27	记	67	原材料等	购进材料，验收入库，款已付			186520	29144400
	29	记	69	主营业务收入等	销售产品，货款收存银行		7651800		36796200
	31				本月合计		45902680	28451480	36796200

表 5.13　银行存款日记账

（2）分类账簿

分类账簿，也称分类账。它是按照账户进行分类记录各项经济业务，提供分类核算资料的账簿。按其分类详细程度不同，又分为总分类账和明细分类账。

总分类账，简称总账。它是按总分类科目开设的，用以提供各项资产、负债、所有者权益、成本费用和收入、成果等总括核算资料的账簿。一般格式如图 5.14 所示。

总分类账　　第 2 页

GENERAL LEDGER

会计科目及编号
ACCOUNT NO. 银行存款 1002

×年 月	×年 日	凭证字号	摘要	借方	贷方	借或贷	余额	✓
12	1		期初余额			借	201200000	
	10	科记01	1-10日汇总	37640000	146960000	借	430640000	
	20	科记02	11-20日汇总		13930000	借	29134000	
	31	科记03	21-31日汇总	1404000	7650000	借	22888000	

图 5.14　总分类账

明细分类账，简称明细账。它是按照总分类账科目所属的二级科目和明细科目开设的，用来详细反映某一类资产、负债、所有者权益、成本费用和收入、成果等明细核算资料的账簿。一般格式如图 5.15 所示。

明　细　分　类　账　　第 1 页　连续第　页

SUBSIDIARY LEDGER

科目编号 A/C NO. 112201　　明细科目 SUB LED A/C 深圳三勇建材有限公司　　总账科目 GEN LED A/C 应收账款

×年 月	×年 日	凭证字号	摘要	借方	贷方	借或贷	余额
12	1		期初余额			借	23400000
	3	记01	收回前欠帐款		23400000	平	0
	19	记15	赊销B产品	2340000		借	2340000

图 5.15　明细分类账

(3) 备查账簿

备查账簿，也称辅助账簿。它是对日记账和分类账中未能记录和记录不全的经济业务进行补充登记的账簿，如受托加工材料登记簿、代销商品登记簿等。

2. 按外表形式分类

(1) 订本式账簿

订本式账簿简称订本账，是在启用之前就把编有序号的若干账页固定装订成册的账簿。订本账一般用于现金日记账、银行存款日记账和总分类账。它的优点是：

其账页固定，不能随意增减，有利于防止账页的散失和非法抽换。其缺点是：账页固定后，不能根据记账需要增减账页，不便于分工记账。

（2）活页式账簿

活页式账簿简称活页账，是在启用账页时，账页不能装订成册，而是把账页置放于活页账夹内，可以随时增添或取出账页的账簿。其优点是可以随时增减空白账页，有利于记账人员的分工。其缺点是账页容易散失或被人抽换。因此，使用时要求按账页顺序编号，在期末装订成册做好目录，并由有关人员盖章。

（3）卡片式账簿

卡片式账簿简称卡片账，是由许多具有一定格式的卡片组成，存放在卡片箱内，随时可以取放的账簿。它实际上也是一种活页账。卡片账不需每年更换，可以跨年度使用。卡片账主要适用于反映固定资产明细账等不经常变动的账项的登记。

3. 按账页的格式分类

（1）三栏式账簿

三栏式账簿指账页的格式采用借方、贷方、余额三个主要栏目的账簿。一般只涉及金额的总分类账、日记账和部分明细分类账采用三栏式账簿。

（2）数量金额式账簿

数量金额式账簿是指既登记数量又登记金额的账簿。其格式为采用收入、发出和结存三个主要栏目，然后其中每个大栏又分为数量、单价和金额三个小栏。

（3）多栏式账簿

根据管理上的需要，多栏式账簿的账页格式可以各不相同。它在一张账页上，分设若干专栏集中反映有关明细项目的核算资料，一般开设多个借方栏目或多个贷方栏目。这类账页多用于费用、成本、收入、成果类科目的明细核算。

（4）平行式账簿

平行式账簿的账页的结构特点是，将前后密切相关的经济业务在同一行进行详细登记，以检查每笔经济业务完成及变动情况。该种账页一般用于材料采购明细分类账及委托银行收款明细分类账等账户。

（三）基本内容

各种账簿所记录的经济内容不同，账簿的格式又多种多样，不同账簿格式所包括的具体内容也各不相同，但各种账簿格式应具备一些基本要素。这些基本要素主要包括以下三项内容。

1. 封面

封面主要标明账簿名称，如总分类账、材料物资明细账、债权债务明细账等。

2. 扉页

扉页主要列明科目索引及账簿使用登记表，一般将科目索引列于账簿最前面，将账簿使用登记表列于账簿最后面。活页账、卡片账装订成册后，填列账簿使用登记表。其一般格式如表 5.5 和表 5.6 所示。

表 5.5　科目索引

页数	科目	页数	科目	页数	科目

表 5.6　账簿使用登记表

<table>
<tr><td colspan="6">使用者名称</td><td></td><td></td></tr>
<tr><td colspan="6">账簿编号</td><td></td><td></td></tr>
<tr><td colspan="2">账簿页数</td><td colspan="4">本账簿共计使用　　　　页</td><td></td><td></td></tr>
<tr><td colspan="2">启用日期</td><td colspan="4">年　月　日</td><td></td><td></td></tr>
<tr><td colspan="2">截止日期</td><td colspan="4">年　月　日</td><td></td><td></td></tr>
<tr><td rowspan="3">责任者签章</td><td></td><td>记账</td><td>审核</td><td>主管</td><td>部门领导</td><td></td><td></td></tr>
<tr><td></td><td></td><td></td><td></td><td></td><td></td><td></td></tr>
<tr><td></td><td></td><td></td><td></td><td></td><td></td><td></td></tr>
<tr><td colspan="8">交接记录</td></tr>
<tr><td>姓名</td><td colspan="4">交接日期</td><td>交接盖章</td><td colspan="2">监交人员</td></tr>
<tr><td></td><td></td><td></td><td></td><td></td><td></td><td></td><td></td></tr>
<tr><td></td><td></td><td></td><td></td><td></td><td></td><td></td><td></td></tr>
<tr><td></td><td></td><td></td><td></td><td></td><td></td><td></td><td></td></tr>
<tr><td>印花票税</td><td></td><td></td><td></td><td></td><td></td><td></td><td></td></tr>
</table>

3. 账页

账页是账簿的主要内容，各种账页格式一般包括以下六个方面：

（1）账户名称，或称会计科目。

（2）登账日期栏。

（3）凭证种类和号数栏。

（4）摘要栏。

（5）借、贷方金额及余额的方向。

（6）总页次和分户页次。

二、会计账簿的设置与登记

（一）日记账的格式和登记

日记账是指按照经济业务发生的时间先后顺序逐日逐笔进行登记的账簿。

企业为了加强对货币资金的管理和严格遵守结算纪律，通常设置“库存现金日记账”和“银行存款日记账”。企业在存货的购入，产品的销售，费用开支的支付，税金的缴纳，以及债权、债务的结算时，都要用到货币资金，而货币资金主要包括库存现金和银行存款两部分，所以会计核算就有必要设置“库存现金日记账”和“银行存款日记账”来加强库存现金和银行存款的管理。

1. 库存现金日记账的设置和登记

（1）三栏式库存现金日记账，是企业用来记录在经济活动中直接以现金收付的业务的账簿。设置库存现金日记账的目的是加强现金的管理，遵守现金管理的规定，全面、及时和连续地记录现金的收入和支出。其格式如表 5.7 所示。

表 5.7 现金日记账 单位：元

20×1 年		凭证号	摘 要	收入	支出	结余
月	日					
12	1		期初余额			25 000
12	18	银付 2	提取现金	10 000		35 000
12	18	现付 1	发放工资		7 000	28 000
12	31		本月合计	10 000	7 000	28 000

库存现金日记账登记方法如下：

凭证栏登记入账的收付款凭证的种类和编号。例如，“现金收款凭证”简写为“现收”，“银行付款凭证”简写为“银付”。凭证栏还应登记凭证的编号，以便日后查账和核对。

对方科目栏登记现金收入的来源科目或支出的用途科目。

收入、支出栏登记现金实际收付的金额。每日终了，应分别计算现金收入和现金支出的合计数，并结出余额；同时将余额与库存现金核对，做到“日清月结”。例如，账存金额与实有现金不符，应查明原因并记录备案。月终同样要计算本月现金收入、支出的合计数和余额，即“月结”。将库存现金日记账的账面余额与库存现金实存数相核对，借以检查每日现金收支和结存情况。

（2）多栏式库存现金日记账。多栏式库存现金日记账，是指在三栏式库存现金日记账的基础上，将借（收）方按其对应账户，如“银行存款”“主营业务收入”等账户设专栏，贷（付）方按“银行存款”“原材料”等账户设专栏。

多栏式库存现金日记账，按收款业务和付款业务也可以分别设置“多栏式库存现金收入日记账”和“多栏式库存现金支出日记账”，以便结出余额。登记方法是由出纳人员根据审核无误的收款凭证和付款凭证，逐日逐笔登记库存现金收入日记账、库存现金支出日记账，每日将支出日记账中当日支出的合计数，转入收入日记账中当日“支出合计”栏内，以结出当日账面余额。

2. 银行存款日记账的设置和登记

（1）三栏式银行存款日记账。银行存款日记账，是由出纳人员根据审核无误的银行存款收款凭证、银行存款付款凭证和现金付款凭证（将现金存入银行编制的凭证）按经济业务发生的先后顺序，逐日逐笔进行登记的账簿。其格式如表5.8所示。

银行存款日记账的登记方法和要求与现金日记账基本相同，需要说明的是：

现金支票号码和转账支票号码栏是指所记录的经济业务如果是以支票付款或收款结算的，应在这两栏内填写相应的支票号码，以便与开户银行核对账目。

对方科目栏是指银行存款收入的来源科目或支出的用途科目。每日终了，应分别计算银行存款收入和支出的合计数，结出余额，做到“日清”，以便检查监督各项收入和支出款项，避免出现透支现象，也便于定期同银行对账单核对。月终应计算出本月银行存款收入、支出合计数和余额，做到“月结”。

表5.8　银行存款日记账　　单位：元

20×1年		凭证号	摘　要	借方	贷方	余额
月	日					
12	1		期初余额			100 000
12	2	银付1	购买材料		8 000	92 000
12	10	银收1	借入短期借款	100 000		192 000
12	18	银付2	提取备用金		10 000	191 000
12	21	银付3	支付水电费		1 000	190 000
12	25	银收2	产品销售收入	35 000		245 000
12	31		本月合计	135 000	19 000	245 000

（2）多栏式银行存款日记账。多栏式银行存款日记账设置一些专栏，用来归集重复发生的同类经济业务，汇总后一次记账，减少记账工作量。

（二）分类账的格式和登记方法

分类账是对经济业务进行分类登记的账簿。按其反映内容的详细程度不同，又分为总分类账和明细分类账。

1. 总账的设置和登记

总分类账简称为总账，是根据一级会计科目设置的账簿。它能够全面、总括地反映经济活动情况并为编制会计报表提供资料。一切单位都要设置总账。总账必须采用订本式账簿。

三栏式总账是在账页内只设借方、贷方和余额三个金额栏。它按在账页中是否设置对方科目，又可分为不反映对方科目的三栏式总账和反映对方科目的三栏式总账。

总账登记的依据和方法，主要取决于本单位所采用的账务处理程序，可以直接根据记账凭证逐笔登记，也可以通过一定的汇总方式，先把各种记账凭证汇总编制成科目汇总表或汇总记账凭证，再据以登记。月终，在全部经济业务登记入账后，结出各账户的本期发生额和期末余额。

2. 明细分类账

明细分类账，简称明细账，是用来分类连续核算某类经济业务详细情况的账簿。它是按照二级科目或明细科目设置的。它能够提供会计要素及经营过程的详细资料，对于加强财产物资管理，往来账项的结算和费用开支的监督等，有着重要的作用。明细账需要结合本单位具体情况来设置。具体格式有“三栏式”“数量金额式”和“多栏式”。

(1) 三栏式明细分类账，账页格式与三栏式总分类账的格式基本相同，设有“借”“贷”“余”三栏，但一般不设置对应科目栏。三栏式明细分类账只适用于那些只需要进行金额核算、不需要进行数量核算的结算类账户的明细分类核算。

(2) 数量金额式明细分类账，账页的格式分别设有收入、发出和结存的数量、单价和金额栏。它适用于既要进行金额核算，又要进行实物核算的各种财产物资账户，如“原材料”“库存商品”等账户。其格式如表5.9所示。

表5.9　原材料明细账

科目名称：原材料——A材料

20×1年		凭证字号	摘　要	借方			贷方			借/贷	余额		
月	日			数量/吨	单价/元	金额/元	数量/吨	单价/元	金额/元		数量/吨	单价/元	金额/元
2	1		上期结存							借	1	700	700
2	2	银付1	购进材料	1	700	700				借	2	700	1 400
2	15	转2	领用材料				0.5	700	350	借	1.5	700	1 050
2	28		本月合计	1	700	700	0.5	700	350	借	1.5	700	1 050

(3) 多栏式明细分类账，是根据经济业务的特点和经营管理的需要，在一张账页上按有关明细科目或明细项目设置若干专栏，用于在一张账页内集中反映某一总账账户所属的明细分类账户的增减变化情况。它适用于那些要求对金额进行分析的有关费用、成本、收入成果类科目的明细分类核算，例如“管理费用”“销售费用”

“主营业务收入”“生产成本”等账户。多栏式明细分类账又有借方多栏、贷方多栏和借方贷方多栏明细分类账。

各种明细账的登记方法，应根据各单位的业务量、管理需要以及所记录的经济业务的内容而定，可根据记账凭证、原始凭证或原始凭证汇总表逐日逐笔或定期汇总登记。但固定资产、债权债务等明细账应逐日逐笔登记；库存商品、原材料、收入、费用等明细账可以逐笔登记，也可以定期汇总后登记。

三、会计账簿的使用与登记规则

登记账簿是会计核算的重要环节，为保证会计核算的质量，必须遵守账簿的使用和登记规则。

（一）账簿启用规则

为了保证账簿记录的合法性和完整性，明确记账责任，在账簿启用时，应当在账簿扉页上详细载明账簿名称、单位名称、账簿编号、账簿册数、账簿共计页数、启用日期、记账人员、主管人员等，并加盖公章。中途更换记账人员，需要在交接记录中登记并签章，同时，须有会计主管人员监交并签章。

（二）登记账簿的规则

（1）要根据审核无误的会计凭证记账。登记时，要对准一级科目及明细科目，将会计凭证的日期、种类和编号、摘要、借贷金额和其他有关资料一一记入账内，要求做到清晰准确、一丝不苟，谨防串户、反向或看错写错数字。登毕后，要同时在记账凭证上注明账簿页数，或注明已经登记的符号“✓”，以免重记、漏记。为了保持美观，每一页的第一笔业务的年、月应在年、月栏中填写，只要不跨年度或月度，以后本页再登记时，一律不填月份，只填日期。跨月登记时，应在上月的月结线下的月份栏内填写新的月份。

（2）记账时，必须用钢笔和蓝、黑墨水书写，不得使用铅笔或圆珠笔。账簿记录发生错误，不准涂改、挖补、刮擦或用褪色药水更改字迹，必须按规定方法更正。红色墨水只能在下列情况下使用：按照红字冲账的记账规则，冲销错误记录；在只设借方栏的多栏式账页中，登记贷方发生额；在账户的余额栏前，如未印明余额的方向（借或贷），在余额栏内登记负数余额；结账划线或按规定用红字登记的其他记录。

（3）记账时，文字和数字都不能顶格书写，摘要的文字要紧靠左边和底线书写，阿拉伯数字要在相应栏次并紧靠底线书写，数字的高度约占格宽的二分之一或三分之二。

（4）记账时，不得跳行、隔页，应按规定的页次逐行、逐页顺序连续登记。如不慎出现跳行、隔页时，应将空行用斜线注销或用“此行空白”字样注销；将空页用“×”符号注销或用“此页空白”字样注销；并在空行中间或空页的“×”符号交叉点处盖章，以示负责。对订本式账簿不得任意撕毁，对活页式账簿也不得任意抽换账页。

（5）账页记满时，应办理转页手续。每一账页登记完毕结转下页时，应结出本页的借贷方发生额和余额，写在本页最后一行和下页第一行有关栏内，并在摘要栏内分别注明“过次页”和“承前页”字样。对不需加计发生额的账户，可只把每页末的余额转入次页第一行余额栏内，并在摘要栏内注明“承前页”即可。具体办法是：第一，需要结计本月发生额的账户，结计“过次页”的本页合计数应为本月初至本页末止的发生额合计数；第二，不需要结计本月发生额但需要结计全年累计数的账户，结计“过次页”的本页合计数应为自年初至本页末止的累计数；第三，对某些既不需结计当月发生额又不需要结计全年累计发生额的账户，可以将每页末余额直接结转次页，但为了验证月末余额的计算是否正确，可以用铅笔结出每页的发生额，这个合计数不占正式空格，写在底线下边。

（6）有借、贷、余额栏的账户，应按规定时间结出余额，并按余额的实际情况在“借或贷”栏内写明“借”或“贷”字样；如果该账户已结平，无余额，则应在“借或贷”栏内写上“平”字，并在余额栏“元”字栏内写“0”符号。

（7）登记银行存款日记账时，除了年、月、日、摘要、凭证号码之外，还须在特定栏内注明原始凭证的种类和号码，以满足与银行对账的要求，如“现支××号”“信汇××号”和“转支××号”等。

（8）为了防止在账簿记录中更正错误引起连锁反应，即一个数字改动了，与之有关的其他数字都要随之改动，除月末和转页这两种情况外，其他时候登记账簿，可以暂不用墨水结计余额，若需随时结计余额，可用铅笔临时登记余额栏数字，待核实无误后，再用钢笔补填。

（三）更正错账的规则

企业会计人员在登记账簿过程中如果发生账簿记录错误，会计人员应根据错账的性质和具体情况不同而采用不同的错账更正方法。错账更正的方法一般有划线更正法、红字更正法和补充登记法三种。

1. 划线更正法

划线更正法，又称红线更正法。如果发现账簿记录有错误，而其所依据的记账凭证没有错误，即记账时只是文字或数字的笔误，应采用划线更正法进行更正。更正方法是：将错误的文字或数字划一条红色的横线注销，但必须使原有的字迹仍可辨认，以备考查；然后，在划线的上方用蓝字或黑字将正确的文字或数字填写在同一行的上方位置，并由更正人员在更正处盖章，以明确责任。采用划线更正法进行错账更正时应注意：对于文字差错，可只划去错误的部分，不必将与错字相关联的其他文字划去；但对于数字差错，应将错误的数额全部划线，不能只更正错误的个别数字。

2. 红字更正法

红字更正法，又称红字冲销法。在会计上，以红字记录表明对原记录的冲减。红字更正法适用于以下两种情况：

（1）根据记账凭证所记录的内容记账以后，发现记账凭证中的应借、应贷会计科目或记账方向有错误，应采用红字更正法。更正的方法是：先用红字金额填制一张与原错误记账凭证内容完全相同的记账凭证，并据以用红字登记入账，冲销原有错误的账簿记录；然后，再用蓝字或黑字填制一张正确的记账凭证，据以用蓝字或黑字登记入账。采用红字更正法更正错账时应注意：若错误的记账凭证在采用复式记账凭证的情况下，一个科目运用发生错误，必须根据复式记账原理，将原有错误记账凭证全部冲销，以反映更正原错误凭证的内容，不得只用红字填制更正单个会计科目的单式记账凭证；在采用单式记账凭证的情况下，只用红字填制更正单个会计科目的单式记账凭证。下面举例说明采用复式记账凭证的情况下更正错账的方法。

【例5－1】某公司以转账支票支付下年度的报纸杂志费5 000元。会计人员在填制凭证时误记入“销售费用”科目，并据以登记入账，其错误记账凭证所反映的会计分录为：

借：销售费用　　5 000

　贷：银行存款　　5 000

该项分录应借记“管理费用”科目。在更正时，应用红色金额（以下用□表示红色）编制如下记账凭证进行更正：

借：销售费用　　$\boxed{5\ 000}$

　贷：银行存款　　$\boxed{5\ 000}$

根据更正错账的记账凭证以红字金额记账后，表明已全部冲销原有错误记录，然后用蓝字或黑字填制如下正确分录，并据以登记入账：

借：管理费用　　5 000

　贷：银行存款　　5 000

（2）根据记账凭证所记录的内容记账以后，发现记账凭证中应借、应贷的会计科目、记账方向都没有错误，记账凭证和账簿记录的金额相吻合，只是所记金额大于应记的正确金额，应采用红字更正法。更正的方法是将多记的金额用红字填制一张与原错误记账凭证所记载的借贷方向以及应借、应贷会计科目相同的记账凭证，并据以登记入账，以冲销多记金额，求得正确金额。

【例5－2】某企业生产车间一般耗用领用原材料3 000元。会计人员在填制记账凭证时，误记金额为30 000元，但会计科目、借贷方向均无错误。其错误记账凭证所反映的会计分录为：

借：制造费用　　30 000

　贷：原材料　　30 000

在更正时，应用红字金额27 000元编制如下记账凭证进行更正：

借：制造费用　　27 000

　贷：原材料　　27 000

根据更正错误的记账凭证以红字金额记账后，即可反映其正确金额为3 000元。

如果记账凭证所记录的文字、金额与账簿记录的文字、金额不符，应首先采用划线更正，然后用红字冲销法更正。

采用红字更正法进行错账更正时应注意，不得以蓝字或黑字金额填制与原错误记账凭证记账方向相反的记账凭证去冲销错误记录或冲销原错误金额，因为蓝字或黑字记账凭证反方向记载的会计分录反映某些特殊经济业务，而不反映错账更正的内容。如【例5－1】的更正，如果编制蓝字或黑字记账凭证，借记“银行存款”账户，贷记“销售费用”账户，反映已支付的费用款项又收回；【例5－2】的更正，借记“原材料”账户，贷记“制造费用”账户，反映已领用的材料退库。尽管这样记录也能使记账的结余数额与实际情况相符，但这不能表明更正错误记录的内容，这样的分录也无法附上与分录内容相吻合的原始凭证，所以，很容易使人产生误解。如果上述分录中无法取得收款依据，也无法取得收款凭证，但在发现以前年度的错误后，因错误的账簿记录已经在以前会计年度终了进行结账或决算，不可能再将已经决算的数字进行冲销，这时只能用蓝字或黑字凭证对除文字外的一切错账进行更正，并在更正凭证上，特别注明更正年度错账的字样。

3. 补充登记

补充登记又称蓝字补记。根据记账凭证所记录的内容记账以后，发现记账凭证中应借、应贷的会计科目和记账方向都没有错误，记账凭证和账簿记录的金额相吻合，只是所记金额小于应记的正确金额，应采用补充登记法。更正的方法是：将少记的金额用蓝字或黑字填制一张与原错误记账凭证所记载的借贷方向、应借应贷会计科目相同的记账凭证，并据以登记入账，以补记少记金额，求得正确金额。

【例5－3】某公司会计人员计算本月份银行借款利息50 000元，在填制记账凭证时，误记金额为5 000元，但会计科目、借贷方向均无错误。其错误记账凭证所反映的会计分录为：

借：财务费用　　5 000

　贷：其他应付款　　5 000

在更正时，应用蓝字或黑字编制如下记账凭证进行更正：

借：财务费用　　45 000

　贷：其他应付款　　45 000

根据更正错误的记账凭证以蓝字或黑字记账后，即可反映其正确的金额为50 000元。

四、总分类账簿和明细分类账簿的平行登记规则

总分类账簿是根据总分类科目开设，用以提供总括指标的账簿；明细分类账簿是根据明细分类科目开设，用以提供明细指标的账簿。在总分类账中进行的核算，称为总分类核算（简称总核算）；在明细分类账中进行的核算，称为明细分类核算（简称明细核算）。各单位在进行总分类核算的同时，应根据管理的需要，进行必要的明细分类核算。总分类账和明细分类账都是用以提供会计核算指标的。但从其提供指标之间的关系考虑，总分类账对其所属的明细分类账起着统驭和控制的作用，可称之为统驭账户；明细分类账对其总分类账起着补充和说明的作用，可称之为从属账户。在会计实务中，并不是任何总分类账户都要分设明细分类账户，因为有些账户没有必要进行明细核算，没有设明细分类账户的总分类账户不能称之为统驭账户。

按照平行登记方法，总分类账和明细分类账在进行登账时，应注意以下要点：

（1）对于需要提供其详细指标的每一项经济业务，应根据审核无误后的记账凭证，一方面记入有关的总分类账户，另一方面要记入同期总分类账所属的有关各明细分类账户。这里所指的同期是指同一会计期间，而并非同时，因为明细账一般根据记账凭证及其所附的原始凭证于平时登记，而总分类账因会计核算程序不同，可能在平时登记，也可能定期登记，但登记总分类账和明细分类账必须在同一会计期间内完成。

（2）登记总分类账及其所属的明细分类账的方向应当相同。这里所指的方向，是指所体现的变动方向，而并非相同记账方向。一般情况下，总分类账及其所属明细分类账都按借方、贷方和余额设栏登记，这时，在总分类账及其所属明细分类账中的记账方向都是相同的，如债权、债务结算账户。但有些明细分类账户按收入、发出和结存设数量金额式明细账；还有一些明细账按组成项目设多栏记录，采用多栏式明细账格式。在这种情况下，对于某项需要冲减有关组成项目额的事项，只能用红字记入其相反的记账方向，以红字在其相反的记账方向登记来表示总分类账中的相同方向的记录。总分类账中记入贷方，而其明细账中则以红字记入项目的借方。例如“利息费用”账户，其借方就以其净发生额来反映利息净支出。这时，在总分类账及其所属的明细分类账中，就不可能按相同的记账符号，以相同的记账方向进行登记，而只能以相同的变动方向进行登记。

（3）记入总分类账户的金额与记入其所属的明细分类账户的金额相等。总分类账户提供总括指标，明细分类账户提供总分类账户所记内容的具体指标。所以，记入总分类账的金额与汇入其所属各明细分类账户的金额相等。这只表明其数值关系，而不是借方发生额相等和贷方发生额相等的关系。如既有存款利息收入，也有存款利息支出的情况下，“期间费用”明细分类账户的贷方发生额并不等于“期间费用”

总分类账户的贷方发生额。

根据总分类账与其所属的明细分类账的平行登记规则记账之后，就可以根据总分类账与其所属明细分类账指标之间的关系，编制明细分类账的本期发生额和余额明细表，同其相应的总分类账户本期发生额和余额相互核对，以检查总分类账与其所属明细分类账记录的正确性。

五、账簿的更换与保管

（一）账簿的更换

为了反映每个会计年度的财务状况和经营成果情况，保持会计资料的连续性，企业应按照会计制度的规定在适当的时间进行账簿的更换。

所谓账簿的更换是指在会计年度终了时，将上年度的账簿更换为次年度的新账簿的工作。在每一会计年度结束，新一会计年度开始时，按会计制度的规定，应当更换账簿。其中总分类账、明细分类账以及现金、银行日记账都应每年更换一次；实物资产（存货、固定资产）可连续使用，备查簿可连续使用。

更换账簿时，应将上年度各账户的余额直接记入新年度相应的账簿中，并在旧账簿中各账户年终余额的摘要栏内加盖“结转下年”戳记。同时，在新账簿中相关账户的第一行摘要栏加盖“上年结转”戳记，并在余额栏内计入上年余额。

（二）账簿的保管

会计账簿是会计档案的重要组成部分，每个单位必须按照国家统一会计制度规定，建立管理制度，妥善保管，保管期满，按规销毁。账簿管理分为日常管理和归档保管两部分。

1. 日常账簿管理的要求

（1）各种账簿的管理要分工明确，指定专人管理，账簿经管人员既要负责本账簿的记账、对账、结账等工作，又要负责保证账簿安全、完整。

（2）会计账簿未经会计负责人或有关人员批准，非经管人员不得随意翻阅、查看、摘抄和复制等。

（3）会计账簿除需要与外单位核对外，一般不能携带外出，对携带外出的账簿，会计负责人要指定专人负责，办理手续并如期归还。

（4）会计账簿不能随意交给其他人员管理，以保证账簿安全、完整和防止任意篡改、毁坏账簿等问题的发生。

2. 旧账归档保管的要求

在年度终了更换并启用新账簿后，会计人员必须将各种活页账簿连同“账簿和经管人员一览表”装订成册，加上封皮，统一编号，与各种订本式账簿一起形成会计档案，可暂由会计机构保管1年。期满之后，应当由会计机构编制移交清册，移交本单位档案机构统一保管，未设立档案机构的，应当在会计机构内部指定专人保管。

会计账簿的保管期限，根据《会计档案管理办法》的规定，企业和其他组织的总账、明细账及辅助性账簿保管期限为30年，库存现金和银行存款日记账、固定资产卡片在固定资产报废清理后保管5年。

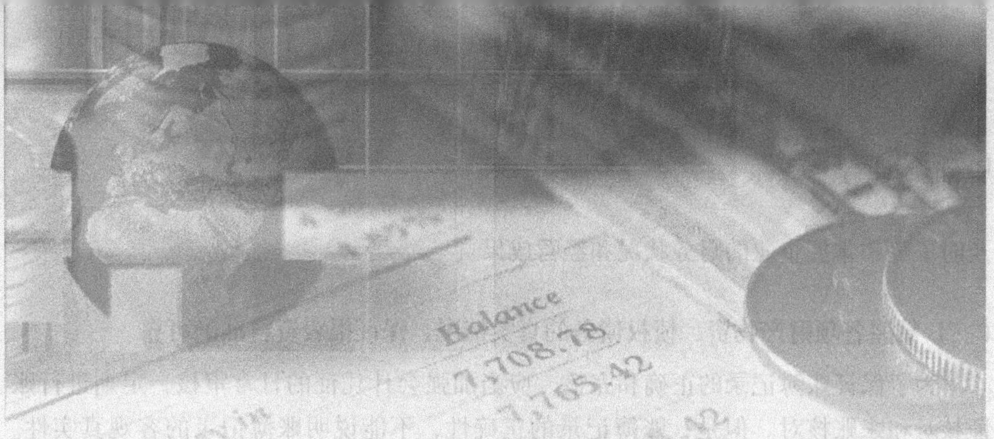

第六章　编制报表前的准备工作

第一节　编表前准备工作的意义和内容

财务报表是会计核算工作的结果，是反映会计主体财务状况、经营成果和财务状况变动情况的书面文件，也是会计部门提供会计信息的重要手段。因此，财务报表必须数字真实、计算准确、内容完整、编报及时。为了保证财务报表的编制满足上述要求，就需要做好编表前的准备工作。

一、编表前准备工作的意义

（一）以权责发生制为标准，进行必要的账项调整

企业持续、正常的生产经营活动，是一个川流不息、循环往复的过程。为了进行分期核算，分期结算账目和编制报表，就需要划分会计期间。有了不同的会计期间，便有本期与非本期的区别，如收入中哪些属于本期收入，哪些不属于本期收入；费用中哪些属于本期费用，哪些不属于本期费用。只有划清会计期间，才能按会计期间提供收入、费用、成本、经营成果和财务状况等报表资料，才有可能对不同会计期间的报表资料进行比较。因此，要以权责发生制为标准，对账簿记录中的有关收入、费用等账项进行必要的调整，以便正确地反映本期收入和费用，正确计算本期的损益。

（二）及时编报报表供会计信息使用者使用

在确保报表提供信息质量的同时，要及时编报报表，以保证会计信息使用者能

及时了解和掌握企业的财务状况和经营成果。

（三）掌握各项财产物资、债权债务的真实情况，保证报表资料准确可靠

为了保证账簿记录的正确和完整，应当加强会计凭证的日常审核，定期进行账证核对和账账核对。但是，账簿记录的正确性，不能说明账簿记录的客观真实性。因为种种原因，可能使各项财产的账面数额与实际结存数额发生差异，或者虽然账实相符而某些材料、物资却已毁损变质。因此，需要正确掌握各项财产物资、债权债务的真实情况，从而保证报表资料的准确可靠。

二、编表前准备工作的内容

综上所述，为了保证会计报表所提供的信息能够满足报表使用者的要求，编制报表前，应做好下列准备工作。

（一）期末账项调整

按照权责发生制的原则，正确地划分各个会计期间的收入、费用，为正确地计算结转本期经营成果提供有用的资料。

（二）全面清查资产，核实债务

清查资产、核实债务包括：结算款项是否存在，是否与债务、债权单位的债权、债务金额一致；各项存货的实存数与账面数是否一致；是否有报废损失和积压物资；各项投资是否存在，是否按照国家统一会计制度进行确认、计量；各项固定资产的实存数与账面数是否一致；需要清查、核实的其他内容。

（三）对账

通过对账，保证账证、账账、账实相符。

（四）结账

通过结账，计算并结转各账户的本期发生额和余额。

（五）编制工作底稿

工作底稿的编制，实际上是一项期末余额的试算平衡工作，以汇集编制报表所必需的资料。其目的是迅速地提供高质量的报表，而并非一项必须进行的会计工作。若能够及时提供准确的报表，也可以不编制工作底稿。

第二节　期末账项调整

会计核算的一个基本前提是会计分期，会计分期是指通过会计分期将持续不断的生产经营过程人为地划分为会计期间。会计期间的产生使会计核算必然涉及划分本期和非本期的收入、费用等问题，从权责发生制的角度分析，企业账簿中的日常记录还不能确切地反映本期的收入、费用。如有些款项虽已收到入账，但它不属于本期的收入；有些款项虽已支付，但它不属于本期的费用。所以，在每个会计期间的期末应按照权责发生制予以调整，因此账项调整的主要内容涉及应收、应付、预收、预付等。具体包括以下四类。

一、应计收入的账项调整

应计收入（应收收入）是指那些已在本期实现、因款项未收而未登记入账的收入。凡属于本期的收入，不管其款项是否收到，都应确认为本期收入，期末时将其调整入账，如应收租金等。

企业存入银行的款项是计息的，通常银行存款利息是按季结算的。如果将利息收入作为结算期的收入处理，会使各期的收入不均衡，而且不符合权责发生制的原则。因此，按权责发生制的原则核算时，每个季度各个月份企业在银行存款的利息收入要估算入账；如果利息收入金额不大，也可以按照收付实现制的原则记账，直接计入结算期的损益。

【例6－1】甲公司20×9年7月1日将一栋闲置不用的办公楼出租给乙公司，租赁期为3年，月租金100 000元，于每年6月30日和12月31日收取。甲公司7月至12月每月应做如下调整分录（不考虑其他相关税费）：

借：其他应收账款　　100 000

　贷：其他业务收入　　100 000

年末收到款项时：

借：银行存款　　600 000

　贷：其他应收账款　　600 000

【例6－2】甲公司12月末接银行通知，本季度的存款利息收入为12 000元。

为了系统地反映利息收入的变动情况，可以单独设置一个“利息收入”科目予以核算。但一般情况下，银行存款的利息收入是作为银行借款利息支出的抵减项记入“财务费用”科目的，由于款项尚未收到，估算时将未收到的利息收入记入“其他应收款”账户。因此，10月末、11月末，将估算的本月银行存款利息收入登记入账时，应借记“其他应收款”科目，贷记“财务费用”科目。12月末，为了简化核算，可以按实收的利息收入借记“银行存款”科目，按预计的利息收入贷记

“其他应收款”科目，再按两者的差额贷记“财务费用”科目。根据经济业务编制的会计分录为：

10月末、11月末编制的会计分录同为：

借：其他应收款　　4 000

　贷：财务费用——利息收入　　4 000

12月末编制的会计分录为：

借：银行存款　　12 000

　贷：财务费用——利息收入　　4 000

　　其他应收款　　8 000

如果利息收入对于企业的整体收入来说，金额较小，可直接于收到时进行会计处理。假设该企业于收到利息时进行会计处理，编制的会计分录为：

借：银行存款　　12 000

　贷：财务费用——利息收入　　12 000

二、应计费用的账项调整

应计费用（应付费用）是指那些已在本期耗用或受益而应负担的，但因款项未付而未登记入账的费用。凡属于本期的费用，不管其款项是否支付，都应作为本期费用处理，期末时将其调整入账，如应付账款、应交税费、其他应付款等。

企业从银行借入的款项是有偿使用的，须支付利息。通常银行借款利息是按季结算的，每个季度的最后一个月结算借款利息。但整个季度内企业都从贷款中受益，按权责发生制的原则，企业应负担借款利息。因此，每个季度的各个月份应支付的借款利息都要估算入账。

【例6-3】甲公司12月末根据银行借款金额和借款利息率估算，本季度应付银行借款利息支出为11 000元，由于企业按照权责发生制的原则，根据银行借款的金额和借款利息率估算，10月、11月银行借款利息支出分别为3 000元，并将其登记入账。

为了系统地反映利息支出的变动情况，可以单独设置一个“利息支出”科目予以核算。但为了简化核算程序，将银行借款的利息支出通过“财务费用”科目核算。企业将估算的银行借款利息支出登记入账时，借记“财务费用”科目，贷记“其他应付款”科目。待第一季度结束，银行算出该企业本季度银行借款利息时，企业再根据银行计算结果借记“其他应付款”科目，贷记“银行存款”科目。如果出现各月估计入账的利息支出与实际的利息支出不一致时，其差额作为增减财务费用处理。当全季实际利息支出大于估算金额时，其差额借记“财务费用”科目，贷记“其他应付款”科目；当全季实际利息支出小于估算金额时，其差额借记“其他应付款”科目，贷记“财务费用”科目。为了简化核算，可以于结算期按预计的利息支出借记"其他应付款"科目，按实付利息支出贷记"银行存款"科目，按两者的差额借记"财务费用"科目。根据上述经济业务编制如下会计分录：

10 月末、11 月末编制的会计分录同为：

借：财务费用——利息支出　　3 000

　贷：其他应付款　　3 000

12 月末编制的会计分录为：

借：其他应付款　　6 000

　　财务费用——利息支出　　5 000

　贷：银行存款　　11 000

【例 6 -4】甲公司 1 月份仓库租入包装物，每月租金 500 元，于每个季度末支付一次。根据上述经济业务编制如下会计分录：

1 月末、2 月末编制的会计分录同为：

借：管理费用　　500

　贷：其他应付款　　500

3 月末支付租金 1 500 元：

借：管理费用　　500

　　其他应付款　　1 000

　贷：银行存款　　1 500

【例 6 -5】甲公司 1 月份计提工会经费 2 000 元和职工教育经费 1 500 元。根据上述经济业务编制的会计分录为：

借：管理费用　　3 500

　贷：应付职工薪酬——工会经费　　2 000

　　　　　　　　——职工教育经费　　1 500

【例 6 -6】甲公司 20 ×2 年实现主营业务收入 300 000 元，税前利润总额 200 000元。按所得税税率 25% 计算，本月应交所得税 50 000 元。根据上述经济业务编制的会计分录为：

结转 20 ×2 年应交税金：

借：所得税费用　　50 000

　贷：应交税费　　50 000

缴纳上述税金时：

借：应交税费　　50 000

　贷：银行存款　　50 000

三、预收收入的账项调整

预收收入是指企业已经收取有关款项，但尚未向付款单位提供商品或劳务，或财产物资的使用权，不属于本期的收入，是一种负债性质的预收款项。在期末计算本期收入时，需按本期已完成的比例，分摊确认本期已实现的收入金额，并调整以前预收款项时形成的负债，如预收账款。

由于预收收入不属于或不完全属于本期收入，因此在收到时不能全部记入有关收入科目，而应通过负债类的“预收账款”科目予以核算。待满足收入实现条件时确认为本期收入，再从“预收账款”科目转入相关的收入科目中。

【例6－7】甲公司20×2年年初收到承租其固定资产的丙公司交来的20×2年全年固定资产租金收入180 000元，并已存入银行。本月实现的收入为15 000元。

甲公司收到租金收入时，应借记“银行存款”科目，贷记“预收账款”科目，在每月末账项调整时，把该月应得的收入从“预收账款”科目的借方，转入“其他业务收入”科目的贷方。根据上述经济业务编制的会计分录为：

月初收款时：

借：银行存款	180 000	
贷：预收账款		180 000

此后每月确认当期实现的收入：

借：预收账款	15 000	
贷：其他业务收入		15 000

四、预付费用的账项调整

预付费用是指企业的支出已经发生，能使若干个会计期间受益，为正确计算各个会计期间的盈亏，将这些支出在其受益的会计期间进行分摊。在计算本期费用时，应该将这部分费用进行调整，如预付的租金、保险费、报刊费、固定资产修理费等。

【例6－8】甲公司于20×2年12月以银行存款600 000元，支付20×3年度财产保险费。根据上述经济业务编制的会计分录为：

20×2年12月，支付款项时：

借：预付账款	600 000	
贷：银行存款		600 000

从20×3年1月份开始，每月分摊费用时：

借：管理费用——保险费	50 000	
贷：预付账款		50 000

第三节　对账和结账

一、对账

对账就是在有关经济业务入账以后，进行账簿记录的核对。

在会计工作中，由于种种原因，难免发生记账错误、计算差错等，也难免出现账实不符的现象。为了确保账簿记录的正确性、完整性、真实性，在有关经济业务入账之后，必须进行账簿记录的核对。对账工作是为保证账证相符、账账相符和账实相符的一项检查性工作。

对账分为日常核对和定期核对两种。日常核对是指会计人员在编制会计凭证时对原始凭证和记账凭证的审核，在登记账簿时对账簿记录与会计凭证的核对；定期核对是指在期末结账前，对凭证、账簿记录等进行的核对。

对账工作一般分三步进行：一是账证核对，二是账账核对，三是账实核对。

（一）账证核对

账证核对是将各种账簿（总分类账、明细分类账以及现金和银行存款日记账等）记录与有关会计凭证（记账凭证及其所附的原始凭证）相核对，这种核对主要是在日常编制凭证和记账过程中进行。月终，如果发现账账不符，就应回过头来对账簿记录与会计凭证进行核对，以保证账证相符。会计凭证是登记账簿的依据，账证核对主要检查登账中的错误。核对时，将凭证和账簿的记录内容、数量、金额和会计科目等相互对比，保证两者相符。

（二）账账核对

账账核对是在账证核对的基础上，对各种账簿之间有关指标进行的核对。它主要包括：总分类账各账户借方期末余额合计数与贷方期末余额合计数核对相符，现金、银行存款日记账期末余额以及各明细分类账的期末余额合计数与有关总分类账户期末余额核对相符，会计部门各种财产物资明细分类账期末余额与财产物资保管和使用部门的有关财产物资明细分类账期末余额核对相符。核对的方法是编制总分类账余额试算平衡表、总分类账与其所属明细账余额明细表等。

（三）账实核对

账实核对是在账账核对的基础上，将各种财产物资的账面余额与实存数额相核对。它主要包括：现金日记账账面余额与现金实际库存数额相核对，银行存款日记账账面余额与开户银行对账单相核对，各种材料、物资明细分类账账面余额与材料、物资实存数额相核对，各种应收、应付款明细分类账账面余额与有关债务、债权单位的对账单相核对。账实核对，一般要结合财产清查进行。有关财产清查的内容、方法等，将在本章第四节中专门介绍。

二、结账

（一）结账的意义

结账就是在会计期末计算并结转各账户的本期发生额和期末余额。

各会计期间内所发生的经济业务，于该会计期间全部登记入账并对账以后，即可通过账簿记录了解经济业务的发生和完成情况。但管理上需要掌握各会计期间的经济活动情况及其结果，并相应编制各会计期间的财务报表。而根据会计凭证将经济业务记入账簿后，还不能直观地获得所需的各项数字资料，必须通过结账的方式，把各种账簿记录结算清楚，提供所需的各项信息资料。

会计分期一般实行日历制，月末进行计算，季末进行结算，年末进行决算。结账于各会计期末进行，所以，结账可以分为月结、季结和年结。

（二）结账的程序和内容

结账程序主要包括以下两个步骤：

（1）结账前，必须将属于本期内发生的各项经济业务和应由本期受益的收入、负担的费用全部登记入账。在此基础上，才可保证结账的有用性，确保会计报表的正确性。不得把将要发生的经济业务提前入账，也不得把已经在本期发生的经济业务延至下期（甚至以后期间）入账。具体结账的程序如下：

①将本期发生的经济业务全部登记入账，并保证其正确性。

②根据权责发生制的要求，调整有关账项，合理确定本期应计的收入和应计的费用。需调整的事项及调整方法，详见期末账项调整。

③将损益类科目转入“本年利润”科目，结平所有损益类科目。

④结算出资产、负债和所有者权益科目的本期发生额和余额，并结转至下期。

（2）结账时，应结出每个账户的期末余额。需要结出当月（季、年）发生额的（如各项收入、费用账户等），应单列一行进行发生额的登记，在摘要栏内注明“本月（季）合计”字样，并在下面划一条单红线至金额栏；需要结出本年累计发生额的，为了反映自年初开始直至本月末为止的累计发生额，还应在月（季）结下面再单列一行进行累计发生额的登记，并在下面再划一条单红线至余额栏。具体的方法是：

①办理月结，首先应在各账户本月份最后一笔记录下面划一通栏红线，表示本月结束；其次，在红线下结算出本月发生额和月末余额（无月末余额的，可在“余额”栏内注明“平”字或注明“0”符号），并在摘要栏内注明“×月份发生额及

余额”或“本月合计”字样；最后，再在本摘要栏下面划一通栏红线，表示完成月结工作。

②办理季结，首先应在各账户本季度最后一个月的月结下面（需按月结出累计发生额的，应在“本季累计”下面）划一通栏红线，表示本季结束；然后，在红线下结算出本季发生额和季末余额，并在摘要栏内注明“第×季度发生额及余额”或“本季合计”字样；最后，再在本摘要栏下面划一通栏红线，表示完成季结工作。

③办理年结，首先应在12月份月结下面（需办理季结的，应在第4季度的季结下面；需给出本年累计发生额的，应在“本年累计”下面）划一通栏红线，表示年度终了；其次，在红线下面结算填列全年12个月份的月结发生额或4个季度的季结发生额，并在摘要栏内注明“年度发生额及余额”或“本年合计”字样；再次，在此基础上，将年初借（贷）方余额抄列于“年度发生额”或“本年合计”下一行的借（贷）方栏内，并在摘要栏内注明“年初余额”字样，同时将年末借（贷）方余额，列入下一行的贷（借）方栏内，并在摘要栏内注明“结转下年”字样；最后，加计借贷两方合计数相等，并在合计数下划通栏双红线，表示完成年结工作。

结账的具体方法如表6.1所示。

表6.1　总账

会计科目：原材料　　　　　　　　　　　　　　　　　　　　第　页

××年		凭证		摘要	借方	贷方	借或贷	余额
月	日	字	号					
1	1			年初余额	…	…	借	6 000
				…	…	…		
	31			1月份发生额及余额	10 000	9 000	借	7 000
2	1			…	…	…		
				…	…	…		
	28			2月份发生额及余额	8 000	9 000	借	6 000
12	31			12月份发生额及余额	9 000	7 000	借	8 000
	31			年度发生额及余额	80 000	78 000	借	8 000
				年初余额	6 000			
				结转下年		8 000		
				合计	86 000	86 000		

第四节 财产清查

一、财产清查的概述

（一）财产清查的含义

财产清查，是通过对各项财产物资、库存现金的实地盘点和对银行存款、债权债务的查对，来确定其实存数，并查明实际结存数与其账面结存数是否相符的一种专门方法。

（二）财产清查的意义

保证财务信息资料的真实性，是对会计信息最重要的质量要求。因此，各单位都应加强会计凭证的日常审核，定期核对账簿记录，做到账证相符、账账相符。然而，账簿记录的正确不能说明账簿所做的记录真实可靠。因为种种主客观原因，往往会出现某些财产物资实际结存数与账面结存数不符的现象。究其原因主要有：财产物资的自然损耗，计量器具失灵，收发差错，不法分子的营私舞弊、贪污盗窃，自然灾害等非常损失。上述原因都可能使财产物资和债权债务等出现账实不符的情况。因此，为了保证会计账簿记录的真实、正确，为经济管理提供可靠的信息资料，必须进行财产清查，对各项财产物资和债权债务进行定期或不定期的盘点和核对，在账实相符的基础上编制财务报表。

加强财产清查工作，对于加强企业管理、充分发挥会计的监督作用具有重要意义：

（1）通过财产清查，可以查明各项财产物资的实际结存数，与其账面结存数相核对，确定各项财产物资的账实之间的差异，以及产生差异的原因，并及时调整账存记录，使账实相符，从而保证会计账簿记录的真实性，为编制报表做好准备。

（2）造成账实不符的大量原因中，最主要的是企业管理中存在的问题。出现财产物资的大量盘盈、盘亏，可能是企业财产管理不善的一个信号。通过财产清查，可以发现财产管理上存在的问题，促使企业不断改进财产物资管理，健全财产物资管理制度，确保财产物资的安全完整。

（3）在财产清查中不仅要对财产物资进行账实核对，还要查明各种财产物资的储存和使用情况，储存不足的应及时补足，多余积压的应及时处理，了解财产物资节约使用的经验和铺张浪费的教训。所以，通过财产清查，企业可以合理安排生产经营活动，充分促进财产物资的有效使用，加速资金周转，提高资金使用效率。

（4）在财产清查中，对于债权债务等往来结算账款，也要与对方逐一核实清楚。对于各种应收、应付账款应及时结算，已确认的坏账要按规定处理，避免长期拖欠和长年挂账，共同维护结算纪律和商业信用。

二、财产清查的种类

财产清查的种类很多，可以按不同的标志进行分类。主要有以下两种：

（一）按照清查对象的范围分类

按照财产清查对象的范围大小，财产清查可分为全面清查和局部清查。

1. 全面清查

全面清查就是对属于本单位或存放在本单位的所有财产物资、货币资金和各项债权债务进行全面盘点和核对。全面清查的内容多、范围广、时间长，参与的部门、人员多。一般是在以下几种情况下，才需要进行全面清查：

（1）年终决算之前，需进行全面清查。

（2）单位撤销、合并或改变隶属关系时，需进行全面清查，以明确经济责任。

（3）国内联营前，需进行全面清查。

（4）开展资产评估、清产核资等活动，需要进行全面清查，摸清家底，以便按需要组织资金的供应。

（5）企业股份制改制前，需进行全面清查。

（6）单位主要负责人调离工作前，需进行全面清查。

2. 局部清查

局部清查就是根据管理的需要或依据有关规定，对一部分财产物资、债权债务进行盘点和核对。其清查的主要对象是流动性较大的财产，如库存现金、原材料、在产品和产成品等。局部清查涉及的内容少、范围小、时间短，参与的部门和人员少，但专业性较强，通常包括：

（1）库存现金，应由出纳人员当日清点核对。

（2）银行存款，应由出纳人员每月同银行核对一次。

（3）原材料、在产品和产成品除年度清查外，年内还要轮流盘点或重点抽查，对于各种贵重物资每月都应清查盘点一次。

（4）债权债务，每年至少核对一至两次，有问题应及时解决。

（二）按照清查的时间分类

财产清查按照清查时间是否事先有计划，可分为定期清查和不定期（临时）清查。

1. 定期清查

定期清查就是根据管理制度的规定或按事先计划安排的时间对财产物资、债权债务进行的清查。定期清查一般是在年度、季度、月份、每日结账时进行。例如，每日结账时，要对现金进行账实核对；每月结账时，要对银行存款日记账进行对账等。定期清查，可以是局部清查，也可以是全面清查。

2. 不定期清查

不定期清查是事先并无计划安排，而是根据实际需要所进行的临时性清查。不定期清查一般是局部清查，通常在出现以下几种情况时，才需要进行不定期清查：

（1）更换财产物资和现金的保管人员时，要对有关人员所保管的财产物资和现金进行清查，以分清经济责任。

（2）发生意外灾害时，要对财产物资损失情况进行清查。

（3）单位撤销、合并或改变隶属关系时，应对本单位的各项财产物资、货币资金、债权债务进行清查，以摸清家底。

三、财产清查的一般程序

财产清查是一项涉及面比较广、工作量比较大，既复杂又细致的工作。因此，在进行财产清查前，必须有计划、有组织地进行各项准备工作，包括组织准备和业务准备，然后，才能按科学、合理的方法进行财产清查。

不同目的的财产清查，应按不同的程序进行，但就其一般程序来说，主要包括三个步骤：

1. 成立清查专门组织（机构）

财产清查，尤其是全面清查，涉及面较广，工作量较大，必须专门成立清查组织，具体负责财产清查的组织和管理。清查组织应由单位领导、财务会计、业务、仓库等有关业务部门的人员组成，并由具有一定权限的人员负责清查组织的各项工作。

2. 业务准备工作

为做好财产清查工作，会计部门和有关业务部门要在清查组织的指导下，做好各项业务准备工作。主要有：

（1）会计部门应在进行财产清查之前，将有关账簿登记齐全，结出余额，做好账簿准备，为账实核对提供正确的账簿资料。

（2）财产物资保管和使用等业务部门应登记好所经管的各种财产物资明细账，并结出余额。将所保管和使用的各种财产物资整理好，挂上标签，标明品种、规格和结存数量，以便盘点核对。

（3）准备好各种计量器具和有关清查登记用的表册，例如“盘存表”“实存账存对比表”“未达账项登记表”等。

3. 实施财产清查

在做好各项准备工作以后，应由清查人员根据清查对象的特点，依据清查的目的，采用相应的清查方法，实施财产清查。

四、财产清查的方法

（一）财产物资的盘存制度

财产物资的盘存制度是指在日常会计核算中采用什么方法确定各项财产物资的盘存数。企业财产物资的盘存制度通常有以下两种：

1. 永续盘存制

永续盘存制，又称账面盘存制，是指对各项财产物资的增减变动情况，都必须根据会计凭证在有关账簿中进行连续登记，并随时在账簿中结算出各项财产物资结存数的一种盘存制度。

采用永续盘存制，可以随时掌握和了解各项财产物资的增减变动和结存情况。尽管日常的核算工作比较复杂，但这有利于加强财产物资的管理。因此，在一般情况下，各单位均应采用这种盘存制度。采用这种盘存制度虽然能在账面上及时反映各项财产物资的结存数，但是，由于前述的种种原因，仍然可能会发生账实不符的情况。所以采用永续盘存制的单位，仍然要对各项财产物资进行定期或不定期的清查盘点，以便查明账实是否相符。对于账实不符的，要及时查明原因，按照有关规定进行处理，以达到账实相符的目的。

2. 实地盘存制

实地盘存制，又称定期盘存制，是指对各种财产物资平时只在明细账簿中登记增加数，不登记减少数，月末根据对财产物资实地盘点的结存数倒挤出财产物资的减少数，并据以登记有关账簿的一种盘存制度。

采用实地盘存制的优点是，由于平时不需要计算、记录财产物资的减少数和结存数，可以大大简化日常核算工作量，财产物资的收发手续也比较简便。其缺点是，正由于平时不做存货的减少记录，使得日常财产物资的实体流转与账面变化并不完全一致，且发货手续不严密，不利于存货的控制和管理；期末所得的存货减少数是一个倒挤数，有可能把不正常的财产物资的损失数，如被盗、浪费、遗失或盘点遗漏等造成的损失都包括在发出成本中，这样就会影响日常核算的真实性，影响经营成果的核算；另外，由于每个会计期末都必须花费大量的人力、物力对财产物资进行盘点和计价，加大了期末会计核算的工作量，有时会影响正常的生产经营。所以，企业一般很少采用这种盘存制度。

因此，不同的财产物资盘存制度，对财产清查工作的要求、目的和作用是不相同的，但无论如何，财产清查工作是必不可少的。

（二）财产物资的清查方法

不同种类的财产物资，由于其实物形态、体积、重量、堆放方式等不同，而采用不同的盘点方法。一般采用实地盘点法和技术推算盘点法两种。

1. 实地盘点法

实地盘点法，是通过实地逐一点数或用计量器具确定实存数量的一种常用方法。例如，逐台清点有多少台机床，用秤计量库存了多少吨钢材等。这种方法适用范围广，要求严格，数字准确可靠，清查质量高，但工作量大。

2. 技术推算盘点法

技术推算盘点法，是通过技术方法推算确定实存数量的一种方法。对有些价值低、数量大的材料物资，如露天堆放的原煤、沙石等，不便于逐一过磅、点数的，可以在抽样盘点的基础上，进行技术推算，从而确定其实存数量。

在盘点财产物资时，财产物资的保管人员必须在场，并参加盘点工作，以此明确经济责任。盘点时，要由盘点人员做好盘点记录；盘点结束，盘点人员应根据财产物资的盘点记录编制“盘存单”，并由盘点人员、财产物资的保管人员及有关责任人签名盖章。“盘存单”是记录各项财产物资实物盘点结果的书面证明，也是财产清查工作的原始凭证之一。“盘存单”的一般格式如表 6.2 所示。

表 6.2　盘存单

单位名称：　　　　　　　　　　盘点时间：　　　　　　编号：
财产类别：　　　　　　　　　　存放地点：

编号	名称	计量单位	数量	单价	金额	备注

盘点人签章：__________　　　　　　实物保管人签章：__________

盘点完毕，应根据有关账簿资料和盘存单资料填制“实存账存对比表”，据以检查账实是否相符，如账实不符，需确定财产物资盘盈或盘亏的数额。“实存账存对比表”是调整账面记录的原始凭证，也是分析盈亏原因、明确经济责任的重要依据。“实存账存对比表”的一般格式如表 6.3 所示。

表 6.3　实存账存对比表

单位名称：　　　　　　　　年　月　日

<table>
<tr><th rowspan="3">编号</th><th rowspan="3">类别及名称</th><th rowspan="3">计量单位</th><th rowspan="3">单价</th><th colspan="2">实存</th><th colspan="2">账存</th><th colspan="4">对比结果</th><th rowspan="3">备注</th></tr>
<tr><th rowspan="2">数量</th><th rowspan="2">金额</th><th rowspan="2">数量</th><th rowspan="2">金额</th><th colspan="2">盘盈</th><th colspan="2">盘亏</th></tr>
<tr><th>数量</th><th>金额</th><th>数量</th><th>金额</th></tr>
<tr><td></td><td></td><td></td><td></td><td></td><td></td><td></td><td></td><td></td><td></td><td></td><td></td><td></td></tr>
<tr><td></td><td>合计金额</td><td></td><td></td><td></td><td></td><td></td><td></td><td></td><td></td><td></td><td></td><td></td></tr>
</table>

盘点人签章__________　　　　　　会计签章__________

（三）货币资金的清查方法

1. 库存现金的清查

库存现金的清查，是通过实地盘点的方法，确定库存现金的实存数，再与库存现金日记账的账面余额核对，以查明库存现金短缺或溢余的情况。在进行库存现金清查时，出纳员必须在场，以明确经济责任。在清查过程中，不能使用不具备法律效力的借条、收据等抵充库存现金，即不得以白条抵库。库存现金盘点结束，根据盘点结果以及与库存现金日记账核对的情况，填制“现金盘点报告表”，由盘点人员、出纳人员及有关负责人签字盖章。“库存现金盘点报告表”也是重要的原始凭证，既起到“盘存单”的作用，又起到“实存账存对比表”的作用。“库存现金盘点报告表”的一般格式如表 6.4 所示。

表 6.4　库存现金盘点报告表

单位名称：　　　　　　　　　　　　　年　月　日

实存金额	账存金额	对比结果		备注
		溢余	短缺	

负责人签章＿＿＿＿＿＿　　　盘点人签章＿＿＿＿＿＿　　　出纳员签章＿＿＿＿＿＿

2. 银行存款的清查

银行存款的清查，与实物、现金的清查方法不同，它是采用与开户银行核对账目的方法进行的。在同银行核对账目之前，应检查本单位银行存款日记账的正确性和完整性。然后，将其与银行对账单逐笔核对。尽管银行对账单与本单位银行存款日记账所记录的内容相同，但是银行对账单上的存款余额与本单位银行存款日记账上的存款余额仍会出现不一致。这除了本单位与银行之间的一方或双方同时记账有误外，另一个原因就是双方往往会出现未达账项。所谓未达账项，是指在开户银行和本单位之间，对于同一款项的收付业务，由于凭证取得时间和记账时间的不同，发生的一方已经入账而另一方尚未入账的会计事项。未达账项有以下四种情况：

（1）企业已收款入账而银行尚未收款入账。例如，企业将销售产品收到的支票送存银行后即可根据银行盖章退回的“进账单”回联登记银行存款的增加，而银行则要等款项收妥后才能记账。如果此时对账，则形成企业已收款入账，而银行尚未收款入账。

（2）企业已付款入账而银行尚未付款入账。例如，企业因购买材料签发银行支票，企业可根据支票存根、发货票及收料单等凭证，登记银行存款的减少，而此时由于支票尚未送到银行，因此银行尚未登记银行存款减少。如果此时对账，则形成企业已付款入账，而银行尚未付款入账。

（3）银行已收款入账而企业尚未收款入账。例如，银行代企业收到一笔外单位的汇款，银行收到款项后立即登记银行存款增加，而由于票据尚未转到企业，因此企业尚未登记银行存款增加。如果此时对账，则形成银行已收款入账，而企业尚未收款入账。

（4）银行已付款入账而企业尚未付款入账。例如，银行代企业支付款项（如水、电费等），银行已取得支付款项的凭证从而登记银行存款减少，而企业由于尚未接到银行转来的付款凭证，因此没有登记银行存款减少。如果此时对账，则形成银行已付款入账，而企业尚未付款入账。

上述任何一种未达账项的发生，都会造成企业银行存款日记余额与银行对账单余额的不一致。因此，在核对双方账目时，必须注意有无未达账项。对于双方账目上都有的记录，划上"√"的标记，无标记的则可能是未达账项。对于未达账项，可编制补记式的"银行存款余额调节表"，对其进行调整，然后再确定企业与银行双方记账是否一致，双方账面余额是否相等。如果调整后双方余额仍不相等，则可能某一方记账有误。

补记式"银行存款余额调节表"是指在双方（银行和企业各为一方）各自存款余额基础上加减未达账项进行调节的方法。即加上对方已收、本单位未收款，减去对方已付、本单位未付款。通过此方法进行调节后，如双方余额相等，说明双方记账相符，否则说明一方记账有误，或者余额调解表中的计算有误，应予以更正。调节后所得的余额，也是企业实际可动用的款项。

【例6－9】甲公司接到银行转来的对账单，银行对账单余额为74 000元，甲公司银行存款日记账余额为48 800元。经核对查出下列未达账项：

①企业已收入账、银行尚未入账：企业将销售收入的银行支票送存开户银行2 000元。

②企业已付入账、银行尚未入账：企业因购买材料和支付劳务费用签发银行支票两张，分别是：

现金支票号码VII0520940，金额12 000元；

现金支票号码VII0520941，金额6 000元。

③银行已收入账，企业尚未入账：银行代企业收到一笔应收账款10 000元。

④银行已付入账，企业尚未入账：银行收取企业办理结算的手续费800元。

根据上述资料编制补记式的"银行存款余额调节表"，格式如表6.5所示。

表 6.5　银行存款余额调节表

账号：　　　　　　　　　　　　年　月　日　　　　　　　　　　单位：元

项目	金额	项目	金额
企业银行存款日记账余额	48 800	银行对账单余额	74 000
加：银行已收、企业未收	10 000	加：企业已收、银行未收	2 000
减：银行已付、企业未付	800	减：企业已付、银行未付	
		VII0520940	12 000
		VII0520941	6 000
调节后的存款余额	58 000	调节后的存款余额	58 000

需要指出的是，编制银行存款余额调节表的目的，是检查账簿记录的正确性，并不是要更改账簿记录。对于银行已经入账而本单位尚未入账的业务和本单位已经入账而银行尚未入账的业务，均不进行账务处理，待以后业务凭证到达后，再做账务处理；对于长期悬置的未达账项，应及时查阅凭证、账簿及有关资料，查明原因，及时与银行联系，查明情况，予以解决。

（四）往来款项的清查方法

各种往来款项结算一般采取“函证核对法”，即通过与对方单位核对账目的方法进行清查。清查单位按每一个往来单位编制“往来款项对账单”（一式两份，其中一份作为回联单）送往各往来单位，对方经过核对相符后，在回联单上加盖公章退回，表示已核对；如果经核对数字不相符，对方应在回联单上注明情况，或另抄对账单退回本单位，进一步查明原因，再进行核对，直到相符为止。“往来款项对账单”的格式和内容如图 6.1 所示。

往来款项对账单

××单位：

你单位××年×月×日到我公司购 A 产品 800 件，已付货款 2 800 元，尚有 5 000 元货款未付，请核对后将回联单寄回。

清查单位：（盖章）

年　月　日

沿此虚线裁开，将以下回联单寄回。

往来款项对账单（回联）

××清查单位：

你单位寄来的“往来款项对账单”已收到，经核对相符无误。

××单位：（盖章）

年　月　日

图 6.1　往来款项对账单

五、财产清查结果的处理步骤和方法

财产清查后，如果实存数与账存数一致，账实相符，不必进行账务处理。如果实存数与账存数不一致，会出现两种情况：当实存数大于账存数时，称为盘盈；当实存数小于账存数时，称为盘亏。实存数虽与账存数一致，但实存的财产物资有质量问题，不能按正常的财产物资使用的，称为毁损。不论是盘盈，还是盘亏、毁损，都需要进行账务处理，调整账存数，使账存数与实存数一致，保证账实相符。盘盈时，调增账存数，使其与实存数一致；盘亏或毁损时，调减账存数，使其与实存数一致。盘盈、盘亏或毁损等都说明企业在经营管理和财产物资的保管中存在着一定的问题。因此，一旦发现账存数与实存数不一致时，应核准数字，并进一步分析形成差异的原因，明确经济责任，提出相应的处理意见。经规定的程序批准后，才能对差异进行处理。财产清查结果的账务处理分两步：

第一，根据已查明属实的财产盘盈、盘亏或毁损的数字编制的“实存账存对比表”，填制记账凭证，据以登记有关账簿，调整账簿记录，使各项财产物资的实存数和账存数一致。

第二，待查清原因、明确责任以后，再根据审批后的处理决定文件，填制记账凭证，分别记入有关的账户。

为了核算和监督财产清查结果的账务处理情况，需设置“待处理财产损溢”账户。各项待处理盘亏或毁损的价值记入该账户的借方，待盘亏、毁损的原因查明，并经审批后，再转入该账户的贷方；各项待处理盘盈的价值记入该账户的贷方（固定资产盘盈不通过该账户，而是通过“以前年度损益调整”账户核算），待盘盈的原因查明，并经审批后再转入该账户的借方。

该账户下设置“待处理流动资产损溢”和“待处理非流动资产损溢”两个明细分类账户，分别对流动资产盘盈、盘亏或毁损和非流动资产盘亏或毁损进行核算。

综上所述，“待处理财产损溢”账户的结构如图6.2所示。

借方	待处理财产损溢 贷方
（1）发生的待处理财产盘亏和毁损数 （2）批准转销的待处理财产盘盈数	（1）发生的待处理财产盘盈数 （2）批准转销的待处理盘亏和毁损数

图6.2 “待处理财产损溢”“T”形账户

（一）存货清查结果的账务处理

造成存货账实不符的原因是多种多样的，应根据不同情况进行不同处理。一般的处理办法是：定额内的盘亏，应增加费用；责任事故造成的损失，应由过失人负责赔偿；非常事故，如自然灾害，在扣除保险公司赔款和残料价值后，经批准列作营业外支出等。如果发生盘盈一般冲减费用。

【例6－10】根据“实存账存对比表”所列盘亏材料6 000元，编制记账凭证，调整材料账存数。其会计分录如下：

借：待处理财产损溢——待处理流动资产损溢　　6 000

　贷：原材料　　6 000

经查盘亏原因是：

（1）定额内损耗为3 000元。

（2）管理员过失造成的损失为1 000元。

（3）非常事故造成的损失为2 000元。保险公司同意赔款1 000元，残料作价500元入库。

经有关部门核准后，据此编制记账凭证，结转“待处理财产损溢”。其会计分录是：

借：管理费用　　3 000

　　其他应收款——某管理员　　1 000

　　　　　　　——保险公司　　1 000

　　原材料　　500

　　营业外支出　　500

　贷：待处理财产损溢——待处理流动资产损溢　　6 000

【例6－11】根据“实存账存对比表”所列盘盈材料2 000元，编制记账凭证，调整材料账存数。其会计分录如下：

借：原材料　　2 000

　贷：待处理财产损溢——待处理流动资产损溢　　2 000

经查盘盈是自然升溢所致。

经有关部门核准后，据此编制记账凭证，结转“待处理财产损溢”。其会计分录如下：

借：待处理财产损溢——待处理流动资产损溢　　2 000

　贷：管理费用　　2 000

（二）固定资产清查结果的账务处理

固定资产出现盘亏的原因主要是：自然灾害、责任事故和丢失等。根据不同的情况做不同的处理，一般处理办法是：自然灾害所造成的固定资产毁损净值，在扣除保险公司赔款和残值收入后，经批准应列作营业外支出；责任事故所造成的固定资产毁损，应由责任人酌情赔偿损失；丢失固定资产，经批准应列作营业外支出。

【例6－12】根据“固定资产盘盈盘亏报告表”所列盘亏设备一台，原价为30 000元，已提折旧20 000元，净值为10 000元。编制记账凭证，调整固定资产账存数。其会计分录如下：

借：待处理财产损溢——待处理流动资产损溢　　10 000
　　累计折旧　　20 000
　贷：固定资产　　30 000

经查盘亏原因是自然灾害造成的。保险公司同意赔款5 000元，其余损失经批准列入营业外支出。据此编制记账凭证，结转“待处理财产损溢”。其会计分录如下：

借：营业外支出　　5 000
　　其他应收款——保险公司　　5 000
　贷：待处理财产损溢——待处理流动资产损溢　　10 000

（三）应收应付款项清查结果的账务处理

应收应付款项的清查，也是采用同对方单位核对账目的方法。清查单位应在检查本单位应收应付款项账目正确、完整的基础上，编制应收款对账单和应付款对账单，分送有关单位进行核对。对账单一式两联，其中一联作为回单。对方单位核对相符，应在对账单上盖章后退回本单位，如有数字不符，应在对账单上注明，或另抄对账单退回本单位，作为进一步核对的依据。

第五节　工作底稿

工作底稿，亦称“工作底表”，是将一定会计期间核算所得到的会计资料汇集到一起，为最终取得一定的会计信息而进行调整、试算、分析的表式。

工作底稿有各种用途，如总分类账户余额和发生额试算表、期末账项调整表、为编制报表提供资料的工作底稿等。不同用途的工作底稿，其格式也不同，一般有五组十栏式和六组十二栏式。五组十栏式是指工作底稿表上设有“试算表”“账项调整”“账项结转”“资产负债表”和“利润表”等五组，每一组又分借方和贷方两栏，构成五组十栏的格式。如果在“账项调整”组之后增设“调整后试算表”一组，便构成六组十二栏的格式。

一般情况下，期末是会计部门会计工作繁忙的高峰，调账、对账、结账、编制报表，一环扣一环，大量的业务工作要在短短的几天内完成。为了防止忙中出错，并能尽快了解本期的财务状况和经营成果，及时报送报表，可以先通过编制工作底稿的方法，把基本资料算出来，再根据工作底稿的资料编制调账、结账的会计分录，把账簿记录补齐。编制工作底稿，是检查账簿记录的一种方法。因此，可以把编制工作底稿视为对账、结账的一项内容。编制工作底稿又可以为编制利润表和资产负债表提供必要的资料，也可以把编制工作底稿视为编制报表前的一项重要准备工作。

所以，编制工作底稿是会计资料由账簿向报表过渡的一项重要会计核算工作。

同时，工作底稿作为一种技术方法，不仅限于期末会计工作时使用，在整个会计工作中亦具有较广泛的使用价值。例如，联合企业在编制汇总会计报表时，可以使用工作底稿；控股单位在编制合并会计报表时，可以使用工作底稿；各级主管部门根据所属单位报送的会计报表加以汇总时，也可以使用工作底稿；等等。所以，工作底稿实质上是一种不固定栏行的多栏式分析计算表。

工作底稿的一般格式，如表6.6所示。

表6.6　工作底稿

公司名称：　　　　　　　　　　年　月　日　　　　　　　　　　金额单位：元

科目名称	调整前余（发生）额		调整账项		调整后余（发生）额	
	借方金额	贷方金额	借方金额	贷方金额	借方金额	贷方金额
合计						

一、调整前余（发生）额的编制

首先，将调整前总分类账各账户的名称填入会计科目栏内，同时将各账户的余额填入试算表的借方栏和贷方栏。

二、账项调整的填写

对于期末调整账项，首先应确定其应借、应贷账户及金额，然后在账项调整栏内填写账项调整分录。

三、调整后试算表的编制

将“调整前余（发生）额”与“账项调整”两栏相同科目的借、贷金额进行加减，同向金额相加，反向金额相减。合并所得的金额就是“调整后余（发生）

额”相应会计科目的金额，将其填入“调整后余额”栏内。

有些企业为保证报表编制的正确性，可在上述工作底稿的基础上增加栏次，计算报表数额。如增加第8、9栏，分别列示资产负债表项目和金额；增加第10、11栏，分别列示利润表项目和金额。然后直接根据工作底稿编制报表。

至此，工作底稿的编制工作全部完成。通过工作底稿的编制，将试算表、账项调整等资料都填制在一张表上，既有利于全面了解企业的财务状况和经营成果，又可以根据工作底稿的资料编制记账凭证，登记账簿。这样处理可以减少记账的差错，还可以在账簿结账以前，利用工作底稿资料编制会计报表草稿。显然，这可以加快会计报表的编制工作。所以，编制工作底稿有其重要的作用，尤其在规模较大、业务较多的企业显得更为重要。

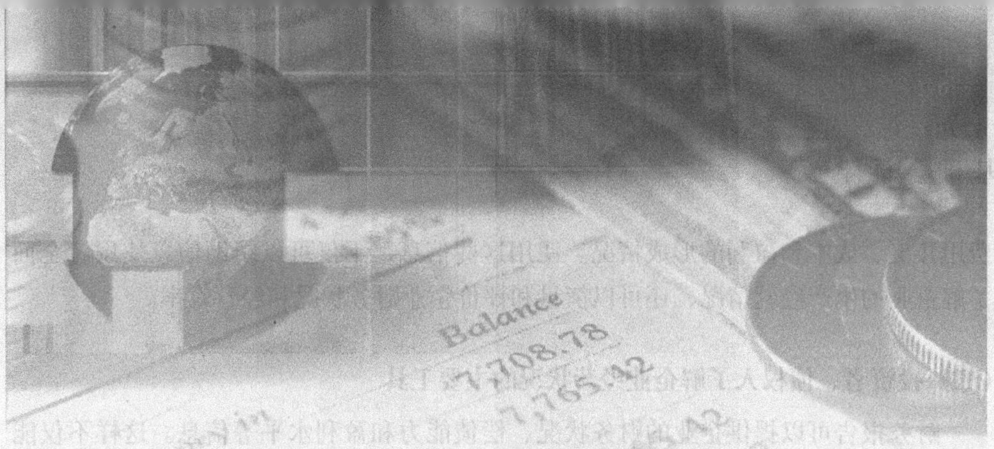

第七章　财务报告

第一节　财务报告的意义和种类

每个会计期末，会计部门都有责任提供财务报告，以满足会计信息使用者对企业财务信息的需求。财务报告是指企业对外提供的反映企业某一特定日期的财务状况和某一会计期间的经营成果、现金流量等会计信息的文件。财务报告包括会计报表及其附注和其他应当在财务报告中披露的相关信息和资料。会计报表至少应当包括资产负债表、利润表、现金流量表等报表。小企业编制的会计报表可以不包括现金流量表。

一、财务报告的意义及作用

财务报告是在日常核算资料的基础上，总括地反映会计主体一定时期内的财务状况与某一会计期间经营成果、现金流量的表式报告文件。编制财务报告是对一定期间经济业务进行会计汇总核算所采用的方法。

编制财务报告的过程，也就是对已在账簿中归类记录、初步加工的会计数据，按会计要素进行第二次确认，使之转化为对决策有用的财务信息的过程。财务报告传送的信息，对会计信息使用者有着重要作用。

（一）衡量和评价企业财务状况和经营情况的重要依据

通过定期编制财务报告，可以提供一系列的财务指标，利用这些指标和信息，可以说明企业资产、负债、所有者权益及其增减变动情况，以及企业收入的取得、费用开支、成本和盈利的形成情况。使用这些信息，不仅可以帮助信息使用者全面了解企业的生产经营情况，还可以衡量和评价企业财务状况和经营效率。

（二）投资者、债权人了解企业经营状况的主要工具

财务报告可以提供企业的财务状况、偿债能力和盈利水平等信息。这样不仅能满足企业投资者、债权人等对自身利益的需要，还能帮助其进行正确的投资决策。

（三）政府监管部门考核、监督企业生产经营情况和管理水平的依据

监管部门通过财务报告了解企业生产经营情况和管理水平，同时还能监督企业执行国家的经济方针、政策的力度，资金使用情况，缴税情况等。另外，政府职能部门还可以对有关资料进行汇总，分析和考核国民经济运行情况，对宏观经济做出调控。

（四）评价和考核企业管理者的受托经营责任和业绩的重要依据

财务报告可以有效揭示企业期初、期末经济资源的数量、分布及其结构，反映企业的资产是否完整，资本是否有效保全，以及管理层能否创造有利的现金净流入等，从而可以明确反映和正确评价企业管理者对受托资产责任的履行情况与经营业绩水平。

总之，财务报告作为会计核算工作的最终成果，不仅能全面提供企业的生产经营情况，还可以向政府部门、债权人、投资者等提供基本决策信息。

二、财务报告的种类

按现行会计制度规定，企业编制的财务报告主要有资产负债表、利润表、现金流量表、所有者权益变动表和附注。

现行会计报表体系是国家统一规定的对外报表。企业对内报表，如生产费用和产品成本的报表种类、编制方法由企业自行决定。

由于财务报告反映的内容和编制的时间等均有不同，因此，按不同标准对财务报告有不同分类。

（一）按照编制时间不同，可分为月报、季报、半年报和年报

月报是企业月末编制报送的财务报告，主要反映企业各月的财务状况、经营成果和现金流量，如资产负债表等。月度财务报告的会计期间是指公历每月 1 日至最后 1 日。

季报是指每三个月结束后编制报送的财务报告。季度报告的会计期间是指公历每一季度。

半年报是指半年结束后的经营情况报表，半年度报告的会计期间是指公历每年的1月1日至6月30日，或7月1日至12月31日。

年报是指当年结束后全年的经营情况报表，年报的会计期间是指公历的1月1日至12月31日。

（二）按组成财务报告项目的会计要素代表的时态不同，可分为动态报表和静态报表

动态报表是由动态要素项目组成的，反映企业在一定时间内收入、费用、利润形成情况的财务报告，如利润表和现金流量表。由于企业各账户借贷双方发生额提供的是动态指标，因此，动态报表一般根据账户的发生额填列。

静态报表是反映一定时期内企业资产、负债和所有者权益情况的会计报表，如资产负债表。由于账户期末余额提供的是各项目的增减变动结果指标，即静态指标，所以静态报表一般根据账户余额填列。

还有一些财务报告，其报表项目既有动态要素，又有静态要素，这类报表被称为动态静态综合报表，如所有者权益变动表。

（三）按编制单位不同，可以分为单位财务报告和汇总财务报告

单位财务报告是指独立核算的企业单位根据本单位日常核算资料汇总编制的财务报告，反映的是本单位的财务状况、经营成果和现金流量。

汇总财务报告是由财政部门和上级部门根据所属单位的会计报表和其他资料汇总编制的财务报告，反映的是同一地区、同一行业的财务状况和经营成果。

（四）按照报送对象不同，可分为对外报表和对内报表

对外报表，是会计主体对外提供的反映会计主体财务状况和经营成果的会计报表，包括资产负债表、利润表、现金流量表或所有者权益变动表和附注。对外报表是以会计准则为规范编制的，向所有者、债权人、政府及其他有关各方及社会公众等外部使用者披露的会计报表。

对内报表是反映会计主体生产经营过程及其内部决策、计划、管理和控制的会计报表，内容包括成本报表、财务预算、财务分析及其他和价值管理有关的内部管理报表，是满足内部管理者个别需要的专用会计报表。对内报表提供的信息一般比较详细，并不向外界披露，大部分属于商业秘密。对内报表的种类、格式、内容、编报时间、报送程序和报送对象由企业管理者根据管理需要自行规范。

三、财务报告的构成

《企业会计准则——基本准则》第四十四条规定：财务报告包括会计报表及其

附注和其他应当在财务报告中披露的相关信息和资料。会计报表至少应当包括资产负债表、利润表、现金流量表等。企业对外提供的财务报告内容、会计报表种类和格式、会计报表附注的主要内容等，由企业会计准则规定；企业内部管理需要的会计报表由企业自行决定。

（一）会计报表

会计报表是对企业财务状况、经营成果和现金流量的结构性表述。企业对外提供的会计报表至少包括资产负债表、利润表、现金流量表、所有者权益（或股东权益）变动表和附注。

（二）会计报表附注

会计报表附注是在对资产负债表、利润表、现金流量表、所有者权益变动表等报表中列示项目的文字描述或明细资料，以及对未能在这些报表中列示项目的说明等。

（三）其他财务报告

其他财务报告的编制基础和方式可以不受会计准则的约束，提供的信息非常广泛，提供相关信息的方式也可以多种多样，包括定性信息和非会计信息。其他财务报告可包括管理当局的分析与讨论预测报告、物价变动影响报告、社会责任等。

四、编制财务报告的要求

财务报告的基本目标是提供对决策有用的信息，因此，报告中会计信息的质量决定会计报表发挥作用的程度。为了提高财务报告的可信性和可用性，企业在编制财务报告时，应全面贯彻会计信息质量要求的各项原则。

（一）财务报告编制的程序和方法以及报表指标的计算必须符合可比性原则

会计主体编制和报送的财务报告，在会计计量和列报方法选择上，都应保持前后一致，并符合会计准则的要求。

（1）会计主体应按照会计准则的要求进行会计核算，选定和运用的会计处理方法，如固定资产折旧、存货计价等计算程序和方法一经采用，前后各期应保持一致。

（2）在编制财务报告时，会计计量和列报方法，如各月的对象、范围、调整、结账期限等也应前后连贯，保持一致，不得随意变动，使会计信息相互可比。

（二）财务报告的编制必须符合真实性、相关性和及时性原则

这要求财务报告的编制必须做到数字真实、内容完整、编制及时，以便帮助财

务报告信息需求者趋利避害，正确决策。为了使财务报告和提供的信息符合这些要求，会计主体在编制财务报告时，必须做到：

（1）财务报告编制应以客观、真实的账簿记录进行编制，不得为了赶制财务报告而提前结转，不得任意估计、篡改数字，弄虚作假，以保证报告数字的真实性。

（2）应按照规定的财务报告种类编报完整，对规定的项目填写齐全，不得少编、少报、漏填、漏列，更不得随意取舍，以使编制的财务报告和提供的信息能全面、系统、综合地反映会计主体的财务状况、经营成果和现金流量。

（3）会计主体编制的财务报告必须在规定的期限内报送，不得拖延，以便及时提供企业经营成果和业绩的各种信息，满足不同信息使用者的需要。

（三）财务报告的编制必须符合公允性原则的要求

会计信息总地来说，是用于提高经济效益决策的，但对于不同使用者，对会计信息利用的角度和程序有所不同：企业投资者侧重于投资水平分析和投资风险预测；债权人侧重于企业偿债能力的评估判断；企业管理者侧重于资本运用、耗费、收入、成本费用的对比和财务状况的全面评价，从而提出改善经营管理的措施，做出最大限度提高经济效益的对策；政府部门则侧重于对企业的依法监督。总之，不同利害关系的会计信息使用者，对会计信息各取所需。财务报告必须是真实、可靠的，会计信息必须是客观、公正和公允的。加强财务报告公允性，是保证会计信息质量的重要措施。

第二节　资产负债表

一、资产负债表的内容和作用

资产负债表是指反映企业在某一特定日期财务状况的财务报告。它是根据“资产＝负债＋所有者权益”的会计方程式来说明企业财务状况，从而全面揭示企业在一定时日的资产、负债和所有者权益的构成及三者的关系。资产负债表的报表项目按照企业各种资产、负债和所有者权益的性质和构成内容分类，形成一套科学、规范的指标体系，清晰地提供企业所控制的经济资源、应偿还的债务、负债结构和偿债能力、投资者对企业所拥有的权益等财务状况。具体作用有：

（1）可以明确地反映企业作为法人在许可的生产经营活动中所控制的经济资源和承担的责任、义务；

（2）表明企业可以根据需要统筹安排和合理调整资金；

（3）体现会计主体接受投资和对外负债情况、各项资金占用情况以及一定期间的经营成果；

（4）可以一目了然地说明企业资产拥有情况、偿债能力及所有者权益变化；

（5）可以为企业管理部门控制财务收支、改善财务状况，为债权人和供应商了解企业的偿债能力及支付能力，以及为投资者掌握投资风险提供必要的信息。

资产负债表是指反映企业在某一特定日期财务状况的财务报告。它反映企业在某一特定日期所拥有或控制的经济资源、所承担的现时义务和所有者对净资产的要求权。资产负债表，可以提供某一日期资产的总额及其结构，表明企业拥有或控制的资源及其分布情况，使用者可以一目了然地从资产负债表上了解企业在某一特定日期所拥有的资产总量及其结构；可以提供某一日期的负债总额及其结构，表明企业未来需要用多少资产或劳务清偿债务以及清偿时间；可以反映所有者所拥有的权益，据以判断资本保值、增值的情况以及对负债的保障程度。此外，资产负债表还可以提供进行财务分析的基本资料，如将流动资产与流动负债进行比较，计算出流动比率；将速动资产与流动负债进行比较，计算出速动比率等。资产负债表可以表明企业的变现能力、偿债能力和资金周转能力，从而有助于报表使用者做出经济决策。

二、资产负债表的结构特点

资产负债表由资产、负债、所有者权益三个会计要素板块组成，并按照“资产＝负债＋所有者权益”或“资产－负债＝所有者权益”的平衡关系将三个要素联系起来，从而形成该报表的基本结构。为了提供这三个会计要素的具体信息，各要素均按要素项目（报表项目）分项列示。资产要素项目按流动性大小分为流动资产、长期投资、固定资产、无形资产、其他长期资产等类别；负债要素按债务偿还期的长短分为流动负债和长期负债等类别。

资产负债表各会计要素及要素项目的不同排列方式，形成了该表的具体格式，主要有报告式（单步式或垂直式）和账户式两种。

报告式资产负债表的基本特点是：将资产、负债和所有者权益等会计要素及要素项目在资产负债表中从上到下做垂直式排列，如表7.1所示。

表7.1 资产负债表（报告式） 单位：元

项目	金额
资产类	
流动资产	
长期投资	
固定资产	
无形资产	
其他资产	
资产合计	
负债类	

表7.1(续)

项目	金额
流动负债	
长期负债	
负债合计	
所有者权益类	
实收资本	
留存收益	
所有者权益合计	

在我国，资产负债表采用账户式结构，报表分为左右两方。左方列示资产各项目，反映全部资产的分布及存在形态；右方列示负债和所有者权益各项目，反映全部负债和所有者权益的内容及构成情况。资产负债表左右双方平衡，资产总计等于负债和所有者权益总计，即“资产 = 负债 + 所有者权益”。此外，为了使使用者通过比较不同时点资产负债表的数据，掌握企业财务状况的变动情况及发展趋势，企业需要提供比较资产负债表。资产负债表将各项目再分为“年初余额”和“期末余额”两栏分别填列。账户式资产负债表的具体格式如表 7.2 所示。

表 7.2　资产负债表

会企 01 表

编制单位：　　　　20××年 12 月 31 日　　　　单位：元

资产	期末余额	年初余额	负债和所有者权益（或股东权益）	期末余额	年初余额
流动资产：			流动负债：		
货币资金			短期借款		
交易性金融资产			交易性金融负债		
应收票据			应付票据		
应收账款			应付账款		
预付款项			预收款项		
其他应收款			应付职工薪酬		
存货			应交税费		
持有待售资产			其他应付款		
一年内到期的非流动资产			持有待售负债		
其他流动资产			一年内到期的非流动负债		
流动资产合计			其他流动负债		
非流动资产：			流动负债合计		

表7.2(续)

资产	期末余额	年初余额	负债和所有者权益（或股东权益）	期末余额	年初余额
债权投资			非流动负债：		
其他债权投资			长期借款		
长期应收款			应付债券		
长期股权投资			长期应付款		
投资性房地产			预计负债		
固定资产			递延所得税负债		
在建工程			其他非流动负债		
固定资产清理			非流动负债合计		
生产性生物资产			负债合计		
油气资产					
无形资产			所有者权益（或股东权益）：		
开发支出			实收资本（或股本）		
			其他权益工具		
商誉			资本公积		
长期待摊费用			减：库存股		
递延所得税资产			其他综合收益		
			专项储备		
其他非流动资产			盈余公积		
非流动资产合计			未分配利润		
			所有者权益（或股东权益）合计		
资产总计			负债和所有者权益（或股东权益）总计		

三、资产负债表的填制方法

（一）资产负债表“年初余额”栏的填列方法

资产负债表是反映企业某一特定日期财务状况的一个静态报表。表中“年初余额”栏通常根据上年年末有关项目的期末余额填列，且与上年年末资产负债表“期末余额”栏一致。

（二）根据有关总账期末余额直接填列

1. 根据总账科目余额填列

“以公允价值计量且其变动计入当期损益的金融资产”“在建工程”“固定资产清理”“递延所得税资产”“短期借款”“以公允价值计量且其变动计入当期损益的金融负债”“应付票据”“应交税费”“专项应付款”“预计负债”“递延收益”“递延所得税负债”“实收资本（或股本）”“库存股”“资本公积”“其他综合收益”“专项储备”“盈余公积”等项目，应根据有关总账科目的余额填列。

有些项目则应根据几个总账科目的余额计算填列，如“货币资金”项目，需根据“库存现金”“银行存款”“其他货币资金”三个总账科目余额的合计数填列；“其他流动资产”“其他流动负债”项目，应根据有关科目的期末余额分析填列。

其中，有其他综合收益相关业务的企业，应当设置“其他综合收益”科目进行会计处理，该科目应当按照其他综合收益项目的具体内容设置明细科目。企业在对其他综合收益进行会计处理时，应当通过“其他综合收益”科目处理，并与“资本公积”科目相区分。

2. 根据明细账余额直接填列

“开发支出”项目，应根据“研发支出”科目中所属的“资本化支出”明细科目期末余额填列；“应付账款”项目，应根据“应付账款”和“预付账款”科目所属的相关明细科目的期末贷方余额合计数填列；“一年内到期的非流动资产”“一年内到期的非流动负债”项目，应根据有关非流动资产或负债项目的明细科目余额分析填列；“应付职工薪酬”项目，应根据“应付职工薪酬”科目的明细科目期末余额分析填列；“长期借款”“应付债券”项目，应分别根据“长期借款”“应付债券”科目的明细科目余额分析填列；“未分配利润”项目，应根据“利润分配”科目中所属的“未分配利润”明细科目期末余额填列。

（三）根据总账科目和明细账科目余额分析计算填列

“长期借款”项目，应根据“长期借款”总账科目余额扣除“长期借款”科目所属的明细科目中将在资产负债表日起一年内到期且企业不能自主地将清偿义务展期的长期借款后的金额计算填列；“长期待摊费用”项目，应根据“长期待摊费用”科目的期末余额减去将于一年内（含一年）摊销的数额后的金额填列；“其他非流动资产”项目，应根据有关科目的期末余额减去将于一年内（含一年）收回数后的金额填列。

“其他非流动负债”项目，应根据有关科目的期末余额减去将于一年内（含一年）到期偿还数后的金额填列。

（四）根据有关科目余额减去其备抵科目余额后的净额填列

“可供出售金融资产”“持有至到期投资”“长期股权投资”“在建工程”“商誉”项目，应根据相关科目的期末余额填列，已计提减值准备的，还应扣减相应的减值准备；“固定资产”“无形资产”“投资性房地产”“生产性生物资产”“油气资产”项目，应根据相关科目的期末余额扣减相关的累计折旧（或摊销、折耗）填列，已计提减值准备的，还应扣减相应的减值准备，采用公允价值计量的上述资产，应根据相关科目的期末余额填列；“长期应收款”项目，应根据“长期应收款”科目的期末余额，减去相应的“未实现融资费用”科目和“坏账准备”科目所属相关明细科目期末余额后的金额填列；“长期应付款”项目，应根据“长期应付款”科目的期末余额，减去相应的“未确认融资费用”科目期末余额后的金额填列。

（五）综合运用上述填列方法分析填列

“应收票据”“其他应收款”项目，应根据相关科目的期末余额，减去“坏账准备”科目中有关坏账准备期末余额后的金额填列；“应收账款”项目，应根据“应收账款”和“预收账款”科目所属各明细科目的期末借方余额合计数，减去“坏账准备”科目中有关应收账款计提的坏账准备期末余额后的金额填列；“预付账款”项目，应根据“预付账款”和“应收账款”科目所属各明细科目的期末借方余额合计数，减去“坏账准备”科目中有关预付款项计提的坏账准备期末余额后的金额填列；“存货”项目，应根据“材料采购”“原材料”“发出商品”“库存商品”“周转材料”“委托加工物资”“生产成本”“受托代销商品”等科目的期末余额合计，减去“受托代销商品款”“存货跌价准备”科目期末余额后的金额填列，材料采用计划成本核算，以及库存商品采用计划成本核算或售价核算的企业，还应按加（减）材料成本差异、商品进销差价后的金额填列；“划分为持有待售的资产”“划分为持有待售的负债”项目，应根据相关科目的期末余额分析填列等。“划分为持有待售的资产”“划分为持有待售的负债”项目，应根据相关科目的期末余额分析填列等。

企业应当根据上年年末资产负债表“期末余额”栏有关项目填列本年度资产负债表“年初余额”栏。如果企业发生了会计政策变更、前期差错更正，应当对“年初余额”栏中的有关项目进行相应调整；如果企业上年度资产负债表规定的项目名称和内容与本年度不一致，应当对上年年末资产负债表相关项目的名称和金额按照本年度的规定进行调整，填入“年初余额”栏。

第三节　利润表

一、利润表的内容和作用

利润表是反映企业在一定会计期间的经营成果的会计报表。企业在一定期间的经营成果即指在该期间内实现的利润总额或发生亏损的总额。利润表按照权责发生制把一个会计期间的收入与成本、费用进行配比，从而计算出报告期的净损益数。各相关主体通过利润表不仅可以考核企业收益计划的完成情况，了解企业利润的构成和利润水平，分析利润增减变动的原因，而且对预测企业的发展趋势也有重要意义。其具体作用主要有：

（1）利润表能够反映企业生产经营成果的好坏。利润表通过收入与成本、费用对比可以直接计算出企业实现的利润或发生的亏损，反映企业经营业绩的好坏。

（2）利润表可以考核企业管理水平的高低。

（3）利润表是考核企业各项计划完成情况的重要依据。

（4）利润表是进行获利能力分析、未来预测和进行决策的重要依据。

利润表的列报必须充分反映企业经营业绩的主要来源和构成，有助于使用者判断净利润的质量及其风险，有助于使用者预测净利润的持续性，从而做出正确的决策。利润表可以反映企业一定会计期间的收入实现情况，如实现的营业收入有多少、实现的投资收益有多少、实现的营业外收入有多少等；可以反映一定会计期间的费用耗费情况，如耗费的营业成本有多少，销售费用、管理费用、财务费用各有多少，营业外支出有多少等；可以反映企业生产经营活动的成果，即净利润的实现情况，据以判断资本保值、增值情况。将利润表中的信息与资产负债表中的信息相结合，可以提供进行财务分析的基本资料。如将赊销收入净额与应收账款平均余额进行比较，计算出应收账款周转率；将销货成本与存货平均余额进行比较，计算出存货周转率；将净利润与资产总额进行比较，计算出资产收益率等。可以反映企业资金周转情况以及企业的盈利能力和水平，便于报表使用者判断企业未来的发展趋势，做出经济决策。

二、利润表的结构特点及格式

利润表是动态报表，由收入、费用和利润三个动态会计要素组成，并按照“收入－费用＝利润”这一动态要素平衡关系联系起来，形成利润表的基本结构。

利润表根据利润形成的排列格式不同分为单步式和多步式两种。

单步式利润表是将汇总的本期各项收入的合计数与各项成本、费用的合计数相抵后，一次计算求得本期最终损益的表式。这种格式比较简单，便于编制，但是缺少利润构成情况的详细资料，不利于企业不同期间利润表与行业间利润表的纵向和横向的比较、分析，其基本格式如表 7.3 所示。

表 7.3 利润表（单步式）

编制单位： 年 月 单位：元

项目	行次	本月数	本年累计数
一、收入			
营业收入			
投资收益			
营业外收入			
收入合计			
二、成本与费用			
营业成本			
税金及附加			
销售费用			
管理费用			
财务费用			
营业外支出			
所得税费用			
成本与费用合计			
三、净利润			

在我国，企业利润表采用的基本是多步式结构，即通过对当期的收入、费用、支出项目按性质加以归类，按利润形成的主要环节列示一些中间性利润指标，分步计算当期经济损益。

利润表主要反映以下几方面的内容：①构成营业利润的各项要素，从营业收入出发，减去营业成本、税金及附加、销售费用、管理费用、财务费用等项目后得出的营业利润。②构成利润总额的各项要素，在营业利润的基础上，加上营业外收入、减去营业外支出等项目后得出。③构成净利润的各项要素，利润总额减去所得税费用后得出。

此外，为了使报表使用者通过比较不同期间利润的实现情况，判断企业经营成果的未来发展趋势，企业需要提供利润表，利润表将各项目再分为“本期金额”和“上期金额”两栏分别填列。多步式利润表具体格式如表 7.4 所示。

表 7.4　利润表

会企 02 表

编制单位：　　　　　　20××年　　　　　　单位：元

项目	本期金额	上期金额
一、营业收入		
减：营业成本		
税金及附加		
销售费用		
管理费用		
研发费用		
财务费用		
加：其他收益		
投资收益（损失以“－”号填列）		
其中：对联营企业和合营企业的投资收益		
公允价值变动收益（损失以“－”填列）		
信用减值损失		
资产减值损失		
资产处置收益（损失以“－”填列）		
二、营业利润（亏损以“－”号填列）		
加：营业外收入		
其中：非流动资产处置利得		
减：营业外支出		
其中：非流动资产处置损失		
三、利润总额（亏损总额以“－”号填列）		
减：所得税费用		
四、净利润（净亏损以“－”号填列）		
五、其他综合收益的税后净额：		
（一）不能重分类进损益的其他综合收益		
（二）将重分类进损益的其他综合收益		
六、综合收益总额		
七、每股收益：		
（一）基本每股收益		
（二）稀释每股收益		

三、利润表的编制方法

（一）上期金额栏的填列方法

利润表“上期金额”栏内各项数字，应根据上年该期利润表“本期金额”栏内所列数字填列。如果上年该期利润表规定的各个项目的名称和内容同本期不一致，应对上年该期利润表各项目的名称和数字按本期的规定进行调整，填入利润表“上期金额”栏内。

（二）本期金额栏的填列方法

利润表“本期金额”栏内各项数字一般应根据损益类科目的发生额分析填列。

（1）“营业收入”“营业成本”“税金及附加”“销售费用”“管理费用”“财务费用”“资产减值损失”“公允价值变动收益”“投资收益”“营业外收入”“营业外支出”“所得税费用”等项目，应根据有关损益类科目的发生额分析填列。

（2）“其中：对联营企业和合营企业的投资收益”“其中：非流动资产处置利得”“其中：非流动资产处置损失”等项目，应根据“投资收益”“营业外收入”“营业外支出”等科目所属的相关明细科目的发生额分析填列。

（3）“其他综合收益的税后净额”项目及其各组成部分，应根据“其他综合收益”科目及其所属明细科目的本期发生额分析填列。

（4）“营业利润”“利润总额”“净利润”“综合收益总额”项目，应根据本表中相关项目计算填列。

（5）普通股或潜在普通股已公开交易的企业，以及正处于公开发行普通股或潜在普通股过程中的企业，还应当在利润表中列示每股收益信息，并在附注中详细披露计算过程，以供投资者投资决策参考。基本每股收益和稀释每股收益项目应当按照《企业会计准则第 34 号——每股收益》的规定计算填列。

企业应当根据上年同期利润表“本期金额”栏内所列数字填列本年度利润表的“上期金额”栏。如果企业上年该期利润表规定的项目的名称和内容与本期不一致，应当对上年该期利润表相关项目的名称和金额按照本期的规定进行调整，填入“上期金额”栏。

第四节　现金流量表

一、现金流量表及其作用

现金，是指企业库存现金以及可以随时用于支付的存款。不能随时用于支付的存款不属于现金。

现金等价物，是指企业持有的期限短、流动性强、易于转换为已知金额现金、价值变动风险很小的投资。期限短，一般是指从购买日起三个月内到期。现金等价物通常包括三个月内到期的债券投资等。权益性投资变现的金额通常不确定，因而不属于现金等价物。企业应当根据具体情况，确定现金等价物的范围，一经确定不得随意变更。

现金流量是指现金和现金等价物的流入和流出。

在市场经济条件下，企业的现金流转情况在很大程度上影响着企业的生存和发展。现金流量表，是指反映企业在一定会计期间现金和现金等价物流入和流出的报表。其主要作用有：

（1）可以提供企业的现金流量信息。企业的经营活动、投资和筹资活动中所产生的现金流量，会直接影响企业的财务状况，如果没有获得相应的现金回报，会引起企业的财务困境。

（2）可以提供企业现金流量变动及其变动原因的信息。现金流量主要来源于经营活动、投资活动和筹资活动三个部分，从不同角度反映企业业务活动的现金流入与流出的原因，即现金从何处来，用到何处去，这些信息是资产负债表和利润表无法提供的。通过现金流量表，报表使用者能够了解现金流量的影响因素，评价企业的支付能力、偿债能力和周转能力，预测企业未来现金流量，为其决策提供有力依据。

（3）能够分析企业未来获取现金的能力。

（4）便于与国际会计管理相协调。

现金流量表的基本结构分为三个部分：一是表头，即报表名称、编制单位、年度及计量单位；二是主表内容，以直接法反映企业经营活动、投资活动、筹资活动及汇率变动等对现金流量的影响；三是附表或补充资料，反映不涉及现金收支的投资和筹资活动及将净利润调节为经营活动产生的现金流量等。现金流量表的具体格式如表7.5及表7.6所示。

表7.5　现金流量表

会企03表

编制单位：　　　　20×2年　　　　单位：元

项目	本期金额	上期金额
一、经营活动产生的现金流量		
销售商品、提供劳务收到的现金		
收到的税费返还		
收到其他与经营活动有关的现金		

表7.5(续)

项目	本期金额	上期金额
经营活动现金流入小计		
购买商品、接受劳务支付的现金		
支付给职工以及为职工支付的现金		
支付的各项税费		
支付其他与经营活动有关的现金		
经营活动现金流出小计		
经营活动产生的现金流量净额		
二、投资活动产生的现金流量		
收回投资收到的现金		
取得投资收益收到的现金		
处置固定资产、无形资产和其他长期资产收回的现金净额		
处置子公司及其他营业单位收到的现金净额		
收到其他与投资活动有关的现金		
投资活动现金流入小计		
购建固定资产、无形资产和其他长期资产支付的现金		
投资支付的现金		
取得子公司及其他营业单位支付的现金净额		
支付其他与投资活动有关的现金		
投资活动现金流出小计		
投资活动产生的现金流量净额		
三、筹资活动产生的现金流量		
吸收投资收到的现金		
取得借款收到的现金		
收到其他与筹资活动有关的现金		
筹资活动现金流入小计		
偿还债务支付的现金		
分配股利、利润或偿付利息支付的现金		
支付其他与筹资活动有关的现金		
筹资活动现金流出小计		
筹资活动产生的现金流量净额		
四、汇率变动对现金及现金等价物的影响		

表7.5(续)

项目	本期金额	上期金额
五、现金及现金等价物净增加额		
加：期初现金及现金等价物余额		
六、期末现金及现金等价物余额		

表7.6 现金流量补充资料 单位：元

补充资料	本期金额	上期金额
1. 将净利润调节为经营活动现金流量：		
净利润		
加：资产减值准备		
固定资产折旧、油气资产折耗、生产性生物资产折旧		
无形资产摊销		
长期待摊费用摊销		
处置固定资产、无形资产和其他长期资产的损失（收益以“－”号填列）		
固定资产报废损失（收益以“－”号填列）		
公允价值变动损失（收益以“－”号填列）		
财务费用（收益以“－”号填列）		
投资损失（收益以“－”号填列）		
递延所得税资产减少（增加以“－”号填列）		
递延所得税负债增加（减少以“－”号填列）		
存货的减少（增加以“－”号填列）		
经营性应收项目的减少（增加以“－”号填列）		
经营性应付项目的增加（减少以“－”号填列）		
其他		
经营活动产生的现金流量净额		
2. 不涉及现金收支的重大投资和筹资活动：		
债务转为资本		
一年内到期的可转换公司债券		
融资租入固定资产		
3. 现金及现金等价物净变动情况：		

表7.6(续)

补充资料	本期金额	上期金额
现金的期末余额		
减：现金的期初余额		
加：现金等价物的期末余额		
减：现金等价物的期初余额		
现金及现金等价物净增加额		

二、现金流量表的编制基础

从编制原则上看，现金流量表按照收付实现制原则编制，将权责发生制下的盈利信息调整为收付实现制下的现金流量信息，便于信息使用者了解企业净利润的质量。现金流量表被划分为经营活动、投资活动和筹资活动三个部分。

(一) 经营活动产生的现金流量

经营活动是指企业投资活动和筹资活动以外的所有交易和事项。各类企业由于行业特点不同，对经营活动的认定存在一定差异。对于工商企业而言，经营活动主要包括销售商品、提供劳务、购买商品、接受劳务、支付税费等。

通常情况下，经营活动产生的现金流入项目主要有：销售商品、提供劳务收到的现金，收到的税收返还，收到的其他与经营活动有关的现金。经营活动产生的现金流出项目主要有：购买商品、接受劳务支付的现金，支付给职工以及为职工支付的现金，支付的各项税费，支付的其他与经营活动有关的现金。

(二) 投资活动产生的现金流量

投资活动是指企业长期资产的购建和不包括在现金等价物范围内的投资及其处置活动。长期资产是指固定资产、无形资产、在建工程、其他资产等持有期限在一年或一个营业周期以上的资产。这里所讲的投资活动，既包括实物资产投资，也包括金融资产投资。这里之所以将“包括在现金等价物范围内的投资”排除在外，是因为已经将包括在现金等价物范围内的投资视同现金。

通常情况下，投资活动产生的现金流入项目主要有：收回投资所收到的现金，取得投资收益所收到的现金，处置固定资产、无形资产和其他长期资产所收到的现金净额，收到的其他与投资活动有关的现金。投资活动产生的现金流出项目主要有：构建固定资产、无形资产和其他长期资产所支付的现金，投资所支付的现金，支付的其他与投资活动有关的现金。

（三）筹资活动产生的现金流量

筹资活动是指导致企业资本及债务规模和构成发生变化的活动。这里所说的资本，既包括实收资本（股本），也包括资本溢价（股本溢价）；这里所说的债务，指对外举债，包括向银行借款、发行债券以及偿还债务等。通常情况下，应付账款、应付票据等商业应付款等属于经营活动，不属于筹资活动。

通常情况下，筹资活动产生的现金流入项目主要有：吸收投资所收到的现金，取得借款所收到的现金，收到的其他与筹资活动有关的现金。筹资活动产生的现金流出项目主要有：偿还债务所支付的现金，分配股利、利润或偿付利息所支付的现金，支付的其他与筹资活动有关的现金。

三、现金流量表的格式

现金流量表分为两部分，第一部分为表首，第二部分为正表。

表首概括地反映报表的名称、编制单位、编制时间、报表编号、货币名称与计量单位等。

正表反映现金流量表的各项内容，主要包括：①经营活动产生的现金流量；②投资活动产生的现金流量；③筹资活动产生的现金流量；④汇率变动对现金的影响；⑤现金及现金等价物净增加值。

第五节　所有者权益变动表

所有者权益变动表是反映构成所有者权益的各组成部分当期的增减变动情况的报表。所有者权益变动表应当全面反映一定时期所有者权益变动的情况，不仅包括所有者权益总量的增减变动，还包括所有者权益增减变动的重要结构性信息，有助于报表使用者理解所有者权益增减变动的根源。

根据基本准则的规定，所有者权益是指企业资产扣除负债后由所有者享有的剩余权益。所有者权益的来源包括所有者投入的资本（包括实收资本和资本溢价等资本公积）、留存收益（包括盈余公积和未分配利润）等。本准则规定，所有者权益变动表应当反映构成所有者权益的各组成部分当期的增减变动情况。综合收益和与所有者（或股东）的资本交易导致的所有者权益的变动，应当分别列示。与所有者的资本交易，是指与所有者以其所有者身份进行的、导致企业所有者权益变动的交易。

根据准则的规定，企业应当反映所有者权益各组成部分的期初和期末余额及其调节情况。因此，企业应当以矩阵的形式列示所有者权益变动表：一方面，列示导致所有者权益变动的交易或事项，按所有者权益变动的来源对一定时期所有者权益变动情况进行全面反映；另一方面，按照所有者权益各组成部分（包括实收资本、资本公积、其他综合收益、盈余公积、未分配利润、库存股等）及其总额列示相关交易或事项对所有者权益的影响。

根据准则的规定，企业需要提供比较所有者权益变动表。所有者权益变动表将各项目再分为"本年金额"和"上年金额"两栏分别填列。所有者权益变动表的具体格式如表 7.7 所示。

表 7.7　所有者权益变动表

会企 04 表

编制单位：　　　　20××年　　　　单位：元

项目	本年金额						上年金额					
	实收资本（或股本）	资本公积	减：库存股	盈余公积	未分配利润	所有者权益合计	实收资本（或股本）	资本公积	减：库存股	盈余公积	未分配利润	所有者权益合计
一、上年年末余额												
加：会计政策变更												
前期差错更正												
二、本年年初余额												
三、本年增减变动金额（减少以"－"号填列）												
（一）净利润												
（二）直接计入所有者权益的利得和损失												
1. 可供出售金融资产公允价值变动净额												
2. 权益法下被投资单位其他所有者权益变动的影响												
3. 与计入所有者权益项目相关的所得税影响												
4. 其他												
上述（一）和（二）小计												
（三）所有者投入和减少资本												
1. 所有者投入资本												
2. 股份支付计入所有者权益的金额												
3. 其他												
（四）利润分配												
1. 提取盈余公积												

表7.7(续)

项目	本年金额						上年金额					
	实收资本（或股本）	资本公积	减：库存股	盈余公积	未分配利润	所有者权益合计	实收资本（或股本）	资本公积	减：库存股	盈余公积	未分配利润	所有者权益合计
2. 对所有者的分配（或股东）												
3. 其他												
（五）所有者权益内部结转												
1. 盈余公积转增资本（或股本）												
2. 资本公积转增资本（或股本）												
3. 盈余公积弥补亏损												
4. 其他												
四、本年年末余额												

第六节 会计报表附注

一、会计报表附注的概念

会计报表附注是对在资产负债表、利润表、现金流量表和所有者权益变动表等报表中列示的项目的文字性描述或明细资料，以及对未能在这些报表中列示项目的说明等。准则对附注的披露要求是对企业附注披露的最低要求，应当适用于所有类型的企业。

二、会计报表附注的内容

企业应当按照会计准则的规定在附注中按照如下顺序披露有关内容：

（一）企业的基本情况

（1）企业注册地、组织形式和总部地址。

（2）企业的业务性质和主要经营活动。

（3）母公司以及集团最终母公司的名称。

（4）财务报告的批准报出者和财务报告批准报出日。

（5）营业期限有限的企业，还应当披露其有关营业期限的信息。

（二）财务报表的编制基础

企业应当根据本准则的规定判断企业是否持续经营，并披露财务报表是否以持续经营为基础编制。

（三）遵循企业会计准则的声明

企业应当声明编制的财务报表符合企业会计准则的要求，真实、完整地反映企业的财务状况、经营成果和现金流量等有关信息，以此明确企业编制财务报表所依据的制度基础。如果企业编制的财务报表只是部分地遵循了企业会计准则，附注中不得做出这种表述。

（四）重要会计政策和会计估计

企业应当披露采用的重要会计政策和会计估计，不重要的会计政策和会计估计可以不披露。

1. 重要会计政策的说明

企业应当披露采用的重要会计政策，并结合企业的具体实际披露其重要会计政策的确定依据和财务报表项目的计量基础。其中，会计政策的确定依据主要是指企业在运用会计政策过程中所做的重要判断，这些判断对在报表中确认的项目金额具有重要影响。比如，企业如何判断持有的金融资产是持有至到期的投资而不是交易性投资，企业如何判断与租赁资产相关的所有风险和报酬已转移给企业从而符合融资租赁的标准，投资性房地产的判断标准是什么等。财务报表项目的计量基础包括历史成本、重置成本、可变现净值、现值和公允价值等会计计量属性，比如存货是按成本还是按可变现净值计量等。

2. 重要会计估计的说明

企业应当披露重要会计估计，并结合企业的具体实际披露其会计估计所采用的关键假设和不确定因素。

重要会计估计的说明，包括可能导致下一个会计期间内资产、负债账面价值重大调整的会计估计的确定依据等。例如，固定资产可收回金额的计算需要根据其公允价值减去处置费用后的净额与预计未来现金流量的现值两者之间的较高者确定，在计算资产预计未来现金流量的现值时需要对未来现金流量进行预测，并选择适当的折现率，企业应当在附注中披露未来现金流量预测所采用的假设及其依据、所选择的折现率为什么是合理的等。又如，对于正在进行中的诉讼提取准备，企业应当披露最佳估计数的确定依据等。

（五）会计政策和会计估计变更以及差错更正的说明

企业应当按照《企业会计准则第 28 号——会计政策、会计估计变更和差错更正》的规定，披露会计政策和会计估计变更以及差错更正的情况。

（六）重要报表项目的说明

企业应当按照资产负债表、利润表、现金流量表、所有者权益变动表及其项目列示的顺序，采用文字和数字描述相结合的方式披露报表重要项目的说明。报表重要项目的明细金额合计，应当与报表项目金额相衔接。

（七）其他需要说明的重要事项

这主要包括或有和承诺事项、资产负债表日后非调整事项、关联方关系及其交易等。

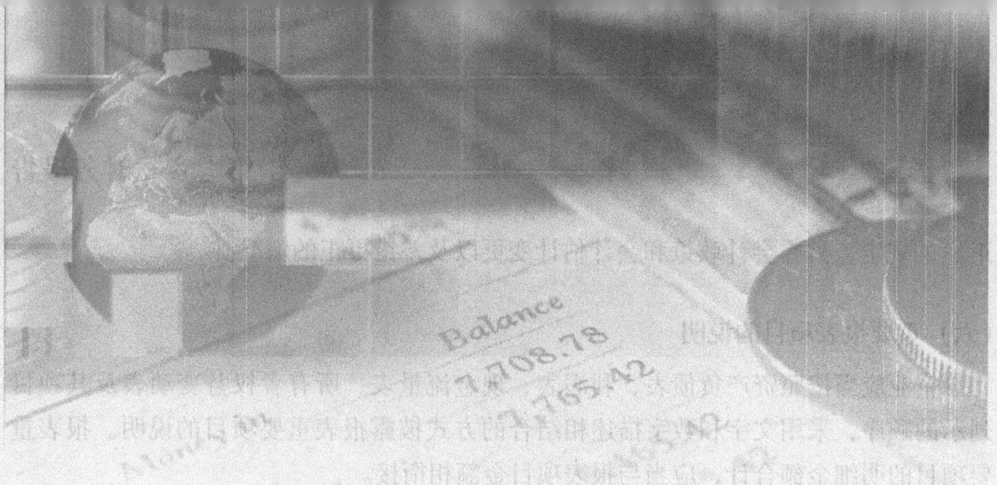

第八章　会计核算组织程序

第一节　会计核算组织程序概述

一、会计核算组织程序的概念

前面各章分别介绍了会计科目、会计凭证、会计账簿等会计核算方法的设计，这些方法不是彼此孤立的，而是相互联系的。它们以一定的形式结合起来，构成了一个完整的工作体系，形成了企业不同的会计核算组织程序。

会计核算组织程序也称账务处理程序，或简称为会计核算形式、会计核算组织程序。它是指在会计核算过程中，为了使记账工作有条不紊地进行，保证账簿记录能够提供管理上所需要的会计信息，以账簿体系为中心，把会计凭证、会计账簿、会计报表、记账程序和记账方法等相互结合起来的具体方式。

二、会计核算组织程序的意义

科学合理的会计核算组织程序，是会计制度的一个重要组成部分。它对于加强各种会计核算方法之间的有效衔接与配合，规范会计工作，提高会计核算工作质量和效率，将各企业和行政、事业等单位的会计核算工作有机地组织成为既有分工又有协作的整体，对于减少会计人员的工作量，节约人力和物力有着重要的意义。

三、会计核算组织程序的基本要求

选择适用的会计核算组织程序，一般应符合以下要求：

（1）符合本单位经济业务的性质、规模大小和经济业务繁简程度，有利于会计分工和建立岗位责任制。

（2）保证全面、及时、准确和系统地提供本单位经济活动情况的会计信息，以满足各方面会计信息使用者的需要。

（3）在保证会计核算资料正确、真实和系统完整的前提下，尽可能地简化核算手续，提高会计工作效率，节约人力物力，节约核算费用。

四、会计核算组织程序的种类

不同的会计凭证组织、会计账簿组织及记账程序和方法相互结合在一起，形成了不同的会计核算组织程序。目前，我国常用的会计核算组织程序有以下三种：

（1）记账凭证核算组织程序。

（2）科目汇总表核算组织程序。

（3）汇总记账凭证核算组织程序。

各种核算组织程序的主要区别，主要在于登记总账的依据和方法不同。

第二节　记账凭证核算组织程序

一、记账凭证核算组织程序的概念及特点

记账凭证核算组织程序是指对企业发生的经济业务，都要以原始凭证或原始凭证汇总表为依据编制记账凭证，然后根据记账凭证直接登记总分类账的一种核算组织程序。记账凭证核算组织程序是会计核算中最基本的一种核算组织程序，其基本特征是直接根据记账凭证逐笔登记总分类账。其他类型的核算组织程序都是在此基础上发展起来的。

二、记账凭证核算组织程序下凭证、账簿的设置

在采用记账凭证核算组织程序下，会计凭证包括原始凭证和记账凭证。在这种核算组织程序下，由于总分类账直接根据记账凭证逐笔登记，记账工作量较大。为了减小记账工作量，可以将同类性质的原始凭证汇编成“原始凭证汇总表”，然后根据“原始凭证汇总表”编制记账凭证。记账凭证通常采用收款凭证、付款凭证、转账凭证三种形式，也可以采用通用记账凭证。

记账凭证核算组织程序的账簿组织主要有：日记账、总分类账和明细分类账。日记账主要是用来核算、监督库存现金日记账和银行存款的收付及结存情况，所以应单独设置库存现金和银行存款日记账，一般不设置其他序时日记账，而由记账凭

证作为全部经济业务的序时记录。总分类账按总账科目设置。总分类账和日记账可以采用金额三栏式，而明细分类账则可根据经营管理的需要设置，采用金额三栏式、数量金额式或多栏式明细账。

三、记账凭证核算组织程序的一般步骤

记账凭证核算组织程序的一般步骤如下：

（1）根据原始凭证或原始凭证汇总表编制记账凭证。

（2）根据收款凭证、付款凭证逐笔登记现金日记账和银行存款日记账。

（3）根据记账凭证及其所附的原始凭证（原始凭证汇总表）逐笔登记各种明细账。

（4）根据记账凭证逐笔登记总分类账。

（5）月末，将现金日记账、银行存款日记账及各种明细分类账分别与总分类账核对。

（6）月末，根据总分类账、明细分类账以及其他有关资料编制会计报表。

记账凭证核算组织程序的一般步骤如图 8.1 所示。

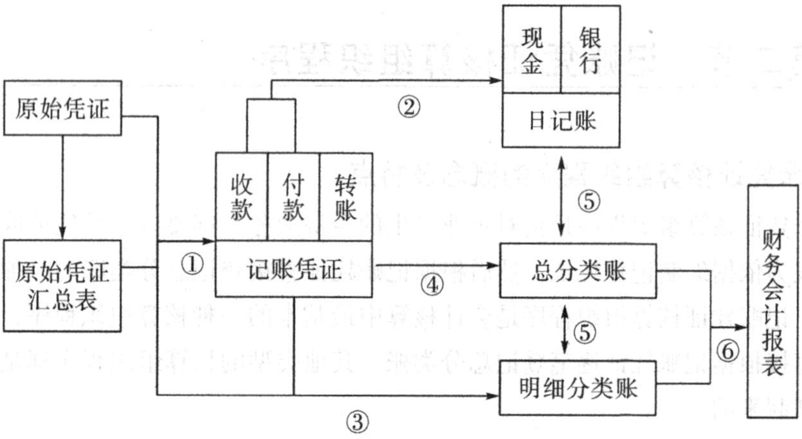

图 8.1　记账凭证核算组织程序

四、记账凭证会计核算组织程序的优缺点及适用范围

记账凭证核算组织程序的优点是简单明了、手续简便、易于理解，总分类账能系统地反映经济业务的发生情况、来龙去脉，便于进行会计分析和会计检查。其缺点是由于这种核算组织程序是直接根据记账凭证逐笔登记总分类账的，因而登记总分类账的工作量较大，也不便于会计分工。所以，记账凭证核算组织程序一般适用于规模较小、经济业务量较少、记账凭证不多的企业。

五、记账凭证核算组织程序举例

【例8－1】新星公司20×1年12月1日各有关总账账户及部分明细账户期初余额如表8.1所示。

表8.1　新星公司有关账户余额表　　单位：元

总账账户	明细账户	借方余额	总账账户	明细账户	贷方余额
库存现金		15 000	短期借款		77 000
银行存款		151 000	应付职工薪酬		8 000
应收账款	甲公司	50 000	应付账款	丙公司	16 000
	乙公司	60 000		丁公司	17 000
原材料	A材料（1吨）	7 000	实收资本		300 000
	B材料（1吨）	3 000	本年利润		25 000
库存商品	A产品（10件）	20 000	累计折旧		13 000
固定资产		150 000			
合计		456 000	合计		456 000

新星公司20×1年12月份发生下列经济业务：

（1）12月1日，企业的所有者投入新机器设备一台，含税价款100 000元。

（2）12月2日，购进A材料1吨，货款合计7 000元，增值税税率为17%，价税合计8 190元，以银行存款支付，材料已验收入库，按其实际采购成本入账。

（3）12月3日，收回甲公司上个月欠货款50 000元，存入银行。

（4）12月3日，以银行存款16 000元偿还丙公司的账款。

（5）12月10日，向银行借入半年期限的短期借款100 000元，款项已存入开户行。

（6）12月15日，生产车间领用A材料0.5吨，计3 500元，B材料1吨，计3 000元，用于生产A产品。

（7）12月18日，以支票从银行提取现金10 000元，以备发放职工薪酬。

（8）12月18日，以现金8 000元发放职工薪酬。

（9）12月20日，以银行支票支付产品参加展览费用3 000元，支票已开出。

（10）12月21日，以银行存款支付管理部门水电费1 000元。

（11）12月25日，销售A产品10台，每台售价3 000元，收货款30 000元，销项税额为5 100元，货款及增值税款收到并存入银行。

（12）12月25日，结转上述销售产品的生产成本，计每件2 000元，共计20 000元。

（13）12月30日，分配本月应付职工薪酬7 000元，其中生产工人工资4 500元，公司管理人员工资2 500元。

（14）12月31日，计提本月固定资产折旧费1 500元，其中，生产车间使用的固定资产应提折旧费1 000元，公司管理部门使用的固定资产应提折旧费500元。

（15）12月31日，本月投产的A产品全部完工并验收入库6件，总成本为12 000元。

（16）12月31日，结转当月各损益类账户。

（一）编制记账凭证

根据上述经济业务分别编制收款凭证、付款凭证和转账凭证，如表8.2至表8.19所示。

表8.2　转账凭证

20×1年12月1日　　转字第1号

摘要	总账科目	明细科目	借方金额	记账	贷方金额	记账
股东投入设备	固定资产		100 000			
	实收资本				100 000	
合计			100 000		100 000	

表8.3　付款凭证

贷：银行存款　　20×1年12月2日　　银付字第1号

摘要	借方科目		金额	记账
	总账科目	明细科目		
购进A材料	原材料	A材料	7 000	
	应交税费	应交增值税	1 190	
合计			8 190	

表8.4　收款凭证

借：银行存款　　20×1年12月3日　　银收字第1号

摘要	贷方科目		金额	记账
	总账科目	明细科目		
收回甲公司货款	应收账款	甲公司	50 000	
合计			50 000	

表 8.5 付款凭证

贷：银行存款　　　　20×1 年 12 月 3 日　　　　银付字第 2 号

摘要	借方科目		金额	记账
	总账科目	明细科目		
偿还丙公司账款	应付账款	丙公司	16 000	
合计			16 000	

表 8.6 收款凭证

借：银行存款　　　　20×1 年 12 月 10 日　　　　银收字第 2 号

摘要	贷方科目		金额	记账
	总账科目	明细科目		
从银行借入短期借款	短期借款		100 000	
合计			100 000	

表 8.7 转账凭证

20×1 年 12 月 15 日　　　　转字第 2 号

摘要	总账科目	明细科目	借方金额	记账	贷方金额	记账
生产领用材料	生产成本	A 产品	6 500			
	原材料	A 材料			3 500	
		B 材料			3 000	
合计			6 500		6 500	

表 8.8 付款凭证

贷：银行存款　　　　20×1 年 12 月 18 日　　　　银付字第 3 号

摘要	借方科目		金额	记账
	总账科目	明细科目		
提取备用金	库存现金		10 000	
合计			10 000	

表 8.9　付款凭证

贷：库存现金　　20×1 年 12 月 18 日　　现付字第 1 号

摘要	借方科目		金额	记账
	总账科目	明细科目		
现金发放工资	应付职工薪酬		8 000	
合计			8 000	

表 8.10　付款凭证

贷：银行存款　　20×1 年 12 月 20 日　　银付字第 4 号

摘要	借方科目		金额	记账
	总账科目	明细科目		
支付展览费用	销售费用	广告费	3 000	
合计			3 000	

表 8.11　付款凭证

贷：银行存款　　20×1 年 12 月 21 日　　银付字第 5 号

摘要	借方科目		金额	记账
	总账科目	明细科目		
支付管理部门水电费	管理费用	水电费	1 000	
合计			1 000	

表 8.12　收款凭证

借：银行存款　　20×1 年 12 月 25 日　　银收字第 3 号

摘要	贷方科目		金额	记账
	总账科目	明细科目		
销售 A 产品收入	主营业务收入	A 产品	30 000	
	应交税费	应交增值税	5 100	
合计			35 100	

表 8.13　转账凭证

20×1 年 12 月 25 日　　　　转字第 3 号

摘要	总账科目	明细科目	借方金额	记账	贷方金额	记账
结转销售成本	主营业务成本	A 产品	20 000			
	库存商品	A 产品			20 000	
合计			20 000		20 000	

表 8.14　转账凭证

20×1 年 12 月 30 日　　　　转字第 4 号

摘要	总账科目	明细科目	借方金额	记账	贷方金额	记账
分配本月工资	生产成本	A 产品	4 500			
	管理费用	工资	2 500			
	应付职工薪酬				7 000	
合计			7 000		7 000	

表 8.15　转账凭证

20×1 年 12 月 31 日　　　　转字第 5 号

摘要	总账科目	明细科目	借方金额	记账	贷方金额	记账
计提本月折旧	制造费用	折旧费	1 000			
	管理费用	折旧费	500			
累计折旧					1 500	
合计			1 500		1 500	

表 8.16　转账凭证

20×1 年 12 月 31 日　　　　转字第 6 号

摘要	总账科目	明细科目	借方金额	记账	贷方金额	记账
结转制造费用	生产成本	A 产品	1 000			
	制造费用	折旧费			1 000	
合计			1 000		1 000	

表 8.17 转账凭证

20×1 年 12 月 31 日 转字第 7 号

摘要	总账科目	明细科目	借方金额	记账	贷方金额	记账
结转生产成本	库存商品	A 产品	12 000			
	生产成本	A 产品			12 000	
合计			12 000		12 000	

表 8.18 转账凭证

20×1 年 12 月 31 日 转字第 8 号

摘要	总账科目	明细科目	借方金额	记账	贷方金额	记账
结转本月损益	主营业务收入	A 产品	30 000			
	本年利润				30 000	
合计			30 000		30 000	

表 8.19 转账凭证

20×1 年 12 月 31 日 转字第 9 号

摘要	总账科目	明细科目	借方金额	记账	贷方金额	记账
结转本月损益	本年利润		27 000			
	销售费用	广告费			3 000	
	管理费用	水电费			1 000	
	主营业务成本	A 产品			20 000	
	管理费用	折旧			500	
	管理费用	工资			2 500	
合计			27 000		27 000	

（二）登记日记账

根据以上收款凭证、付款凭证及原始凭证逐笔登记现金日记账和银行存款日记账，如表 8.20、表 8.21 所示。

表 8.20 现金日记账

20×1 年		凭证号	对方科目	摘要	借方	贷方	余额
月	日						
12	1			期初余额			15 000

表8.20(续)

20×1年		凭证号	对方科目	摘要	借方	贷方	余额
月	日						
12	18	银付3	银行存款	提取备用金	10 000		25 000
12	18	现付1	应付职工薪酬	现金发放工资		8 000	17 000
12	31			本月合计	10 000	8 000	17 000

表8.21　银行存款日记账

20×1年		凭证号	对方科目	摘要	借方	贷方	余额
月	日						
12	1			期初余额			151 000
12	2	银付1	原材料等	购买A材料及税款		8 190	142 810
12	3	银收1	应收账款	收回甲公司货款	50 000		192 810
12	3	银付2	应付账款	偿还丙公司账款		16 000	176 810
12	10	银收2	短期借款	从银行借入短期借款	100 000		276 810
12	18	银付3	库存现金	提取备用金		10 000	266 810
12	20	银付4	销售费用	支付展览费		3 000	263 810
12	21	银付5	管理费用	支付管理部门水电费		1 000	262 810
12	25	银收3	主营业务收入	A产品销售收入	35 100		297 910
12	31			本月合计	185 100	38 190	297 910

(三) 登记明细分类账

根据记账凭证逐笔登记明细分类账（为简便起见，仅以原材料明细账为例），如表8.22、表8.23所示。

表8.22　原材料明细账

科目名称：原材料——A材料

20×1年		凭证字号	摘要	借方			贷方			借/贷	余额		
月	日			数量/吨	单价/元	金额/元	数量/吨	单价/元	金额/元		数量/吨	单价/元	金额/元
12	1		上期结存							借	1	7 000	7 000
12	2	银付1	购进A材料	1	7 000	7 000				借	2	7 000	14 000
12	15	转2	生产领用材料				0.5	7 000	3 500	借	1.5	7 000	10 500
12	31		本月合计	1	7 000	7 000	0.5	7 000	3 500	借	1.5	7 000	10 500

表 8.23 原材料明细账

科目名称：原材料——B 材料

20×1 年		凭证字号	摘 要	借方			贷方			借/贷	余额		
月	日			数量/吨	单价/元	金额/元	数量/吨	单价/元	金额/元		数量/吨	单价/元	金额/元
12	1		上期结存							借	1	3 000	3 000
12	15	转 2	生产领用材料				1	3 000	3 000				
12	31		本月合计				1	3 000	3 000				

（四）登记总分类账

根据记账凭证逐笔登记总分类账，如表 8.24 至表 8.42 所示。

表 8.24 现金总账

20×1 年		凭证号	摘要	借方	贷方	借/贷	余额
月	日						
12	1		期初余额			借	15 000
12	18	银付 3	提取备用金	10 000		借	25 000
12	18	现付 1	发放工资		8 000	借	17 000
12	31		本月合计	10 000	8 000	借	17 000

表 8.25 银行存款总账

20×1 年		凭证号	摘要	借方	贷方	借/贷	余额
月	日						
12	1		期初余额			借	151 000
12	2	银付 1	购买 A 材料及税款		8 190	借	142 810
12	3	银收 1	收回甲公司货款	50 000		借	192 810
12	3	银付 2	偿还丙公司账款		16 000	借	176 810
12	10	银收 2	借入短期借款	100 000		借	276 810
12	18	银付 3	提取备用金		10 000	借	266 810
12	20	银付 4	支付展览费		3 000	借	263 810
12	21	银付 5	支付水电费		1 000	借	262 810
12	25	银收 3	A 产品销售收入	35 100		借	297 910
12	31		本月合计	185 100	38 190	借	297 910

表 8.26 应收账款总账

20×1年		凭证号	摘要	借方	贷方	借/贷	余额
月	日						
12	1		期初余额			借	110 000
12	3	银收1	收回货款		50 000	借	60 000
12	31		本月合计		50 000	借	60 000

表 8.27 原材料总账

20×1年		凭证号	摘要	借方	贷方	借/贷	余额
月	日						
12	1		期初余额			借	10 000
12	2	银付1	购进A材料	7 000		借	17 000
12	15	转2	生产领用材料		6 500	借	10 500
12	31		本月合计	7 000	6 500	借	10 500

表 8.28 库存商品总账

20×1年		凭证号	摘要	借方	贷方	借/贷	余额
月	日						
12	1		期初余额			借	20 000
12	25	转3	结转销售成本		20 000	平	0
12	31	转7	结转生产成本	12 000		借	12 000
12	31		本月合计	12 000	20 000	借	12 000

表 8.29 固定资产总账

20×1年		凭证号	摘要	借方	贷方	借/贷	余额
月	日						
12	1		期初余额			借	150 000
12	1	转1	股东投入设备	100 000		借	250 000
12	31		本月合计	100 000		借	250 000

表 8.30 累计折旧总账

20×1年		凭证号	摘要	借方	贷方	借/贷	余额
月	日						
12	1		期初余额			贷	13 000
12	31	转5	计提本月折旧		1 500	贷	14 500
12	31		本月合计		1 500	贷	14 500

表 8.31 短期借款总账

20×1年		凭证号	摘要	借方	贷方	借/贷	余额
月	日						
12	1		期初余额			贷	77 000
12	10	银收 2	从银行借款		100 000	贷	177 000
12	31		本月合计		100 000	贷	177 000

表 8.32 应付职工薪酬总账

20×1年		凭证号	摘要	借方	贷方	借/贷	余额
月	日						
12	1		期初余额			贷	8 000
12	18	现付 1	发放工资	8 000		平	0
12	30	转 4	分配工资		7 000	贷	7 000
12	31		本月合计	8 000	7 000	贷	7 000

表 8.33 应付账款总账

20×1年		凭证号	摘要	借方	贷方	借/贷	余额
月	日						
12	1		期初余额			贷	33 000
12	3	银付 2	偿还丙公司账款	16 000		贷	17 000
12	31		本月合计	16 000		贷	17 000

表 8.34 应交税费总账

20×1年		凭证号	摘要	借方	贷方	借/贷	余额
月	日						
12	2	银付 1	购进 A 材料	1 190		借	1 190
12	25	银收 3	销售 A 产品		5 100	贷	3 910
12	31		本月合计	1 190	5 100	贷	3 910

表 8.35 实收资本总账

20×1年		凭证号	摘要	借方	贷方	借/贷	余额
月	日						
12	1		期初余额			贷	300 000
12	1	转 1	股东投入设备		100 000	贷	400 000
12	31		本月合计		100 000	贷	400 000

表 8.36　本年利润总账

20×1年		凭证号	摘要	借方	贷方	借/贷	余额
月	日						
12	1		期初余额			贷	25 000
12	31	转 8	结转本月损益		30 000	贷	55 000
12	31	转 9	结转本月损益	27 000		贷	28 000
12	31		本月合计	27 000	30 000	贷	28 000

表 8.37　生产成本总账

20×1年		凭证号	摘要	借方	贷方	借/贷	余额
月	日						
12	15	转 2	生产领用材料	6 500		借	6 500
12	30	转 4	分配工资	4 500		借	11 000
12	31	转 6	结转制造费用	1 000		借	12 000
12	31	转 7	结转生产成本		12 000	平	0
12	31		本月合计	12 000	12 000	平	0

表 8.38　制造费用总账

20×1年		凭证号	摘要	借方	贷方	借/贷	余额
月	日						
12	31	转 5	计提本月折旧	1 000		借	1 000
12	31	转 6	结转制造费用		1 000	平	0
12	31		本月合计	1 000	1 000	平	0

表 8.39　主营业务收入总账

20×1年		凭证号	摘要	借方	贷方	借/贷	余额
月	日						
12	25	银收 3	A 产品销售收入		30 000	贷	30 000
12	31	转 8	结转本月损益	30 000		平	0
12	31		本月合计	30 000	30 000	平	0

表 8.40 主营业务成本总账

20×1年		凭证号	摘要	借方	贷方	借/贷	余额
月	日						
12	25	转 3	结转销售成本	20 000		借	20 000
12	31	转 9	结转本月损益		20 000	平	0
12	31		本月合计	20 000	20 000	平	0

表 8.41 销售费用总账

20×1年		凭证号	摘要	借方	贷方	借/贷	余额
月	日						
12	20	银付 4	支付展览费用	3 000		借	3 000
12	31	转 9	结转本月损益		3 000	平	0
12	31		本月合计	3 000	3 000	平	0

表 8.42 管理费用总账

20×1年		凭证号	摘要	借方	贷方	借/贷	余额
月	日						
12	21	银付 5	支付水电费	1 000		借	1 000
12	30	转 4	分配工资	2 500		借	3 500
12	31	转 5	计提本月折旧	500		借	4 000
12	31	转 9	结转本月损益		4 000	平	0
12	31		本月合计	4 000	4 000	平	0

第三节 科目汇总表核算组织程序

一、科目汇总表核算组织程序的概念及特点

科目汇总表核算组织程序就是根据记账凭证定期汇总编制科目汇总表，并据以登记总分类账的一种核算形式。这种核算组织程序的主要特点是，定期编制科目汇总表，并据此登记总分类账。

二、科目汇总表核算组织程序下凭证、账簿的设置

采用科目汇总表核算组织程序，凭证、账簿设置和记账凭证核算组织程序基本

相同，但需另设“科目汇总表”。“科目汇总表”是根据记账凭证定期汇总各有关总分类账户的本期发生额，据以登记总分类账的一种特种记账凭证。

三、科目汇总表核算组织程序的一般步骤

科目汇总表核算组织程序的一般步骤如下：

（1）按复式记账原理，根据各种原始凭证或汇总原始凭证编制收款凭证、付款凭证和转账凭证。

（2）根据现金和银行存款的收款凭证、付款凭证，按经济业务发生时间的先后顺序，逐日逐笔登记现金日记账和银行存款日记账。

（3）根据原始凭证或汇总原始凭证、各种记账凭证，逐笔登记各种明细分类账。

（4）根据各种记账凭证每日或定期汇总编制科目汇总表。

（5）根据科目汇总表每日或定期登记总分类账。

（6）月末，将现金日记账、银行存款日记账和各明细分类账的余额与总分类账的余额相核对，并进行试算平衡。

（7）月末，以总分类账和明细分类账的账簿资料为依据，编制会计报表。

以上核算组织程序可用图 8.2 表示。

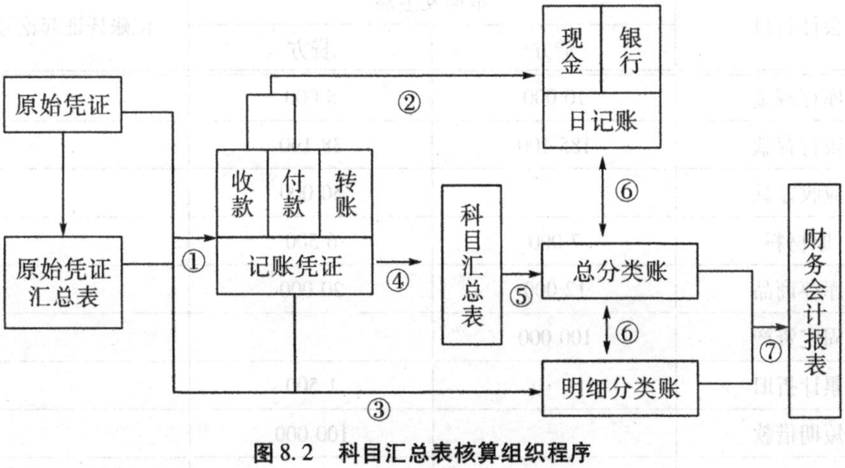

图 8.2　科目汇总表核算组织程序

四、科目汇总表核算组织程序的优缺点及适用范围

科目汇总表核算组织程序的优点是：企业根据科目汇总表登记总分类账，可以简化总分类账的记账工作；同时，通过编制科目汇总表，可以根据全部会计科目本期借方发生额合计数与贷方发生额合计数相等的关系，进行试算平衡，以便及时发现记账错误。

科目汇总表核算组织程序的缺点是：由于科目汇总表和总账都不反映科目之间的对应关系，因此，企业采用这种核算组织程序不便于对账目进行详细查对和分析经济业务的来龙去脉。

因此，这种核算组织程序一般适用于业务量较多的中小型企业。它是一种使用最普遍的核算组织程序，实际工作中绝大多数企业均采用此核算组织程序。

五、科目汇总表核算组织程序举例

资料同本章第二节。

（一）编制记账凭证、登记日记账和明细账

与本章第二节的方法相同。

（二）编制科目汇总表

根据记账凭证定期编制科目汇总表（本例中每月汇总一次），如表 8. 43 所示。

表 8. 43　科目汇总表

20×1 年 12 月 1 ~ 31 日　　汇字第 12 号

会计科目	本期发生额		记账凭证起讫号数
	借方	贷方	
库存现金	10 000	8 000	
银行存款	185 100	38 190	
应收账款		50 000	
原材料	7 000	6 500	
库存商品	12 000	20 000	
固定资产	100 000		
累计折旧		1 500	
短期借款		100 000	
应付账款	16 000		
应付职工薪酬	8 000	7 000	
应交税费	1 190	5 100	
实收资本		100 000	
本年利润	27 000	30 000	
生产成本	12 000	12 000	
制造费用	1 000	1 000	

表8.43（续）

会计科目	本期发生额		记账凭证起讫号数
	借方	贷方	
主营业务收入	30 000	30 000	
主营业务成本	20 000	20 000	
销售费用	3 000	3 000	
管理费用	4 000	4 000	
合计	436 290	436 290	

注：本月现付1张，银付5张，银收3张，转9张，共计18张。

（三）根据科目汇总表登记总分类账

根据科目汇总表登记总分类账，如表8.44至表8.62所示。

表8.44　现金总账

20×1年		凭证号	摘要	借方	贷方	借/贷	余额
月	日						
12	1		期初余额			借	15 000
12	31	科汇12	1～31日汇总	10 000	8 000	借	17 000
12	31		本月合计	10 000	8 000	借	17 000

表8.45　银行存款总账

20×1年		凭证号	摘要	借方	贷方	借/贷	余额
月	日						
12	1		期初余额			借	151 000
12	31	科汇12	1～31日汇总	185 100	38 190	借	297 910
12	31		本月合计	185 100	38 190	借	297 910

表8.46　应收账款总账

20×1年		凭证号	摘要	借方	贷方	借/贷	余额
月	日						
12	1		期初余额			借	110 000
12	31	科汇12	1～31日汇总		50 000	借	60 000
12	31		本月合计		50 000	借	60 000

表 8.47 原材料总账

20×1年		凭证号	摘要	借方	贷方	借/贷	余额
月	日						
12	1		期初余额			借	10 000
12	31	科汇 12	1～31 日汇总	7 000	6 500	借	10 500
12	31		本月合计	7 000	6 500	借	10 500

表 8.48 库存商品总账

20×1年		凭证号	摘要	借方	贷方	借/贷	余额
月	日						
12	1		期初余额			借	20 000
12	31	科汇 12	1～31 日汇总	12 000	20 000	借	12 000
12	31		本月合计	12 000	20 000	借	12 000

表 8.49 固定资产总账

20×1年		凭证号	摘要	借方	贷方	借/贷	余额
月	日						
12	1		期初余额			借	150 000
12	31	科汇 12	1～31 日汇总	100 000		借	250 000
12	31		本月合计	100 000		借	250 000

表 8.50 累计折旧总账

20×1年		凭证号	摘要	借方	贷方	借/贷	余额
月	日						
12	1		期初余额			贷	13 000
12	31	科汇 12	1～31 日汇总		1 500	贷	14 500
12	31		本月合计		1 500	贷	14 500

表 8.51 短期借款总账

20×1年		凭证号	摘要	借方	贷方	借/贷	余额
月	日						
12	1		期初余额			贷	77 000
12	31	科汇 12	1～31 日汇总		100 000	贷	177 000
12	31		本月合计		100 000	贷	177 000

表 8.52　应付职工薪酬总账

20×1年		凭证号	摘要	借方	贷方	借/贷	余额
月	日						
12	1		期初余额			贷	8 000
12	31	科汇 12	1～31 日汇总	8 000	7 000	贷	7 000
12	31		本月合计	8 000	7 000	贷	7 000

表 8.53　应付账款总账

20×1年		凭证号	摘要	借方	贷方	借/贷	余额
月	日						
12	1		期初余额			贷	33 000
12	31	科汇 12	1～31 日汇总	16 000		贷	17 000
12	31		本月合计	16 000		贷	17 000

表 8.54　应交税费总账

20×1年		凭证号	摘要	借方	贷方	借/贷	余额
月	日						
12	31	科汇 12	1～31 日汇总	1 190	5 100	贷	3 910
12	31		本月合计	1 190	5 100	贷	3 910

表 8.55　实收资本总账

20×1年		凭证号	摘要	借方	贷方	借/贷	余额
月	日						
12	1		期初余额			贷	300 000
12	31	科汇 12	1～31 日汇总		100 000	贷	400 000
12	31		本月合计		100 000	贷	400 000

表 8.56　本年利润总账

20×1年		凭证号	摘要	借方	贷方	借/贷	余额
月	日						
12	1		期初余额			贷	25 000
12	31	科汇 12	1～31 日汇总	27 000	30 000	贷	28 000
12	31		本月合计	27 000	30 000	贷	28 000

表 8.57 生产成本总账

20×1 年		凭证号	摘要	借方	贷方	借/贷	余额
月	日						
12	31	科汇 12	1～31 日汇总	12 000	12 000	平	0
12	31		本月合计	12 000	12 000	平	0

表 8.58 制造费用总账

20×1 年		凭证号	摘要	借方	贷方	借/贷	余额
月	日						
12	31	科汇 12	1～31 日汇总	1 000	1 000	平	0
12	31		本月合计	1 000	1 000	平	0

表 8.59 主营业务收入总账

20×1 年		凭证号	摘要	借方	贷方	借/贷	余额
月	日						
12	31	科汇 12	1～31 日汇总	30 000	30 000	平	0
12	31		本月合计	30 000	30 000	平	0

表 8.60 主营业务成本总账

20×1 年		凭证号	摘要	借方	贷方	借/贷	余额
月	日						
12	31	科汇 12	1～31 日汇总		20 000	平	0
12	31		本月合计	20 000	20 000	平	0

表 8.61 销售费用总账

20×1 年		凭证号	摘要	借方	贷方	借/贷	余额
月	日						
12	31	科汇 12	1～31 日汇总	3 000	3 000	平	0
12	31		本月合计	3 000	3 000	平	0

表 8.62　管理费用总账

20×1 年		凭证号	摘要	借方	贷方	借/贷	余额
月	日						
12	31	科汇 12	1～31 日汇总	4 000	4 000	平	0
12	31		本月合计	4 000	4 000	平	0

第四节　汇总记账凭证核算组织程序

一、汇总记账凭证核算组织程序的概念及特点

汇总记账凭证核算组织程序就是定期根据收款凭证、付款凭证和转账凭证，按照账户的对应关系进行汇总，分别编制汇总收款凭证、汇总付款凭证和汇总转账凭证，然后根据各种汇总记账凭证登记总分类账的一种核算组织程序。这种核算组织程序的显著特点是：首先定期根据收款凭证、付款凭证和转账凭证，按照账户的对应关系，汇总并编制汇总收款凭证、汇总付款凭证和汇总转账凭证，然后再根据三种汇总记账凭证登记总分类账。

汇总记账凭证核算组织程序和科目汇总表核算组织程序都是在记账凭证核算组织程序的基础上发展、演变而来的。汇总记账凭证核算组织程序与科目汇总表核算组织程序有相似之处，都是设置一种凭据，汇总一定时期的记账凭证，然后据之登记总分类账；它们的不同之处在于汇总记账凭证是按会计科目的对应关系进行汇总，而科目汇总表是将同一科目的借、贷方发生额分别进行汇总，反映不出会计科目之间的对应关系。

二、汇总记账凭证核算组织程序下凭证、账簿的设置

采用汇总记账凭证核算组织程序，除仍应设置收款凭证、付款凭证和转账凭证外，还要设置汇总收款凭证、汇总付款凭证和汇总转账凭证。为了便于编制汇总记账凭证，收款凭证应按一个科目的借方与一个或几个科目的贷方相对应的原则编制；付款凭证应按一个科目贷方与一个或几个科目的借方相对应的原则编制；转账凭证也应按一个科目的贷方与一个或几个科目的借方相对应的原则编制，不宜设置通用的记账凭证。此外，还需设置现金日记账、银行存款日记账、相关明细分类账和总分类账。日记账采用“三栏式”，明细分类账根据需要采用“三栏式”“数量金额式”或“多栏式”，总分类账应采用有“对应科目”栏的“三栏式”的账页。

三、汇总记账凭证核算组织程序的一般步骤

汇总记账凭证核算组织程序的一般步骤如下：

（1）根据原始凭证或原始凭证汇总表编制收款凭证、付款凭证和转账凭证。

（2）根据收款凭证和付款凭证，登记现金日记账和银行存款日记账。

（3）根据各种记账凭证并参考原始凭证或原始凭证汇总表，登记各种明细分类账。

（4）根据一定时期的收款凭证、付款凭证和转账凭证分别编制汇总收款凭证、汇总付款凭证和汇总转账凭证。

（5）根据汇总收款凭证、汇总付款凭证和汇总转账凭证登记总分类账。

（6）月末，将现金日记账、银行存款日记账以及各明细分类账的余额与总分类账中各相关账户的余额进行核对，并进行试算平衡。

（7）月末，根据总分类账和明细分类账编制会计报表。

上述处理程序可用图 8.3 表示。

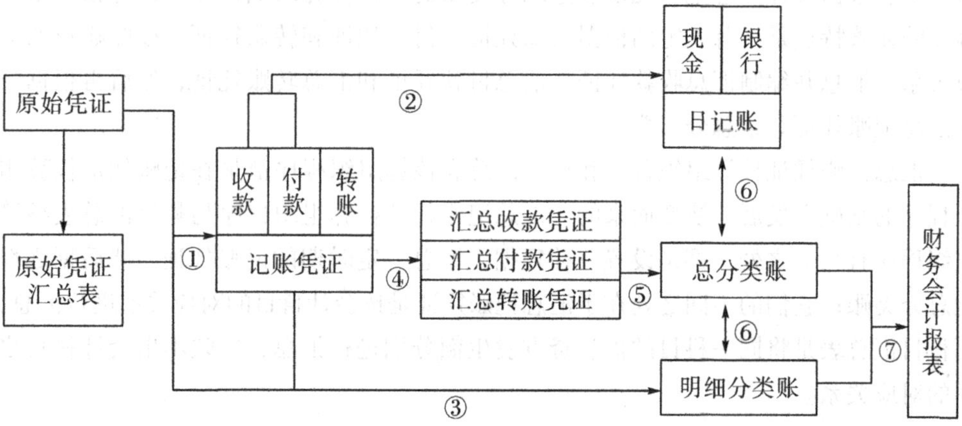

图 8.3 汇总记账凭证核算组织程序

四、汇总记账凭证核算组织程序的优缺点及适用范围

同记账凭证核算组织程序和科目汇总表核算组织程序相比，汇总记账凭证核算组织程序的优点是：企业根据汇总记账凭证，于月末一次登记总分类账，减少了登记总分类账的工作量；收款凭证以借方科目为主，按照对应的贷方科目进行汇总；付款凭证和转账凭证以贷方科目为主，按照对应的借方科目进行汇总，这有利于提高记账凭证的汇总效率；汇总记账凭证能够反映出科目之间的对应关系，便于对经济活动的来龙去脉进行分析和检查，克服了科目汇总表核算组织程序中科目汇总表不能反映科目之间对应关系的缺点。

汇总记账凭证核算组织程序的缺点是：如果企业的业务量较少，同一贷方科目的转账凭证不多，实行此核算组织程序，不仅不能简化记账工作，而且还会增加凭证汇总手续；转账凭证是按每一贷方科目而不是按经济业务进行分类、汇总的，因而，不利于日常核算工作的合理分工；汇总记账凭证的编制工作量要比科目汇总表大得多。

这种核算组织程序一般适用于规模较大、业务较多的企业。

五、汇总记账凭证核算组织程序举例

资料同本章第二节。

（一）编制记账凭证、登记日记账和明细账

与本章第二节的方法相同。

（二）编制汇总记账凭证

根据收款凭证、付款凭证和转账凭证编制汇总记账凭证，如表8.63至表8.76所示。

表8.63　汇总收款凭证

借方科目：银行存款　　　　20×1年12月　　　　汇收字第1号

贷方科目	金额				总账页数	
	1~10日收款凭证第1~2号	11~20日收款凭证第~号	21~31日收款凭证第3~3号	合计	借方	贷方
应收账款	50 000			50 000		
短期借款	100 000			100 000		
主营业务收入			30 000	30 000		
应交税费			5 100	5 100		
合计	50 000		35 100	185 100		

表8.64　汇总付款凭证

贷方科目：银行存款　　　　20×1年12月　　　　汇付字第1号

借方科目	金额				总账页数	
	1~10日付款凭证第1~2号	11~20日付款凭证第3~4号	21~31日付款凭证第5~5号	合计	借方	贷方
原材料	7 000			7 000		
应交税费	1 190			1 190		

表8.64(续)

借方科目	金额				总账页数	
	1~10日付款凭证 第1~2号	11~20日付款凭证 第3~4号	21~31日付款凭证 第5~5号	合计	借方	贷方
应付账款	16 000			16 000		
库存现金		10 000		10 000		
销售费用		3 000		3 000		
管理费用			1 000	1 000		
合计	24 190	13 000	1 000	38 190		

表8.65　汇总付款凭证

贷方科目：库存现金　　20×1年12月　　汇付字第2号

借方科目	金额				总账页数	
	1~10日付款凭证 第 ~ 号	11~20日付款凭证 第1~1号	21~31日付款凭证 第 ~ 号	合计	借方	贷方
应付职工薪酬		8 000		8 000		
合计		8 000		8 000		

表8.66　汇总转账凭证

贷方科目：实收资本　　20×1年12月　　汇转字第1号

借方科目	金额				总账页数	
	1~10日转账凭证 第1~1号	11~20日转账凭证 第2~2号	21~31日转账凭证 第 ~ 号	合计	借方	贷方
固定资产	100 000			100 000		
合计	100 000			100 000		

表8.67　汇总转账凭证

贷方科目：原材料　　20×1年12月　　汇转字第2号

借方科目	金额				总账页数	
	1~10日转账凭证 第 ~ 号	11~20日转账凭证 第2~2号	21~31日转账凭证 第 ~ 号	合计	借方	贷方
生产成本		6 500		6 500		
合计		6 500		6 500		

表 8.68　汇总转账凭证

贷方科目：库存商品　　　　20×1 年 12 月　　　　汇转字第 3 号

借方科目	金额				总账页数	
	1~10 日转账凭证 第 ~ 号	11~20 日转账凭证 第 ~ 号	21~31 日转账凭证 第 3~3 号	合计	借方	贷方
主营业务成本			20 000	20 000		
合计			20 000	20 000		

表 8.69　汇总转账凭证

贷方科目：应付职工薪酬　　　　20×1 年 12 月　　　　汇转字第 4 号

借方科目	金额				总账页数	
	1~10 日转账凭证 第 ~ 号	11~20 日转账凭证 第 ~ 号	21~31 日转账凭证 第 4~4 号	合计	借方	贷方
生产成本			4 500	4 500		
管理费用			2 500	2 500		
合计			7 000	7 000		

表 8.70　汇总转账凭证

贷方科目：累计折旧　　　　20×1 年 12 月　　　　汇转字第 5 号

借方科目	金额				总账页数	
	1~10 日转账凭证 第 ~ 号	11~20 日转账凭证 第 ~ 号	21~31 日转账凭证 第 5~5 号	合计	借方	贷方
制造费用			1 000	1 000		
管理费用			500	500		
合计			1 500	1 500		

表 8.71　汇总转账凭证

贷方科目：制造费用　　　　20×1 年 12 月　　　　汇转字第 6 号

借方科目	金额				总账页数	
	1~10 日转账凭证 第 ~ 号	11~20 日转账凭证 第 ~ 号	21~31 日转账凭证 第 6~6 号	合计	借方	贷方
生产成本			1 000	1 000		
合计			1 000	1 000		

表 8.72 汇总转账凭证

贷方科目：生产成本　　20×1 年 12 月　　汇转字第 7 号

借方科目	金额				总账页数	
	1～10 日转账凭证 第 ～ 号	11～20 日转账凭证 第 ～ 号	21～31 日转账凭证 第 7～7 号	合计	借方	贷方
库存商品			12 000	12 000		
合计			12 000	12 000		

表 8.73 汇总转账凭证

贷方科目：本年利润　　20×1 年 12 月　　汇转字第 8 号

借方科目	金额				总账页数	
	1～10 日转账凭证 第 ～ 号	11～20 日转账凭证 第 ～ 号	21～31 日转账凭证 第 8～8 号	合计	借方	贷方
主营业务收入			30 000	30 000		
合计			30 000	30 000		

表 8.74 汇总转账凭证

贷方科目：销售费用　　20×1 年 12 月　　汇转字第 9 号

借方科目	金额				总账页数	
	1～10 日转账凭证 第 ～ 号	11～20 日转账凭证 第 ～ 号	21～31 日转账凭证 第 9～9 号	合计	借方	贷方
本年利润			3 000	3 000		
合计			3 000	3 000		

表 8.75 汇总转账凭证

贷方科目：管理费用　　20×1 年 12 月　　汇转字第 10 号

借方科目	金额				总账页数	
	1～10 日转账凭证 第 ～ 号	11～20 日转账凭证 第 ～ 号	21～31 日转账凭证 第 9～9 号	合计	借方	贷方
本年利润			4 000	4 000		
合计			4 000	4 000		

表 8.76　汇总转账凭证

贷方科目：主营业务成本　　　　20×1 年 12 月　　　　汇转字第 11 号

借方科目	金额				总账页数	
	1～10 日转账凭证 第 ～ 号	11～20 日转账凭证 第 ～ 号	21～31 日转账凭证 第 9～9 号	合计	借方	贷方
本年利润			20 000	20 000		
合计			20 000	20 000		

（三）登记总分类账

根据汇总记账凭证登记总分类账，如表 8.77 至表 8.95 所示。

表 8.77　总分类账

会计科目：库存现金

20×1 年		凭证号	摘要	对方科目	借方	贷方	借/贷	余额
月	日							
12	1		期初余额				借	15 000
12	31	汇付 1	1～31 日汇总	银行存款	10 000			
12	31	汇付 2	1～31 日汇总	应付职工薪酬		8 000		
12	31		本月合计		10 000	8 000	借	17 000

表 8.78　总分类账

会计科目：银行存款

20×1 年		凭证号	摘要	对方科目	借方	贷方	借/贷	余额
月	日							
12	1		期初余额				借	151 000
12	31	汇收 1	1～31 日汇总	应收账款	50 000			
12	31	汇收 1	1～31 日汇总	短期借款	100 000			
12	31	汇收 1	1～31 日汇总	主营业务收入	30 000			
12	31	汇收 1	1～31 日汇总	应交税费	5 100		借	336 100
12	31	汇付 1	1～31 日汇总	原材料		7 000		
12	31	汇付 1	1～31 日汇总	应交税费		1 190		
12	31	汇付 1	1～31 日汇总	应付账款		16 000		
12	31	汇付 1	1～31 日汇总	库存现金		10 000		
12	31	汇付 1	1～31 日汇总	销售费用		3 000		

表8.78(续)

20×1年		凭证号	摘要	对方科目	借方	贷方	借/贷	余额
月	日							
12	31	汇付1	1～31日汇总	管理费用		1 000	借	297 910
12	31		本月合计		185 100	38 190	借	297 910

表8.79　总分类账

会计科目：应收账款

20×1年		凭证号	摘要	对方科目	借方	贷方	借/贷	余额
月	日							
12	1		期初余额				借	110 000
12	31	汇收1	1～31日汇总	银行存款		50 000	借	60 000
12	31		本月合计			50 000	借	60 000

表8.80　总分类账

会计科目：原材料

20×1年		凭证号	摘要	对方科目	借方	贷方	借/贷	余额
月	日							
12	1		期初余额				借	10 000
12	31	汇付1	1～31日汇总	银行存款	7 000		借	17 000
12	31	汇转2	1～31日汇总	生产成本		6 500	借	10 500
12	31		本月合计			6 500	借	10 500

表8.81　总分类账

会计科目：库存商品

20×1年		凭证号	摘要	对方科目	借方	贷方	借/贷	余额
月	日							
12	1		期初余额				借	20 000
12	31	汇转3	1～31日汇总	主营业务成本		20 000	平	
12	31	汇转7	1～31日汇总	生产成本	12 000		借	12 000
12	31		本月合计		12 000	20 000	借	12 000

表 8.82　总分类账

会计科目：固定资产

20×1 年		凭证号	摘要	对方科目	借方	贷方	借/贷	余额
月	日							
12	1		期初余额				借	150 000
12	31	汇转 1	1～31 日汇总	实收资本	100 000		借	250 000
12	31		本月合计		100 000		借	250 000

表 8.83　总分类账

会计科目：累计折旧

20×1 年		凭证号	摘要	对方科目	借方	贷方	借/贷	余额
月	日							
12	1		期初余额				贷	13 000
12	31	汇转 5	1～31 日汇总	制造费用		1 000	贷	14 000
12	31	汇转 5	1～31 日汇总	管理费用		500	贷	14 500
12	31		本月合计			1 500	贷	14 500

表 8.84　总分类账

会计科目：短期借款

20×1 年		凭证号	摘要	对方科目	借方	贷方	借/贷	余额
月	日							
12	1		期初余额				贷	77 000
12	31	汇收 1	1～31 日汇总	银行存款		100 000	贷	177 000
12	31		本月合计			100 000	贷	177 000

表 8.85　总分类账

会计科目：应付账款

20×1 年		凭证号	摘要	对方科目	借方	贷方	借/贷	余额
月	日							
12	1		期初余额				贷	33 000
12	31	汇付 1	1～31 日汇总	银行存款	16 000		贷	17 000
12	31		本月合计		16 000		贷	17 000

表 8.86 总分类账

会计科目：应付职工薪酬

20×1 年		凭证号	摘要	对方科目	借方	贷方	借/贷	余额
月	日							
12	1		期初余额				贷	8 000
12	31	汇付 2	1～31 日汇总	库存现金	8 000		平	
12	31	汇转 4	1～31 日汇总	生产成本		4 500	贷	4 500
12	31	汇转 4	1～31 日汇总	管理费用		2 500	贷	2 500
12	31		本月合计		8 000	7 000	贷	7 000

表 8.87 总分类账

会计科目：应交税费

20×1 年		凭证号	摘要	对方科目	借方	贷方	借/贷	余额
月	日							
12	31	汇收 1	1～31 日汇总	银行存款		5 100	贷	5 100
12	31	汇付 1	1～31 日汇总	银行存款	1 190		贷	3 910
12	31		本月合计		1 190	5 100	贷	3 910

表 8.88 总分类账

会计科目：实收资本

20×1 年		凭证号	摘要	对方科目	借方	贷方	借/贷	余额
月	日							
12	1		期初余额				贷	300 000
12	31	汇转 1	1～31 日汇总	固定资产		100 000	贷	400 000
12	31		本月合计				贷	400 000

表 8.89 总分类账

会计科目：本年利润

20×1 年		凭证号	摘要	对方科目	借方	贷方	借/贷	余额
月	日							
12	1		期初余额				贷	25 000
12	31	汇转 8	1～31 日汇总	主营业务收入		30 000	贷	55 000
12	31	汇转 9	1～31 日汇总	销售费用	3 000		贷	52 000

表8.89(续)

20×1年		凭证号	摘要	对方科目	借方	贷方	借/贷	余额
月	日							
12	31	汇转10	1~31日汇总	管理费用	4 000		贷	48 000
12	31	汇转11	1~31日汇总	主营业务成本	20 000		贷	28 000
12	31		本月合计		27 000	30 000	贷	28 000

表8.90　总分类账

会计科目：生产成本

20×1年		凭证号	摘要	对方科目	借方	贷方	借/贷	余额
月	日							
12	31	汇转2	1~31日汇总	原材料	6 500		贷	6 500
12	31	汇转4	1~31日汇总	应付职工薪酬	4 500		贷	11 000
12	31	汇转6	1~31日汇总	制造费用	1 000		贷	12 000
12	31	汇转7	1~31日汇总	库存商品		12 000	平	
12	31		本月合计		12 000	12 000	平	

表8.91　总分类账

会计科目：制造费用

20×1年		凭证号	摘要	对方科目	借方	贷方	借/贷	余额
月	日							
12	31	汇转5	1~31日汇总	累计折旧	1 000		贷	1 000
12	31	汇转6	1~31日汇总	生产成本		1 000	平	
12	31		本月合计		1 000	1 000	平	

表8.92　总分类账

会计科目：主营业务收入

20×1年		凭证号	摘要	对方科目	借方	贷方	借/贷	余额
月	日							
12	31	汇收1	1~31日汇总	银行存款		30 000	贷	30 000
12	31	汇转8	1~31日汇总	本年利润	30 000		平	
12	31		本月合计		30 000	30 000	平	

表 8.93　总分类账

会计科目：主营业务成本

20×1年		凭证号	摘要	对方科目	借方	贷方	借/贷	余额
月	日							
12	31	汇收3	1～31日汇总	库存商品	20 000		借	20 000
12	31	汇转11	1～31日汇总	本年利润		20 000	平	
12	31		本月合计		20 000	20 000	平	

表 8.94　总分类账

会计科目：销售费用

20×1年		凭证号	摘要	对方科目	借方	贷方	借/贷	余额
月	日							
12	31	汇付1	1～31日汇总	银行存款	3 000		借	3 000
12	31	汇转9	1～31日汇总	本年利润		3 000	平	
12	31		本月合计		3 000	3 000	平	

表 8.95　总分类账

会计科目：管理费用

20×1年		凭证号	摘要	对方科目	借方	贷方	借/贷	余额
月	日							
12	31	汇付1	1～31日汇总	银行存款	1 000		借	1 000
12	31	汇转4	1～31日汇总	应付职工薪酬	2 500		借	3 500
12	31	汇转5	1～31日汇总	累计折旧	500		借	4 000
12	31	汇转10	1～31日汇总	本年利润		4 000	平	
12	31		本月合计		4 000	4 000	平	

第九章　会计工作组织与管理

第一节　会计工作管理体制概述

通过前面几章内容的学习，我们了解和掌握了会计的基本知识、基本理论和基本方法，能够运用这些理论和方法去解决一些实际问题，做到理论与实践相结合。在此基础上，我们还需要学习会计工作组织的有关内容，以便在实践中合理安排会计工作。

会计工作管理体制是划分管理会计工作职责权限关系的制度，包括会计工作管理形式、管理权限划分、管理机构设置等内容。我国的会计工作管理体制主要包括四个方面的内容：一是明确会计工作的主管部门，二是明确国家统一的会计制度的制定权限，三是明确对会计人员的管理内容，四是明确单位内部的会计工作管理。

一、会计工作的主管部门

会计工作的主管部门，是指代表国家对会计工作行使管理职能的政府部门。《会计法》第七条规定："国务院财政部门主管全国的会计工作。县级以上地方各级人民政府财政部门管理本行政区域内的会计工作。"由各级人民政府财政部门管理本行政区域内的会计工作，体现了"统一领导，分级管理"的原则。

自中华人民共和国成立以来，会计工作一直由财政部门管理，财政部门在管理会计方面有了一定的基础，积累了一定的工作经验；同时，会计工作同国家财政收支的关系十分密切，它是财政的一项基础工作。财政部门主管会计工作，有利于各项工作相互结合、相互促进，更好地为财税工作和其他经济工作服务。而审计、税务、金融等主管部门虽然在履行职责中也涉及会计工作，但由于受行业、业务范围的限制，这些部门所涉及的会计单位没有财政部门广泛，只有财政部门才能更好地担负起主管全国会计工作的责任。因此《会计法》充分肯定了财政部门主管会计工作的作用和经验，并以法律形式予以明确。当然，财政部门主管会计工作，它不仅是一种权利，更是一种责任，必须加强对全国会计工作的管理。

“统一领导，分级管理”原则是指在统一规划、统一领导的前提下，实行分级负责、分级管理，充分调动各地区、各部门、各单位管理会计工作的积极性和创造性。“统一领导，分级管理”原则是划分会计工作管理权责的重要原则。财政部门主管会计工作，无论是在国家财政部门与地方财政部门的关系上，还是在财政部门与有关业务主管部门及企事业单位的关系上，都要适当分工并搞好协调配合。

对会计工作的监管，除了发挥财政部门的主导作用外，还要发挥业务主管部门、政府其他管理部门的作用。会计工作是一项社会经济管理活动，会计资料是一种社会性资源。政府管理部门在履行管理职能时，都会涉及有关单位的会计事务和会计资料，有关法律赋予了政府有关管理部门监督检查相关会计事务、会计资料的职责。因此，《会计法》第三十三条第一款规定：“财政、审计、税务、人民银行、证券监管、保险监管等部门应当依照有关法律、行政法规规定的职责，对有关单位的会计资料实施监督检查。”这一规定，体现了财政部门与其他政府管理部门在管理会计事务中的相互协作、配合的关系。

二、会计制度的制定权限

会计制度，是指国家权力机关和行政机关制定的各种有关会计工作的规范性文件的总称。会计制度是调整会计关系的法律规范。会计关系是会计机构和会计人员在办理会计事务过程中以及国家在管理会计工作中发生的经济关系。为了保证会计工作的有序进行，国家制定了一系列会计法律制度，包括对会计工作、会计核算、会计监督、会计人员、会计档案的管理所制定的规范性文件。我国是社会主义市场经济国家，在发挥市场主体作用的同时，必须进行宏观调控。国家在进行宏观调控时，不仅需要各基层单位提供真实、完整的会计资料，也需要各单位的会计工作在处理各种利益关系中按照国家的方针、政策、法律、法规办事。

会计制度既是各单位组织会计管理工作和产生相互可比、口径一致的会计资料的依据，也是国家财政经济政策在会计工作中的具体体现，更是维护社会经济秩序的重要保证。因此，《会计法》将会计制度作为法制化经济管理的重要组成部分，将会计工作纳入政府部门的管理范围。《会计法》第八条规定：“国家实行统一的会计制度，国家统一的会计制度由国务院财政部门根据本法制定并公布。国务院有关部门可以依照本法和国家统一的会计制度制定对会计核算和会计监督有特殊要求的行业实施国家统一的会计制度的具体办法或者补充规定，报国务院财政部门审核批准。"《会计法》中明确规定了制定会计制度的权限。规定会计制度制定的权限，是会计工作实行统一领导、分级管理原则的一个重要方面。

国家统一的会计制度是在全国范围内实施的会计工作管理方面的规范性文件，主要包括三个方面：

一是有关会计工作的制度，如《会计档案管理办法》等。

二是有关会计核算和会计监督的制度，如《企业会计准则》。

三是有关会计机构和会计人员管理的制度，如《总会计师条例》《会计人员管理办法》《会计专业技术资格考试暂行规定》等。

但是，由于各地区、各部门的具体情况千差万别，国务院财政部门不可能制定包罗万象的会计制度。因此，在国务院财政部门制定国家统一的会计制度的基础上，各地区、各部门可以制定符合《会计法》要求的、符合实际情况的会计制度或者补充规定，然后报国务院财政部门审核批准或者备案后施行。

三、会计人员的管理

由于会计工作是一项特殊的职业，国家对从事会计工作的会计人员有具体管理要求。在有关的会计法规中，要求会计人员应当具备从事会计工作所需要的专业能力。担任单位会计机构负责人（会计主管人员）的，应当具备会计师以上专业技术职务资格或者从事会计工作三年以上经历。总会计师、会计机构负责人或会计主管人员必须具有符合要求的专业技术职务资格或工作经历。

（一）会计人员的任职条件

《会计法》第三十八条规定："会计人员应当具备从事会计工作所需要的专业能力。担任单位会计机构负责人（会计主管人员）的，应当具备会计师以上专业技术职务资格或者从事会计工作三年以上经历。"

《会计人员管理办法》第三条规定："会计人员从事会计工作，应当符合下列要求：（一）遵守《中华人民共和国会计法》和国家统一的会计制度等法律法规；（二）具备良好的职业道德；（三）按照国家有关规定参加继续教育；（四）具备从事会计工作所需要的专业能力。"

《总会计师条例》第十六条中明确规定了总会计师必须具备条件之一："取得会计师任职资格后，主管一个单位或者单位内一个重要方面的财务会计工作时间不少于三年。"

（二）会计人员的管理

根据《会计法》和有关法规的规定，财政部门负责会计人员的业务管理，包括：会计人员管理、会计专业技术职务资格管理、会计人员评优表彰奖惩以及会计人员继续教育等。

《会计人员管理办法》第八条规定："县级以上地方人民政府财政部门、新疆生产建设兵团财政局、中央军委后勤保障部、中共中央直属机关事务管理局、国家机关事务管理局应当采用随机抽取检查对象、随机选派执法检查人员的方式，依法对单位任用（聘用）会计人员及其从业情况进行管理和监督检查，并将监督检查情况及结果及时向社会公开。"

四、单位内部的会计工作管理

（一）单位负责人的会计责任

单位负责人负责单位内部的会计工作管理，应当保证会计机构、会计人员依法履行职责，不得授意、指使、强令会计机构、会计人员违法办理会计事项。《会计法》第四条规定："单位负责人对本单位的会计工作和会计资料的真实性、完整性负责。"这一规定明确了单位负责人是本单位会计行为的责任主体。单位负责人是指法定代表人或者法律、行政法规规定代表单位行使职权的主要负责人。单位负责人主要包括两类人员：一是单位的法定代表人（法人代表）；二是按照法律、行政法规的规定代表单位行使职权的主要负责人，即依法代表非法人单位行使职权的负责人。单位负责人并不是指我们常说的具体经营管理事务的负责人，如总经理或厂长等。

（二）会计机构、会计人员的基本职责

《会计法》第五条规定："会计机构、会计人员依照本法规定进行会计核算，实行会计监督。"它明确了会计机构、会计人员的基本职责是进行会计核算、实行会计监督。会计机构、会计人员依法进行会计核算和会计监督时，需要单位负责人、单位其他人员和其他单位的有关人员的支持和配合。他们有责任和义务保证会计机构和会计人员能够依法行使职权，不能阻碍其行使这一职权，更不能对其依法行使职权进行干预。《会计法》第五条规定："任何单位或者个人不得以任何方式授意、指使、强令会计机构、会计人员伪造、变造会计凭证、会计账簿和其他会计资料，提供虚假财务会计报告。任何单位或者个人不得对依法履行职责、抵制违反本法规定行为的会计人员实行打击报复。"

第二节　会计机构

会计机构是指各企事业单位内部直接从事和领导会计工作的职能部门。建立、健全各单位的会计机构，是加强会计工作、保证会计工作顺利进行、充分发挥会计管理职能作用的重要条件。

一、会计机构的设置

企业、事业、行政机关等单位都要设置从事会计工作的专职机构。会计机构的设置必须符合市场经济对会计工作所提出的各项要求，要与国家的会计管理体制相适应。在我国，由于会计工作和财务工作都是综合性的经济管理工作，它们之间的关系很密切，通常将两者合并在一起，设置一个财务会计机构。单位根据设置的会计机构，制定符合国家管理规定，适合本单位具体情况的内部会计管理制度，以充分发挥会计机构及会计人员在经济管理过程中的作用。

《会计法》第七条规定："国务院财政部门主管全国的会计工作，县级以上地方各级人民政府财政部门管理本行政区域内的会计工作。"我国在财政部下设立会计司，主管全国的会计工作。它的主要职责是：在财政部领导下，拟定全国性的会计法令，研究、制定和改进会计工作的措施和总体规划，颁发会计工作的各项规章制度，会同有关部门制定并实施全国科技人员专业技术职称考评制度。

地方财政部门、企业主管部门一般设有财务会计局、财务会计处、财务会计科等，主管本地区或本系统所属企业的会计工作。它的主要职责是：根据财政部的统一规定，制定适合本地区或本系统所属企业的会计工作，负责组织、领导和监督所属企业的会计工作，负责本地区、本系统会计人员的业务培训，会同有关部门评聘会计人员技术职称等。

为了保证会计工作的顺利进行和充分发挥会计的作用，基层各企业、事业和行政机关单位一般都应单独设置会计机构。基层各企业、事业和行政机关单位的会计工作，受财政部和单位主管部门的双重领导。《会计法》第三十六条规定："各单位应当根据会计业务的需要，设置会计机构，或者在有关机构中设置会计人员并指定会计主管人员；不具备条件的，可以委托经批准设立从事会计代理记账业务的中介机构代理记账。"它包括以下几层含义：

第一，对一些规模大、会计业务复杂的单位，在单位内部设置各级、各部门的会计组织，并根据会计业务量的多少设置会计组织和配备相应的会计人员。基层企、事业单位一般设置财务会计处、科、股等会计机构。各单位的会计机构，在单位行政领导的领导下，负责组织、领导和从事会计工作。对于设置总会计师的单位，会计机构由总会计师直接领导，同时接受上级财务会计部门的指导和监督。建立健全会计机构，配备数量和质量都相当的、具备专业能力的会计人员，是各单位做好会计工作，充分发挥会计职能作用的重要保证。

第二，对于规模小、会计业务量少而且简单的单位，可以不单独设置会计机构，但是，需要在有关机构中配备专职会计人员并指定会计主管人员。

第三，对于不具备设置会计机构条件的单位，可以委托经批准设立从事会计代理记账业务的中介机构代理记账，完成会计工作，如小型经济组织、应当建账的个体工商户等。代理记账是指从事代理记账业务的社会中介机构即会计咨询、服务机构及会计师事务所等接受独立核算单位的委托，代替其办理记账、算账、报账业务的一种社会性会计服务活动。

会计机构是一个综合性的经济管理部门，它和单位内部其他各职能部门、各生产经营单位的工作都十分密切，相互促进又相互制约。因此，为了提高各单位经济效益，会计机构应主动为其他各职能部门、各单位服务，并依靠各职能部门和业务单位共同做好会计工作。

二、会计机构的组织形式

为了科学地组织会计工作，各单位必须根据组织规模的大小、业务的繁简以及单位内部组织机构的设置情况，来合理确定会计工作的组织形式。

（一）会计机构的组织形式的种类

会计工作组织形式一般包括集中核算和非集中核算两种。

1. 集中核算形式

集中核算又称“一级核算”，是指在厂部一级设置专门的会计机构，将企业所有会计工作都集中在会计部门进行核算的一种会计工作组织形式。单位内部的其他部门和下属单位一般不单独核算，只是对发生的经济业务进行原始记录，填制原始会计凭证，进行原始凭证汇总，定期将原始凭证资料送到会计部门，由会计部门填制记账凭证，登记总分类账和明细分类账，最后编制会计报表。

企业采用集中核算形式时，主要会计工作都集中在财会部门进行，便于减少核算的中间环节，便于会计人员的合理分工，提高会计核算效率，节约核算费用，并可根据会计部门的记录，随时了解企业内部各部门的生产经营情况。但是，如果企业职能部门机构庞大，生产复杂，则会计部门工作量就会增加，这样反而会降低工作效率，并且各部门领导不能随时利用核算资料对本部门的工作进行检查和控制。

2. 非集中核算形式

非集中核算形式又称分散核算，是将会计工作分散在企业单位内部各有关部门进行，各部门核算本身发生的经济业务，如凭证整理、明细核算、企业单位日常管理需要的内部报表的编制与分析等工作，而会计部门集中进行总分类核算和全单位的会计报表的编制与分析。

采用非集中核算形式时，企业内部各部门可以随时利用有关核算资料检查和控制本部门的工作，随时发现问题，解决问题。但是，非集中核算形式对于企业会计部门来说，不便于会计人员的合理分工，不便于采用最合理最有效的凭证整理方法，而且对整个单位来说，增加了会计核算的工作量，增加了核算费用，降低了会计核算效率。

（二）会计机构的组织形式的选择

对于一个企业单位来说，到底是采用集中核算形式还是非集中核算形式，这不是绝对的，可以采用集中核算形式，也可以采用非集中核算形式，还可以将两者结合起来。企业单位在选择会计工作组织形式时，既要考虑能及时、正确地反映企业单位的经济活动情况，又要考虑简化核算手续，节约费用，提高工作效率。具体来说，在选择组织形式时可以考虑以下几方面因素：

（1）结合本单位的规模大小、经济业务量的多少来选择。

一般来说，企业规模大、经济业务量多的单位，可以选择非集中核算形式；反之，则可以选择集中核算形式。这样可以充分利用各自的优点，避免各自的不足。

（2）结合企业的经营管理的需要来选择。

如果单位内部实行内部经济核算制，需要实行分级管理、分级核算时，应该选择非集中核算形式。这样有利于各部门利用核算资料进行日常的考核和分析，随时随地地解决企业在生产经营管理中的问题。反之，则采用集中核算形式。

（3）在保证会计核算质量的前提下，尽量减少会计核算手续，节约人力、物力和财力，及时、正确地提供会计核算资料。

不管选择哪种组织核算形式，对于企业的核心业务，如采购材料物资、销售商品、债权债务结算、现金往来业务等业务都必须由企业会计部门处理。

在实行内部经济核算制的情况下，企业各部门和下属单位都有一定的经营管理权，负有完成各项任务的责任，并且可以按照工作成果取得一定的物质利益。为了反映和考核各部门的经营成果，这些部门可以进行比较全面的核算，单独计算盈亏，按期编制会计报表，但是这些部门不能单独与企业外部其他单位发生经济业务往来，不能与外单位签订购销合同，不能在银行开设结算账户，不能与外单位发生债权债务的结算。与外单位发生经济业务往来的事项必须通过会计部门来负责处理。所以，实行内部经济核算制的单位的各个部门和下属单位并不是独立核算单位。

三、会计机构岗位责任制

（一）会计机构岗位责任制的概念

会计机构的岗位责任制，也称会计人员岗位责任制，就是在会计机构内部按照会计工作的内容和会计人员的配备情况，将会计机构的工作进行合理的分工，划分为若干个岗位，并给每个岗位都规定明确的职责和要求的一种管理制度。

各单位在制定岗位责任时，应从有利于加强会计管理、改进工作作风、提高工作效率和质量，有利于分清职责、严明纪律的要求来建立健全会计机构的岗位责任制。这样，每一项会计工作都有专人负责，每一个会计人员都有明确的职责，可以加强会计管理，提高工作效率，保证会计工作有秩序地进行，并且有利于考核会计人员的工作成绩。

（二）会计机构岗位设置的要求

为了强化会计管理职能，加强会计工作的作用，在设置会计岗位时，应遵循以下要求：

1. 根据本单位会计业务的需要设置会计岗位

由于各单位的经济业务规模、特点和管理要求不同，其会计工作的组织方法、会计人员的数量、会计工作岗位的职责分工也有所不同。

一般来说，经济业务规模大、业务过程复杂、会计业务量大、管理要求严格的单位，会计机构也应较大，会计人员也应较多，会计机构内的岗位职责分工应较细，岗位就要多；经济业务规模小、业务过程简单、会计业务量少、管理要求不高的单位，会计机构规模相应较小，会计人员也应较少，会计机构内的岗位职责分工应较粗。会计工作岗位可以一人一岗、一人多岗，也可以一岗多人。在我国大中型企业中，一岗多人的情况较多；而在小型企业中，一人一岗、一人多岗的现象较普遍。

2. 要体现内部牵制原则

在设置岗位时，要体现内部牵制的要求，即不相容职务相互分离的原则。比如出纳人员不得兼管稽核，会计档案保管及收入、费用、债权债务账目的登记工作。

单位内部牵制制度是内部控制制度的重要组成部分，是指凡是涉及款项和财物收付、结算及登记的任何一项工作，必须由两人或两人以上分工办理，以起到相互制约作用的一种工作制度。这是为了加强会计人员之间相互制约、相互监督、相互核对，提高会计核算工作质量，保护资产的安全完整，确保有关法律法规的贯彻执行。内部牵制主要包括不相容职务分离控制、授权批准控制、文件记录控制、财产保全控制、业绩报告控制、人员素质控制、内部审计控制等，其中最核心的是不相容职务分离控制。不相容职务指的是不能同时由一个人兼任的职务。比如：现金和银行存款的支付，应由会计主管人员或其授权的代理人审核、批准，出纳人员付款，记账人员记账，不能由一个人同时办理付款和记账；单位购入材料物资，应由采购人员办理采购、报账手续，仓库人员验收入库，记账人员登记入账，发出材料时，应经使用单位领导批准，经办人员领用，仓库人员发料，记账人员记账；单位发放工资，应由工资核算人员编制工资单，出纳人员向银行提取现金和发放工资，记账人员记账；等等。

3. 要对会计人员岗位进行有计划的轮换

设置会计人员岗位，并不要求会计人员长期固定在某一工作岗位上，会计人员之间的分工，应该有计划地进行轮换，以便会计人员能够比较全面地了解和熟悉各项会计工作，提高业务水平，相互协作，提高工作效率，把会计工作做得更好。

4. 要建立会计工作岗位责任制

建立会计工作岗位责任制是为了分清每一位会计人员的职责和要求，做到人人有专责、事事有人管，以提高会计工作效率，保证会计信息质量。

（三）会计机构岗位责任制的内容

《会计基础工作规范》第十一条规定，会计工作岗位可分为会计机构负责人（会计主管人员）岗位、出纳岗位、财产物资核算岗位、工资核算岗位、成本费用核算岗位、财务成果核算岗位、资金核算岗位、往来结算岗位、总账报表岗位、会计电算化岗位、稽核岗位、会计档案管理岗位等。

1. 会计机构负责人工作岗位

该岗位主要职责有：负责组织领导本单位的财务会计工作，对本单位的财务会计工作负全面责任；组织学习和贯彻党的方针、政策、法律制度，制定本单位的各项财务会计制度、办法并组织实施；编制本单位的预算，编制财务会计报表和有关报告；建立、健全企业的内部控制制度；负责会计人员队伍的业务素质和继续教育以及工作考核。

2. 出纳工作岗位

该岗位主要职责有：办理现金收付和银行结算业务；登记现金和银行存款日记账；保管库存现金和各种有价证券；保管好有关印章，空白支票和空白收据。

3. 财产物资核算工作岗位

该岗位主要职责有：负责参与制定有关财产物资管理制度和实施办法；负责编制固定资产目录；负责建立并登记固定资产、库存材料等财产物资明细账，进行明细分类核算；负责参与协同有关财产物资管理部门进行财产清查；负责审核办理有关固定资产的购建、调拨、内部转移、盘盈、盘亏、报废等会计手续；按规定正确计算提取固定资产折旧等。

4. 职工薪酬核算工作岗位

该岗位主要职责有：负责计算职工的各种薪酬，进行工资的明细核算；负责工资分配的核算；审核发放工资、奖金；监督工资基金的使用；计提福利费和工会经费等费用。

5. 成本费用核算工作岗位

该岗位主要职责有：负责编制成本费用计划；严格遵守国家和公司的成本开支范围和费用开支标准；正确归集、分配生产费用，计算产品成本；按时编制产品成本、费用报表；分析成本计划的执行情况等。

6. 财务成果核算工作岗位

该岗位主要职责有：负责编制收入、利润计划并组织实施；预测销售并督促销售部门完成销售计划；组织销售货款的回收工作；正确计算有关税费；负责收入、利润等的明细核算；编制收入、利润会计报表并进行分析。

7. 资金核算工作岗位

该岗位主要职责有：编制资金收支计划；负责资金的筹集、使用和调度；负责资金筹集的明细分类核算；负责企业各项投资的明细分类核算。

8. 往来结算工作岗位

该岗位主要职责有：建立往来款项结算手续制度；办理往来款项的结算业务；负责往来款项结算的明细核算；负责备用金的管理和核算等。

9. 总账报表工作岗位

该岗位主要职责有：负责总账的登记与核对，并与日记账和明细账相核对；编制会计报表并进行财务状况和经营成果的综合分析，写出综合分析报告；制订或参与制订财务计划；参与企业的生产经营决策等。

10. 会计电算化工作岗位

该岗位主要职责有：负责财务会计电算应用软件使用和年度账目设置、科目设置变更、新旧年度会计科目结转等工作，负责管理会计电算备份的软盘资料；负责岗位权限设置，负责所有客户、商品类别、仓库等标准编码建立及价格设置；负责财务主工作站的管理；负责网络数据安全备份、维护；负责软件操作纠错。

11. 稽核工作岗位

该岗位主要职责有：负责企业管理体系及内部控制制度制定与维护；制订年度稽核计划书；负责编制稽核报告等。

12. 档案管理工作岗位

该岗位主要职责有：负责制定会计档案的立卷、归档、保管、查阅和销毁等管理制度；保证会计档案的妥善保管、有序存放、方便查阅、严防销毁、散失和泄密等。

各个岗位上的会计人员在完成本职工作的同时，要与其他岗位上的会计人员密切配合，互相协作，共同做好本单位的会计工作。

第三节　会计人员

企业、事业、行政机关等单位设置了会计机构，还应根据各单位实际情况配备相应的会计人员。会计人员是指在企业、事业、行政机关等单位中从事会计工作、处理会计业务、完成会计任务的人员，包括会计机构负责人（会计主管人员）以及具体从事会计工作的会计师、会计员和出纳员等。

为充分调动会计人员的积极性和主观能动性，必须明确会计人员的职责，赋予会计人员相应的工作权限，使会计人员既有责，又有权，有明确的目标和准则以充分发挥会计人员的作用，完成会计工作的各项任务，明确会计人员的职责、权限、专业职务、任免、奖惩等各项规定。《会计法》第三十八条规定："会计人员应当具备从事会计工作所需要的专业能力。担任单位会计机构负责人（会计主管人员）的，应当具备会计师以上专业技术职务资格或者从事会计工作三年以上经历。"

一、会计人员的职责与权限

（一）会计人员的主要职责

会计人员的职责也就是会计机构的职责。根据《会计法》的规定，会计人员的主要职责包括以下几方面的内容：

1. 进行会计核算

会计人员应该按照《企业会计准则》的要求，以实际发生的经济业务事项进行会计核算，填制凭证，登记账簿，正确进行收入、支出、成本费用的计算，按期结算、核对账目，进行财产清查，在保证账证、账账、账实相符的基础上，编制财务会计报表。在核算中，要求做到手续完备、数字真实、内容完整、报送及时、指标可比。

进行会计核算，及时提供真实、可靠、有用的会计信息是会计人员最基本的职责，也是做好会计工作的最基本的要求。

2. 实行会计监督

实行会计监督是会计人员根据国家相关的法律、法规、会计准则等的规定，对本单位的各项经济业务和会计手续的合法性和合理性进行监督，主要包括对原始凭证的审核监督、对会计账簿和财务报告的监督。具体来说，对不合法、不真实的原始凭证不予受理，对伪造、变造、故意毁灭会计账簿或账外设账的行为应予以制止和纠正；对账簿记录与实物、款项不相符合的问题，应当按照有关规定进行处理，无权自行处理的，应当立即向本单位领导报告；对指使、篡改财务报告的行为应当制止和纠正，制止和纠正无效的，应向上级主管单位报告；对违反国家统一的财政制度、财务规定的收支不予受理；对违反单位内部会计管理制度的经济活动应当制止和纠正，制止和纠正无效的，应向单位领导报告。

各单位必须依照法律和国家有关规定，接受审计机关、财政机关、税务机关等的监督，如实提供会计凭证、会计账簿、会计报表、其他会计资料以及有关的情况，不得拒绝、隐匿和谎报。

3. 制定本单位会计事项的具体办法

国家统一规定的会计法规、准则等只是对会计工作管理和会计事项处理办法的一般规定。各单位要根据国家相关的法律法规、准则的规定，结合本单位的具体情况，制定本单位办理会计事项的具体办法，例如会计人员岗位责任制度、内部牵制制度、稽核制度、财产清查制度、成本计算办法、会计政策的选择、费用开支报销手续办法等。

4. 编制业务计划、财务预算，考核分析其执行情况

会计人员应根据会计资料和其他资料，按照国家的法律、政策的规定，认真编制财务计划、预算并严格执行，定期进行检查，分析计划、预算的执行情况。

5. 办理其他会计事项

经济的发展离不开会计，经济越发展，会计分工越细，会计事项也日益丰富，人们对经济管理的要求就越高。凡是属于会计事项的，会计人员都应进行处理。

（二）会计人员的主要权限

为了保障会计人员能够更好地履行自己的职责，国家在明确会计人员的职责的时候，也赋予了会计人员相应的工作权限，主要体现在以下几方面：

（1）会计人员有权要求本单位各有关部门、人员认真执行国家、上级主管部门等批准的计划和预算，要求他们遵守国家法律、财经法规、会计准则以及会计制度的规定。如果发现有违反上述规定的情况，会计人员有权拒绝付款、拒绝报销或拒绝执行，并向本单位领导报告。

会计人员对于违反法律、制度的事项，不拒绝执行，又不向单位领导或上级机关报告的，应同有关人员一起承担连带责任。

（2）会计人员有权参与单位的管理活动，如编制计划，制定定额，签订合同，参加有关的生产、经营管理会议和业务会议，并对有关事项提出自己的意见和建议。

（3）会计人员有权监督、检查本单位内部有关部门的财务收支、资金使用和财产保管、收发、计量、检验等情况，各部门应大力支持和配合会计人员的工作。

为了保障会计人员行使工作权限，各级领导和有关人员要支持会计人员行使其正当权利。会计人员行使的工作权限是受我国法律保护的，任何人如果干扰、阻碍会计人员依法行使其正当权利，都会受到法律的制裁。《会计法》第四十六条规定："单位负责人对依法履行职责、抵制违反本法规定行为的会计人员以降级、撤职、调离工作岗位、解聘或者开除等方式实行打击报复，构成犯罪的，依法追究刑事责

任；尚不构成犯罪的，由其所在单位或者有关单位依法给予行政处分。对受打击报复的会计人员，应当恢复其名誉和原有职务、级别。”

二、会计职业道德

会计行业主要是为社会提供会计信息或鉴证服务的，其服务质量直接影响经营者、投资者和社会公众的利益，进而影响整个社会的经济秩序。会计人员在向社会提供信息或鉴证服务的过程中，除了按照国家的法律、法规、准则、制度的规定执行外，还必须具备与会计职业相适应的职业道德水准。市场经济越发展，对会计人员的职业道德水准要求也越高。

（一）会计职业道德的概念

职业道德是职业品质、工作作风和工作纪律的综合。会计职业道德源于职业道德，指在会计职业活动中应当遵循的、体现会计职业特征的、调整会计职业关系的各种经济关系的职业行为准则和规范。《会计法》第三十九条规定：“会计人员应当遵守职业道德，提高业务素质。”会计职业道德是会计人员在其工作中正确处理人与人之间、个人与社会之间关系的行为规范和准则，它体现了社会主义经济利益对会计工作的要求，是会计人员在长期实践中形成的。

会计职业作为社会经济活动中的一种特殊职业，其职业道德与其他职业道德相比，具有自身特征。一是具有一定的强制性。如为了强化会计职业道德的调整职能，我国会计职业道德中的许多内容都直接纳入了会计法律制度之中。二是较多关注公众利益。在会计职业活动中，要求会计人员客观公正，在发生道德冲突时要坚持准则，把社会公众的利益放在第一位。

（二）会计职业道德的内容

会计人员在会计工作中应当遵守会计职业道德，树立良好的职业品质、严谨的工作作风，努力提高工作效率和工作质量。根据我国会计工作和会计人员的实际情况，结合国际上对会计职业道德的一般要求，我国对会计职业道德的内容概括为爱岗敬业、诚实守信、廉洁自律、客观公正、坚持准则、提高技能、参与管理、强化服务。

1. 爱岗敬业

爱岗敬业包含“爱岗”和“敬业”两方面的要求。

爱岗就是会计人员热爱自己的工作岗位，热爱本职工作，并为做好本职工作尽心尽力、尽职尽责。热爱本职工作，就是职业工作者以正确的态度对待各种职业劳动，努力培养热爱自己所从事的工作的幸福感和荣誉感。它是做好一切工作的出发点。会计人员只有树立“干一行，爱一行”的职业思想，才会发现会计职业中的乐趣，才会刻苦钻研会计业务技能，努力学习会计业务知识，不断提高自己的水平和工作质量。一个人一旦爱上了自己的职业，他的身心就会融合在职业工作中，就能在平凡的工作岗位上做出不平凡的事业。

敬业就是用一种严肃的态度对待自己的工作，勤勤恳恳，兢兢业业，忠于职守，尽职尽责。对会计职业的不同认识和采取的不同态度可以直接导致不同的职业行为和后果。如果一个从业人员不能尽职尽责、忠于职守，就会影响整个企业或单位的工作进程，严重的还会给企业和国家带来损失，甚至还会影响我国在国际上的声誉。会计职业道德中的敬业，要求从事会计职业的人员充分认识到会计工作在国民经济中的地位和作用，以从事会计工作为荣，敬重会计工作，具有献身于会计工作的决心。

爱岗与敬业是互为前提的关系，相互联系、相辅相成。“爱岗”是“敬业”的基石，“敬业”是“爱岗”的升华，“敬”由“爱”生，“爱”由“敬”起。不爱岗就很难做到敬业，不敬业也很难说是真正的爱岗。爱岗敬业是会计人员干好本职工作的基础和条件，是会计人员应具备的基本职业道德。爱岗敬业需要会计人员具体的行动来体现，即要有安心会计工作、献身会计事业的工作热情、严肃认真的工作态度、勤学苦练的钻研精神、忠于职守的工作作风。爱岗敬业还要求会计人员热爱会计工作，安心本职工作，忠于职守，尽心尽力，尽职尽责。

2. 诚实守信

诚实守信就是忠诚老实，信守诺言，是为人处世的一种美德。

诚实就是忠诚老实，不讲假话。诚实的人忠于事物的本来面目，不歪曲，不篡改事实，不隐瞒自己的真实思想，光明磊落。诚实的人反对投机取巧、趋炎附势、见风使舵、弄虚作假、口是心非。

守信就是信守诺言，说话算数，讲信誉，重信用，履行自己应承担的义务。

诚实守信是会计从业人员基本职业道德的精髓，会计行业本身的性质决定了所有会计人员必须以诚信为本，以操守为重，遵循准则，不做假账，从而保证会计信息的真实、可靠。诚实守信是会计工作的“通行证”，是会计工作的命脉和灵魂。

3. 廉洁自律

廉洁自律是中华民族的一种传统美德，也是会计职业道德规范的重要内容之一。

在会计职业中，廉洁要求会计人员公私分明、不贪不占、遵纪守法，经得起金钱、权利、美色的考验，不贪污挪用、不监守自盗。保持廉洁主要靠会计人员的思想觉悟、良知和道德水准，而不是受制于外在的力量。

自律是指会计人员按照一定的具体标准作为具体行为或言行的参照物，进行自我约束、自我控制，使具体的行为或言论达到至善至美的过程。它包括两方面的内容：一是会计行业的自律，这是会计职业组织对整个会计职业的会计行为进行自我约束、自我控制的过程；二是会计从业人员的自我约束，它是靠科学的价值观和正确的人生观来实现的。如果每个会计从业人员的自律性强，则整个会计行业的自律性也强。

对会计行业或会计人员来讲，廉洁自律的基本要求主要包括以下几方面：

第一，公私分明，不贪不占。

第二，遵纪守法，抵制行业不正之风。

第三，重视会计职业声望。

4. 客观公正

客观是指按照事物的本来面目去反映，不掺杂个人的主观意愿，也不为他人的意见所左右，既不夸大，也不缩小，实事求是。客观就要求会计人员在处理经济业务时必须以实际发生的交易或事项为依据，如实反映企业的财务状况、经营成果和现金流量情况。

公正是公平正直，没有偏失，但不是中庸。公正要求会计准则不偏不倚、一视同仁，会计人员在履行会计职能时，摒弃单位、个人私利，不偏不倚地对待有关利益各方。

客观公正不只是工作态度，更是会计人员追求的一种境界。

客观公正对会计人员的要求是：端正态度，依法办事，实事求是，不偏不倚，保持应有的独立性。

5. 坚持准则

常说："不以规矩，不成方圆。"在会计行业中的"规矩"主要是指会计法律、会计准则、会计制度等，它是会计人员从事会计工作所应遵守的行为规范和具体要求。

坚持准则要求会计人员在处理经济业务的过程中，严格按照会计法律制度办事，不为主观意志或他人意志所左右。坚持准则，不仅要求会计人员坚持会计准则，而且要求检查会计法律、会计行政法规、会计制度以及与会计工作相关的法律制度，比如《会计法》《总会计师条例》《企业会计准则》《会计基础工作规范》《会计人员管理办法》《会计档案管理办法》等。会计人员应当熟悉和掌握准则的具体内容，并在会计处理中认真执行，对经济业务事项进行确认、计量、记录和报告的全过程应当符合会计准则的要求，为会计信息使用者提供真实、完整、有用的会计信息。

坚持准则的基本要求有以下几点：

第一，熟悉准则。会计工作不单纯是记账、算账、报账，在记账、算账、报账过程中会时时、事事、处处涉及政策界限、利益关系的处理。会计人员需要遵守准则、执行准则、坚持准则，在会计实践中熟练运用准则。会计人员不仅要熟练掌握、正确领会会计法律法规、会计准则、会计制度，而且还应熟悉与会计相关的经济法律制度，如税收制度、金融制度、票据制度、合同制度等，另外，还要熟悉本部门、本单位的内部管理制度。只有熟悉准则，才能按准则办事，才能提高会计人员的守法能力，才能保证会计信息的真实性和完整性。

第二，坚持准则。《会计法》规定，单位负责人对本单位会计信息的真实性、完整性负责。会计人员坚持准则，不仅是对法律负责，对国家负责，对社会公众负责，还对单位负责人负责。坚持准则，就要求会计人员必须自觉遵守会计准则，牢固树立法律意识，时刻保持清醒的头脑，在各种诱惑面前不动摇，做到“不唯情，不唯钱，只唯法”。

6. 提高技能

会计是一门专业性很强、不断发展变化的学科。近年来，随着市场经济体制的日益完善和经济全球化进程的加快，需要会计人员提供会计服务的领域越来越广泛，专业化、国际化的要求越来越高，会计专业性和技术性日趋复杂，对会计人员所应具备的职业技能要求也越来越高。会计人员要想生存，就必须使自己具备较高层次的专业知识和技能。会计职业技能的主要内容包括：①会计专业基础知识；②会计理论、专业操作的创新能力；③组织协调能力；④主动更新知识的能力；⑤提供会计信息的能力。提高技能，就是指会计人员通过学习、培训等手段提高职业技能，以达到足够的专业胜任能力。

在会计工作中，会计人员工作质量的高低主要受两方面的影响：一是会计人员的道德品行，二是会计人员的技能水平。会计人员的道德品行是会计职业道德的根本和核心，技能水平是会计人员职业道德水平的保证，没有娴熟的会计技能，再好的个人品行，也无法干好会计工作。

提高技能的基本要求是：

第一，增强提高专业技能的自觉性和紧迫感。即要有危机感、紧迫感，要适应时代发展的步伐。

第二，勤学苦练、刻苦钻研。现代会计是集高科技、高知识于一体的事业，会计理论不断创新，新生的经济业务不断出现，会计人员需要不断地学习和探索。

第三，不断进取，提高业务水平。随着市场经济的不断发展，新的法律法规不断颁布和实施，会计人员需要不断地学习新的会计理论和新的会计准则制度，才能适应工作的需要。要坚持“活到老，学到老”。

7. 参与管理

参与管理就是为管理者当参谋，为管理活动服务。会计工作或会计人员与管理决策者在管理活动中分别扮演参谋人员和决策者的角色，承担着不同的职责和义务。会计人员在参与管理的过程中，并不直接从事管理活动，而是间接参与管理活动。会计人员应积极主动做好下面两项工作：

第一，在做好本职工作的同时，努力钻研相关业务。会计人员必须要有扎实的基本功，使自己的知识和技能满足工作的需要，同时还应钻研业务，具有精湛的技能，才能为参与管理打下坚实的基础。

第二，全面熟悉本单位的经营活动和业务流程，主动提出合理化建议，协助领导决策，积极参与管理。会计人员要充分利用掌握的大量会计信息去分析单位的管理，从财务会计的角度找出经营管理中的问题和薄弱环节，把管理结合在日常工作之中，使会计事后反映变为事前的预测分析，真正起到当家理财的作用，成为决策者的参谋助手，为改善单位内部管理、提高经济效益服务。

8. 强化服务

强化服务是现代社会对劳动者所从事职业的更高层次的要求。它表现为人们在参与对外工作交往和组织内部协调运作的过程中，人际关系的融洽程度和与之相对应的工作态度。强化服务要求会计人员树立服务意识，提高服务质量，努力维护和提升会计职业的良好社会形象。

强化服务的基本要求是：

第一，树立服务意识。会计人员无论是为经济主体服务，还是为社会大众服务，都要树立服务的意识。只有树立了强烈的服务意识，才能做好会计工作，履行会计职能。

第二，提高服务质量。会计人员在坚持原则、会计法律法规、会计准则的基础上，尽量满足用户或服务主体的需要。

第三，努力维护和提升会计职业的良好社会形象。会计人员的服务态度直接关系到会计行业的声誉和全行业运作的效率。会计人员服务态度好、质量高，讲文明、讲礼貌、讲诚信、讲质量，坚持准则，严格执法，服务周到，就能提高会计职业的信誉，维护和提升会计职业的良好社会形象，增强会计职业的生命力；反之，就会影响会计职业的声誉，甚至影响到全行业的生存与发展。

以上八项，是每个会计从业者从事会计工作应具备的基础职业道德，会计从业者应在实践中自觉遵循。

三、会计人员专业技术职务

为了合理使用会计人员，充分发挥会计人员的经济性和创造性，企业、事业、机关等单位的会计人员根据自己的学历、从事会计工作的年限、业务水平和工作业绩，并通过专业职务资格考试后，可以确定专业技术职务。目前，我国会计专业职务有会计员、助理会计师、会计师、高级会计师四种。会计员、助理会计师为初级职务，会计师为中级职务，高级会计师为高级职务。不同的职务，其任职条件和基本职责是不同的。

（一）会计员

1. 会计员的基本条件

（1）初步掌握财务会计知识和技能。

（2）熟悉并能执行有关会计法规和财务会计制度。

（3）能担负一个岗位的财务会计工作。

（4）大学专科或中等专业学校毕业，在财务会计工作岗位上见习一年期满。

（5）通过会计员专业技术职务资格考试。

2. 会计员的基本职责

负责具体审核和办理财务收支，编制记账凭证，登记会计账簿，编制会计报表和办理其他会计事项。

（二）助理会计师

1. 助理会计师的基本条件

（1）掌握一般的财务会计基础理论和专业知识。

（2）熟悉并能正确执行有关的财经方针，政策和财务会计法规、制度。

（3）能担负一个方面或某个重要岗位的财务会计工作。

（4）取得硕士学位，或取得第二学士学位或研究生班结业证书，具备履行助理会计师职责的能力；大学本科毕业，在财务会计工作岗位上见习一年期满；大学专科毕业并担任会计员职务两年以上；或中等专业学校毕业并担任会计员职务四年以上。

（5）通过助理会计师专业技术职务资格考试。

2. 助理会计师的基本职责

负责草拟一般的财务会计制度、规定、办法，解释、解答财务会计法规、制度中的一些规定，分析、检查某一方面或某些项目的财务收支和预算的执行情况。

（三）会计师

1. 会计师的基本条件

（1）较系统地掌握财务会计基础理论和专业知识。

（2）掌握并能正确贯彻执行有关的财经方针、政策和财务会计法规、制度。

（3）具有一定的财务会计工作经验，能担负一个单位或管理一个地区、一个部门、一个系统某个方面的财务会计工作。

（4）取得博士学位，并具有履行会计师职责的能力；取得硕士学位并担任助理会计师职务两年左右；取得第二学士学位或研究生班结业证书，并担任助理会计师职务两至三年；大学本科或大学专科毕业并担任助理会计师职务四年以上。

（5）掌握一门外语。

（6）通过会计师专业技术职务资格考试。

2. 会计师的基本职责

负责草拟比较重要的财务会计制度、规定、办法，解释、解答财务会计法规、制度中的重要问题，分析、检查财务收支和预算的执行情况，培养初级会计人员。

（四）高级会计师

1. 高级会计师的基本条件

（1）较系统地掌握经济、财务会计理论和专业知识

（2）具有较高的政策水平和丰富的财务会计工作经验，能担负一个地区、一个部门或一个系统的财务会计管理工作。

（3）取得博士学位，并担任会计师职务两至三年；取得硕士学位、第二学士学位或研究生班结业证书；或大学本科毕业并担任会计师职务五年以上。

（4）较熟练地掌握一门外语。

2. 高级会计师的基本职责

负责草拟和解释、解答在一个地区、一个部门、一个系统或在全国施行的财务会计法规、制度、办法；组织和指导一个地区或一个部门、一个系统的经济核算和财务会计工作；培养中级以上会计人才。

以上四种专业职务对学历和财务会计工作年限都有相应的要求，但是对有真才实学、成绩显著、贡献突出、符合任职条件的，在确定其相应专业职务时可以不受学历和工作年限的限制。

四、会计主管人员或会计机构负责人

企业、事业、机关单位的会计主管或会计机构的负责人，是各单位会计工作的领导者和组织者。《会计法》第三十八条对会计机构负责人（会计主管人员）的从业资格做出明确规定："担任单位会计机构负责人（会计主管人员）的，应当具备会计师以上专业技术职务资格或者从事会计工作三年以上经历。"具体说，其任职资格和条件包括：

（1）政治素质。即能坚持原则，做到廉洁奉公。财务会计工作直接处理经济业务，经济上的问题必然会在会计处理中反映出来，不能坚持原则，就不可能揭发已经出现的漏洞，就不会去纠正违反财经纪律和财务会计制度的行为；没有廉洁奉公的品质，就可能走上违法甚至走上犯罪道路。

（2）专业技术资格条件。《会计基础工作规范》对会计机构负责人或会计主管人员的这一要求，是通过要求他们"具有会计专业技术资格"来体现的。至于什么单位的会计机构负责人或者会计主管人员需要具有哪个档次的会计专业技术资格，如是要有高级会计师的任职资格、还是要有会计师或助理会计师的任职资格，《会计基础工作规范》没有再做进一步的规定。这主要是为了适应不同类型的单位对会计机构负责人或者会计主管人员专业技术资格的不同要求。

（3）工作经历。即主管一个单位或者单位内一个重要方面的财务会计工作的时间不少于三年。

（4）政策业务水平。即熟悉国家的财经法律、法规、规章制度和方针、政策，掌握本行业业务管理的有关知识。从事财务会计管理工作不了解、不掌握这方面的知识和相关管理知识，容易使单位的经营管理工作走入法律的"盲区"或"误区"，带来危险的后果。

（5）组织能力。组织能力是一种基本的领导能力。会计机构负责人或者会计主管人员应当具备一定的组织能力，包括协调能力、综合分析能力等。它对整个会计工作的效率和质量是十分关键的。

（6）身体条件。会计工作劳动强度大、技术难度高，作为会计机构负责人或者会计主管人员必须有较好的身体状况，以适应本职工作。

五、总会计师

总会计师是指具有较高的会计专业技术职务，协助单位行政领导人组织领导本单位的经济核算和财务会计工作的专门人员，是单位行政群体的成员之一。国务院1990年发布的《总会计师条例》对总会计师的定位是："总会计师是单位行政领导成员，协助单位主要行政领导人工作，主要对单位主要行政领导负责。凡设置总会计师的单位，在单位行政领导成员中，不设与总会计师职权重叠的副职。"

（一）总会计师的基本职责

（1）编制和执行预算、财务收支计划、信贷计划，拟订资金筹措和使用方案，开辟财源，有效地使用资金。

（2）进行成本费用预测、计划、控制、预算、分析和考核，督促本单位有关部门降低消耗、节约费用，提高经济效益。

（3）建立、健全经济核算制度，利用财务会计资料进行经济活动分析。

（4）承办单位主要行政领导人交办的其他工作。

（5）总会计师负责对本单位财会机构的设置和会计人员的配备、会计专业职务的设置和聘任提出方案；组织会计人员的业务培训和考核；支持会计人员依法行使职权。

（6）总会计师协助单位主要行政领导人对企业的生产经营、行政事业单位的义务发展以及基本建设投资等问题做出决策。

（7）总会计师参与新产品、技术改造、科技研究、商品（劳务）、价格和工资奖金等方案的制订，参与重大经济协议的研究审查。

（二）总会计师的工作权限

（1）总会计师对违反国家财经纪律、法规、方针、政策、制度和有可能在经济上造成损失、浪费的行为，有权制止或者纠正。制止或者纠正无效时，提请单位主要行政领导人处理。

（2）总会计师有权组织本单位各职能部门、直属基层组织的经济核算、财务会计和成本管理方面的工作。

（3）总会计师主管审批财务收支工作。除一般的收支工作可以由总会计师授权的财务机构负责人或者其他指定人员审批外，重大的财务收支，须经总会计师审批或者由总会计师报单位主要行政领导人批准。

（4）预算和财务收支计划、成本和费用计划、信贷计划、财务专题报告、会计决算报表，须经总会计师签署。涉及财务收支的重大业务计划、经济合同、经济协议等，在本单位内部须经总会计师会签。

（5）会计人员的聘用、晋升、调动、奖惩，应当事先征求总会计师的意见。财会机构负责人或者会计主管人员的人选，应当由总会计师进行业务考核，依照有关规定审批。

第四节　会计法规

一、会计法规的概念和意义

（一）会计法规的概念

会计法规是国家管理会计工作的法律、条例、规则、章程、制度等规范性文件的总称。即它是由国家权力机关或其他授权机构制定的，用来规范会计核算实务、会计基础工作、会计主体和相关人员职责，以便及时调整经济活动中各种会计关系的规范性文件的总称。它是以会计理论为指导，根据国家的财经方针、政策，将会计工作所应遵循的各项原则和方法，用法规的形式肯定下来，保证会计工作正常进行，以达到一定目标的经济管理法规。

（二）会计法规的意义

会计是一项综合性的经济管理工作，为了保证会计工作的顺利进行、会计任务的全面完成，会计工作必须做到有法可依、有章可循。

（1）制定和执行会计法规可以使会计工作符合预定的目标，有利于在经济活动中具体贯彻财经方针和政策，执行财经纪律。

（2）有了完善的会计法规，便能够保障会计人员依法行使职权，充分发挥会计人员的作用。

（3）有了完善的会计法规，会计工作才能有法可依、有章可循，从而保证会计工作有组织、有秩序地进行。

二、会计法规的种类

自中华人民共和国成立以来，我国的会计法规建设取得了历史性的发展，已经基本形成了以《会计法》为中心、国家统一会计制度为基础的相对完整的会计法规体系。我国的会计法规按其内容可以分为三类：会计法律、会计行政法规和部门规章。

1. 会计法律

会计法律是指由全国人民代表大会及其常委会经过一定立法程序制定的有关会计工作的法律。主要的会计法律包括《会计法》和《中华人民共和国注册会计师法》。《会计法》是调整我国经济生活中会计关系的法律规范，是会计法律制度中层次最高的法律规范，是制定其他会计法规的依据，是会计工作的根本大法，也是指导会计工作的最高准则。《会计法》是由全国人民代表大会常务委员会制定，以国家主席命令颁布的。

2. 会计行政法规

它是指由国务院制定并发布，或者国务院有关部门拟定并经国务院批准发布，调整经济生活中某些方面会计关系的法律规范，或者由省、自治区、直辖市人民代表大会及其常委会在与会计法律、会计行政法规不相抵触的前提下制定的地方性会计法规。它的制定依据是《会计法》，如国务院发布的《总会计师条例》，国务院批准、财政部发布的《企业会计准则——基本准则》，国务院发布的《企业财务会计报告条例》等。

3. 部门规章

它是指由主管全国会计工作的行政部门——财政部根据会计法律和会计行政法规制定的关于会计核算、会计监督、会计机构和会计人员及会计工作管理的制度，包括规章和规范性文件，还有地方人民政府根据法律、法规授权，结合本地实际情况制定的在本行政区域内具有法律效力的规范性文件。

会计规章是根据《中华人民共和国立法法》规定的程序，由财政部制定，并由部门首长签署命令予以公布的办法，如《会计人员管理办法》《财政部门实施会计监督办法》等。

会计规范性文件是指主管全国会计工作的行政部门即国务院财政部门制定并发布的文件，如《会计基础工作规范》《金融企业会计制度》《小企业会计制度》《民间非营利组织会计制度》《财政总预算会计制度》《事业单位会计制度》《行政单位会计制度》等，以及财政部与国家档案局联合发布的《会计档案管理办法》《会计电算化工作规范》《会计电算化管理办法》《会计核算软件基本功能规范》等。

各省、自治区、直辖市人民代表大会及其常委会在同《中华人民共和国宪法》和会计法律、行政法规不相抵触的前提下，根据本地区情况制定、发布的会计规范性文件，也是我国会计法律制度的重要组成部分。

三、《中华人民共和国会计法》

为了加强会计工作，保证会计人员依法行使职权，维护社会主义市场经济秩序，规范会计行为，保证会计资料真实、完整，加强经济管理，提高经济效益，国家制定了《中华人民共和国会计法》，简称《会计法》。它是我国会计工作经验和会计理论研究成果的概括和总结。《会计法》是会计法律制度中层次最高的法律规范，是我国会计工作的基本法，是制定其他一切会计法规、制度、办法、程序等的法律依据，它涉及会计工作的各个方面。

我国《会计法》于1985年1月21日经第六届全国人民代表大会常务委员会第九次会议通过，并于1985年5月1日起施行。1993年12月29日，第八届全国人民代表大会常务委员会第五次会议通过了《关于修改〈中华人民共和国会计法〉的决定》，自公布之日起施行。1999年10月31日，第九届全国人民代表大会常务委员会第十二次会议再次对《中华人民共和国会计法》进行了修订，自2000年7月1日起施行。2017年11月4日，第十二届全国人民代表大会常务委员会第三十次会议通过《关于修改〈中华人民共和国会计法〉等十一部法律的决定》，决定对《会计法》进行第二次修正，于2017年11月29日发布。

《会计法》主要规定了会计工作的基本目的、会计管理权限、会计责任主体、会计核算和会计监督的基本要求、会计人员和会计机构的职责权限，并对会计法律责任做出详细的规定。它主要包括以下几方面的内容：

1. 总则部分

（1）明确指出《会计法》的立法目的是规范会计行为，保证会计资料真实、完整，加强经济管理和财务管理，提高经济效益，维护社会主义市场经济秩序。

（2）明确了《会计法》的适用范围是国家机关、社会团体、公司、企业、事业单位和其他组织（以下统称单位）。

（3）规定了单位负责人对本单位的会计工作和会计资料的真实性、完整性负责。

（4）规定了会计工作的管理体制。国务院财政部门主管全国的会计工作，县级以上地方各级人民政府财政部门管理本行政区域内的会计工作。

（5）国家实行统一的会计制度，并由国务院财政部门根据本法制定并公布。

2. 规定了会计核算的内容和要求

《会计法》规定了会计核算的基本内容：

（1）有价证券的收付。

（2）财物的收发、增减和使用。

（3）债权债务的发生和结算。

（4）资本、基金的增减。

（5）收入、支出、费用、成本的计算。

（6）财务成果的计算和处理。

（7）需要办理会计手续、进行会计核算的其他事项。

为了保证会计信息的质量，满足会计信息使用者对会计信息的需要，《会计法》

规定了对填制凭证、登记会计账簿、编制财务报表等会计核算全过程的基本要求。

3. 对公司、企业会计核算的特别规定

《会计法》主要针对公司、企业会计核算的特殊性和重要性，强调公司、企业会计核算中对会计要素确认、计量、记录的基本要求和对公司、企业会计核算的禁止性规定。

4. 会计监督

会计监督主要包括三方面的内容：单位内部会计监督、注册会计师进行的社会监督以及以财政部门为主的国家监督。

5. 会计机构和会计人员

《会计法》规定了会计机构的设置、总会计师的设置、会计机构内部稽核制度和内部牵制制度、会计人员从业资格、会计机构负责人的任职资格、会计从业人员培训、会计人员工作交接等。

6. 法律责任

《会计法》规定了单位负责人、会计人员违反《会计法》应负的法律责任。

四、《企业会计准则》

会计准则是会计核算工作的基本规范，就会计核算的原则和会计处理方法及程序做出规定，为会计制度的制定提供依据。我国从1993年开始才采用会计准则来规范会计行为，1992年我国颁布《企业会计准则》，1993年开始实施，2006年修订。2006年2月15日，财政部发布了以1个基本准则、38项具体准则、若干应用指南为核心的企业会计准则体系（自2007年1月1日起施行），创造了既坚持中国特色又与国际准则趋同的会计准则制定模式，奠定了我国统一的会计核算平台。其中，《企业会计准则——基本准则》是进行会计核算工作必须遵守的基本规范和要求；《企业会计准则——具体准则》是对共性和特殊的经济业务的会计处理做出的具体规定；《企业会计准则——应用指南》对具体会计准则进行解释并提供会计科目及主要账务处理等内容。

为保持我国会计准则与国际财务报告准则的持续趋同，自2006年2月颁布《企业会计准则——基本准则》和38项具体会计准则之后，财政部继2014年发布了新增或修订的八项企业会计准则（正式修订了五项、新增了三项企业会计准则，并修改了《企业会计准则——基本准则》中关于公允价值计量的表述）之后，陆续发布了七项新增或修订的企业会计准则。这些新准则基本与相关国际财务报告准则一致，保持了持续趋同。

（一）《企业会计准则——基本准则》

《企业会计准则——基本准则》是规范企业会计确认、计量、报告的会计准则，是进行会计核算工作必须共同遵守的基本要求，体现了会计核算的基本规律。

2007 年 1 月 1 日开始实施，并于 2014 年 7 月 23 日修改的《企业会计准则——基本准则》，属于基本准则，只对企业会计的一般要求和主要方面做出原则性的规定。《企业会计准则——基本准则》主要包括以下内容：

1. 总则部分

总则部分说明了《企业会计准则》的性质、制定的依据、适用范围、会计工作的前提条件、记账基础以及会计核算基础工作的要求等。

2. 对会计信息质量要求的规定

《企业会计准则——基本准则》中规定了会计信息质量的八项要求：可靠性、相关性、可理解性、可比性、实质重于形式、重要性、谨慎性和及时性。这八项原则是对会计核算的基本要求，它是衡量会计信息质量高低的标准，也是注册会计师审计会计报告公允性的一个参照标准。

3. 对会计要素的具体规定

《企业会计准则——基本准则》中对资产、负债、所有者权益、收入、费用、利润六个要素的确认、计量、记录和报告进行了具体的规定。

4. 对会计计量的规定

企业在将符合确认条件的会计要素登记入账并列报于会计报表及其附注时，要按照规定的会计计量属性进行计量，确认其金额。会计计量属性包括历史成本、重置成本、可变现净值、现值、公允价值。

5. 对财务会计报告的规定

《企业会计准则——基本准则》中对全国范围内的企业报表做了统一的规定，规定企业必须编制和对外报送的四种会计报表：资产负债表、利润表、现金流量表和所有者权益变动表。

(二)《企业会计准则——具体准则》

我国财政部制定的具体准则名称如表 9.1 所示。

表 9.1　具体准则名称

序号	准则名称	序号	准则名称	序号	准则名称
1	存货	15	建造合同	29	资产负债表日后事项
2	长期股权投资	16	政府补助	30	财务报表列报
3	投资性房地产	17	借款费用	31	现金流量表
4	固定资产	18	所得税	32	中期财务报告
5	生物资	19	外币折算	33	合并财务报表
6	无形资产	20	企业合并	34	每股收益

表9.1(续)

序号	准则名称	序号	准则名称	序号	准则名称
7	非货币性资产交换	21	租赁	35	分部报告
8	资产减值	22	金融工具确认和计量	36	关联方披露
9	职工薪酬	23	金融资产转移	37	金融工具列报
10	企业年金基金	24	套期保值	38	首次执行企业会计准则
11	股份支付	25	原保险合同	39	公允价值计量
12	债务重组	26	再保险合同	40	合营安排
13	或有事项	27	石油天然气开采	41	在其他主体中权益的披露
14	收入	28	会计政策、会计估计变更和差错更正	42	持有待售的非流动资产、处理组和终止经营

第五节　会计档案管理

会计凭证、会计账簿、会计报表是会计信息的载体，它们是非常重要的会计档案，对它们必须进行严格的管理。

一、会计档案的概念及内容

（一）会计档案的概念

会计档案是指会计凭证、会计账簿和财务报告等会计核算的专业材料，是记录和反映单位经济业务的重要历史资料和证据。会计档案是企事业单位在日常经济活动的会计处理过程中形成的，并按照规定保存备查的会计信息载体以及其他与财务会计工作有关的文件资料。

会计档案是国家经济档案的重要组成部分，是各单位的重要档案之一。它是各单位会计事项的历史记录，是总结经验，进行决策所需要的主要资料，也是进行会计财务检查、审计检查的重要资料。因此各单位的会计部门必须对会计档案高度重视，严格保管。大、中型单位应当建立会计档案室，小型单位应有会计档案柜，并指定专人负责保管。各单位对会计档案应建立严密的保管制度，妥善管理，不得丢失、损坏、抽换或者任意销毁。

（二）会计档案的内容

按照《会计档案管理办法》的规定，会计档案的内容一般包括会计凭证、会计账簿、财务会计报告以及其他会计核算资料四类。

（1）会计凭证。会计凭证是记录经济业务事项发生或完成情况的书面证明，也是登记账簿的依据。它包括原始凭证、记账凭证、汇总凭证以及其他会计凭证。

（2）会计账簿。会计账簿是指由一定格式、相互联系的账页组成，用来序时、分类地全面记录和反映一个单位经济业务事项的会计簿籍，是会计资料的主要载体之一。它包括总账、明细账、日记账以及其他辅助账簿。

（3）财务会计报告。财务会计报告是指单位对外提供的反映单位某一特定日期财务状况和某一会计期间的经营成果、现金流量的文件。它包括会计报表、附表、附注以及文字说明和其他财务报告。

（4）其他会计核算资料。其他会计核算资料是指属于经济业务范畴，与会计核算、会计监督紧密相关的，由会计部门负责办理的有关数据资料，如经济合同、财务数据统计资料、财务清查汇总资料、核定资金定额的数据资料、会计档案移交清册、会计档案保管清册、会计档案销毁清册等。实行会计电算化的单位存贮在磁性介质上的会计数据、程序文件及其他会计核算资料均应视同会计档案一并管理。

二、会计档案管理的基本内容

为了加强会计档案的科学管理，统一全国会计档案管理制度，做好会计档案的管理工作，财政部、国家档案局于 2016 年 12 月修订并发布了《会计档案管理办法》，统一规定了会计档案的立卷、归档、保管、调阅和销毁等具体内容。

各单位的会计人员要严格按照国家和上级关于会计档案管理办法的规定和要求，对本单位的各种会计凭证、会计账簿、会计报表、财务计划、单位预算和重要的经济合同等会计资料进行妥善管理。会计档案管理的具体内容和要求如下。

（一）定期整理归档

会计凭证、会计账簿、会计报表是重要的经济资料和会计档案。任何单位在完成经济业务手续和记账之后，都必须按照规定的归档制度形成会计档案资料。

会计部门记账后，应定期对各类会计凭证加以分类整理，将各种记账凭证按照编号顺序，连同所附的原始凭证折叠整齐，加具封面、封底，然后装订成册，并在装订线上加贴封签。

各单位会计人员在年度终了时，应将已更换的各种活页账簿、卡片账簿以及必要的备查账簿连同账簿使用登记表装订成册，加上封面，统一编号，由有关人员签章后，与订本账簿一起归档报告。

各单位会计人员在年度终了时，应将全年编制的会计报表按照时间先后顺序整理，装订成册，并加上封面，归档保管。

（二）造册归档

每年的会计凭证、会计账簿、会计报表都应由财会部门按照归档的要求，负责整理立卷或装订成册。当年的会计档案，在会计年度终了后，可暂由本单位财务会计部门保管一年，期满后，原则上应由财会部门编造清册移交本单位的档案部门保管。财务会计部门和经办人员，必须将应归档的会计档案全部移交档案部门保管，不得自行封包保存。档案部门必须按期点收。档案部门对会计档案必须进行科学的管理，做到妥善保管，存放有序，查找方便。严格执行安全和保密制度，不得随意堆放，严防毁损、丢失和泄密。

（三）制定使用和借阅手续

各单位对会计档案必须进行科学的管理，做到妥善保管，存放有序，查找方便，相关人员调阅会计档案，应办理一定的手续，单位应设置“会计档案调阅登记簿”，详细登记调阅日期、调阅人、调阅理由、归还日期等。如果是本单位的人员调阅会计档案，需经会计主管人员同意；如果是外单位人员调阅会计档案，需要有正式的介绍信，经单位领导批准。在向外单位提供会计档案时，原则上不得将档案原件借出，如果有特殊需要，须报经上级主管单位批准，并应限期归还，未经批准，调阅人不得将会计档案携带外出，不得擅自摘录有关数字。如果遇到特殊情况需要复印会计档案的，必须经本单位领导批准，并在“会计档案调阅登记簿”上详细记录会计档案复印的情况。

（四）严格遵守保管期限和销毁手续

根据《会计档案管理办法》的规定，会计档案的保管期限分为永久保管和定期保管两类，其中定期保管一般分为10年和30年。保管时间从会计年度终了后的第一天算起。目前，企业单位的会计档案的具体保管期限如表9.2所示。

表9.2　企业和其他组织会计档案保管期限表

序号	档案名称	保管期限	备注
一	会计凭证类		
1	原始凭证	30年	
2	记账凭证	30年	
二	会计账簿类		
3	总账	30年	

表9.2(续)

序号	档案名称	保管期限	备注
4	明细账	30年	
5	日记账	30年	
6	固定资产卡片		固定资产报废清理后报告5年
7	其他辅助账簿	30年	
三	财务报告类		
8	月度、季度、半年财务会计报告	10年	
9	年度财务会计报告	永久	
四	其他会计资料		
10	银行存款余额调节表	10年	
11	银行对账单	10年	
12	纳税申报表	10年	
13	会计档案移交清册	30年	
14	会计档案保管清册	永久	
15	会计档案销毁清册	永久	
16	会计档案鉴定意见书	永久	

《会计档案管理办法》第十八条规定："经鉴定可以销毁的会计档案，应当按照以下程序销毁：(一)单位档案管理机构编制会计档案销毁清册，列明拟销毁会计档案的名称、卷号、册数、起止年度、档案编号、应保管期限、已保管期限和销毁时间等内容。(二)单位负责人、档案管理机构负责人、会计管理机构负责人、档案管理机构经办人、会计管理机构经办人在会计档案销毁清册上签署意见。(三)单位档案管理机构负责组织会计档案销毁工作，并与会计管理机构共同派员监销。监销人在会计档案销毁前，应当按照会计档案销毁清册所列内容进行清点核对；在会计档案销毁后，应当在会计档案销毁清册上签名或盖章。"

电子会计档案的销毁还应当符合国家有关电子档案的规定，并由单位档案管理机构、会计管理机构和信息系统管理机构共同派员监销。

单位因撤销、解散、破产或其他原因而终止的，在终止或办理注销登记手续之前形成的会计档案，按照国家档案管理的有关规定处置。

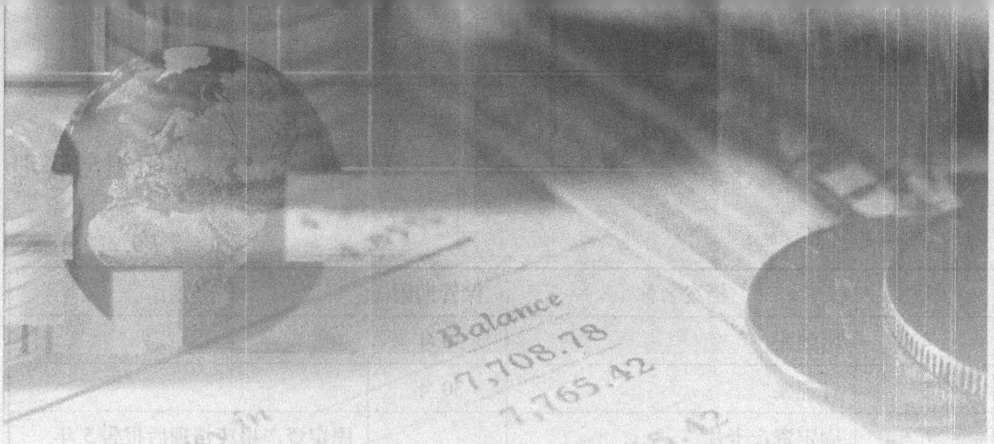

附　录

1. 资产负债表

资产负债表

编制单位：　　　　　　　　　年　　月　　日　　　　　单位：人民币元

资产	行次	年初数	期末数	负债及所有者权益	行次	年初数	期末数
流动资产：	1			流动负债：	42		
货币资金	2			短期借款	43		
交易性金融资产	3			交易性金融负债	44		
应收票据	5			应付票据	46		
应收账款	6			应付账款	47		
应收款项融资	7			预收款项	48		
预付款项	8			合同负债	49		
其它应收款	9			应付职工薪酬	50		
存货	10			应交税费	51		
合同资产	11			其他应付款	52		
持有待售资产	12			持有待售负债	53		
一年内到期的非流动资产	13			一年内到期的非流动负债	54		
其它流动资产	14			其他流动负债	55		
流动资产合计	15			流动负债合计	56		
非流动资产：	16			非流动负债：	57		
债权投资	17			长期借款	58		

表(续)

资产	行次	年初数	期末数	负债及所有者权益	行次	年初数	期末数
其他债权投资	18			应付债券	59		
长期应收款	19			其中：优先股	60		
长期股权投资	20			永续债	61		
其他权益工具投资	21			租赁负债	62		
其他非流动金融资产	22			长期应付款	63		
投资性房地产	23			预计负债	64		
固定资产	24			递延收益	65		
在建工程	25			递延所得税负债	66		
生产性生物资产	26			其他非流动负债	67		
油气资产	27			非流动负债合计	68		
使用权资产	28			负债合计	69		
无形资产	29			所有者权益或股东权益：	70		
开发支出	30			实收资本（股本）	71		
商誉	31			其他权益工具	72		
长期待摊费用	32			其中：优先股	73		
递延所得税资产	33			永续债	74		
其他非流动资产	34			资本公积	75		
非流动资产合计	35			减：库存股	76		
	36			其他综合收益	77		
	37			专项储备	78		
	38			盈余公积	79		
	39			未分配利润	80		
	40			所有者权益或股东权益合计	81		
资产总计	41			负债和所有者权益合计	82		

2. 利润表

利润表

编制单位：　　　　　　年　月　日　　　　　　单位：元

项目	行次	本月数	本年累计数
一、营业收入	1		
减：营业成本	2		
税金及附加	3		

表(续)

项目	行次	本月数	本年累计数
销售费用	4		
管理费用	5		
研发费用	6		
财务费用	7		
其中：利息费用	8		
利息收入	9		
资产减值损失			
信用减值损失			
加：其他收益（政府补助部分）			
投资收益（损失以负号填列）	10		
其中：对联营企业和合营企业的投资收益	11		
公允价值变动收益（损失以负号填列）	12		
资产处置收益（损失以负号填列）	15		
二、营业利润（亏损以“-”号填列）	16		
加：营业外收入	17		
减：营业外支出	18		
三、利润总额（亏损以“-”号填列）	19		
减：所得税费用	20		
四、净利润（净亏损以“-”号填列）	21		
（一）持续经营净利润（净亏损以负号填列）	22		
（二）终止经营净利润（净亏损以负号填列）	23		
五、其他综合收益净额	24		
（一）不能重分类进损益的其他综合收益	25		
（二）将重分类进损益的其他综合收益	26		
六、综合收益总额	27		
七、每股收益	28		
（一）基本每股收益	29		
（二）稀释每股收益	30		

3. 会计凭证

收 款 凭 证

应借科目＿＿＿＿＿＿ 年 月 日 ＿＿收字第＿＿＿号

摘要	应贷科目		√	√	金 额									
	一级	二级或明细			千	百	十	万	千	百	十	元	角	分
合 计														

附件 张

会计主管 记账 稽核 填制

付 款 凭 证

应贷科目＿＿＿＿＿＿ 年 月 日 ＿＿付字第＿＿＿号

摘要	应借科目		√	√	金 额									
	一级	二级或明细			千	百	十	万	千	百	十	元	角	分
合 计														

附件 张

会计主管 记账 稽核 出纳 填制

转 账 凭 证

__________ 年 月 日 ____转字第____号

摘要	会计科目		√	借方										贷方									
	一级	二级或明细		千	百	十	万	千	百	十	元	角	分	千	百	十	万	千	百	十	元	角	分
合 计																							

附件 张

会计主管 记账 稽核 填制

记 账 凭 证

年 月 日 字第 号

摘要	科目		借方金额	贷方金额	
	总账科目	明细科目			
合 计					

附单据 张

会计主管： 记账： 出纳： 复核： 制单：

附 录

记 账 凭 证

年 月 日　　　　　字第　　号

摘要	科目		借方金额	贷方金额	
	总账科目	明细科目			
合 计					

附单据　　张

会计主管：　　记账：　　出纳：　　复核：　　制单：

记 账 凭 证

年 月 日　　　　　字第　　号

摘要	科目		借方金额	贷方金额	
	总账科目	明细科目			
合 计					

附单据　　张

会计主管：　　记账：　　出纳：　　复核：　　制单：

记 账 凭 证

年 月 日　　　　　字第　　号

摘要	科目		借方金额	贷方金额	
	总账科目	明细科目			
合 计					

附单据　　张

会计主管：　　记账：　　出纳：　　复核：　　制单：

记 账 凭 证

年 月 日 字第 号

摘要	科目		借方金额	贷方金额	
	总账科目	明细科目			
合 计					

附单据 张

会计主管： 记账： 出纳： 复核： 制单：

记 账 凭 证

年 月 日 字第 号

摘要	科目		借方金额	贷方金额	
	总账科目	明细科目			
合 计					

附单据 张

会计主管： 记账： 出纳： 复核： 制单：

总　　账

分第____页总第____页

会计科目编号______________

会计科目名称______________

年度

年		汇总凭证		摘要(外汇收支应说明原币及汇率)	借方金额											√	贷方金额											√	借或贷	余额											√
月	日	种类	号数		亿	千	百	十	万	千	百	十	元	角	分		亿	千	百	十	万	千	百	十	元	角	分			亿	千	百	十	万	千	百	十	元	角	分	

总　账

分第____页总第____页

会计科目编号______________

会计科目名称______________

年度

年		汇总凭证		摘要（外汇收支应说明原币及汇率）	借方金额											√	贷方金额											√	借或贷	余额											√
月	日	种类	号数		亿	千	百	十	万	千	百	十	元	角	分		亿	千	百	十	万	千	百	十	元	角	分			亿	千	百	十	万	千	百	十	元	角	分	

总　账

分第____页总第____页

会计科目编号______________

会计科目名称______________

年度

年		汇总凭证		摘要(外汇收支应说明原币及汇率)	借方金额											√	贷方金额											√	借或贷	余额											√
月	日	种类	号数		亿	千	百	十	万	千	百	十	元	角	分		亿	千	百	十	万	千	百	十	元	角	分			亿	千	百	十	万	千	百	十	元	角	分	

总　账

分第____页总第____页

会计科目编号______________

会计科目名称______________

年度

年		汇总凭证		摘要（外汇收支应说明原币及汇率）	借方金额											√	贷方金额											√	借或贷	余额											√
月	日	种类	号数		亿	千	百	十	万	千	百	十	元	角	分		亿	千	百	十	万	千	百	十	元	角	分			亿	千	百	十	万	千	百	十	元	角	分	

总　账

分第____页总第____页

会计科目编号______________

会计科目名称______________

年度

年		汇总凭证		摘要（外汇收支应说明原币及汇率）	借方金额											√	贷方金额											√	借或贷	余额											√
月	日	种类	号数		亿	千	百	十	万	千	百	十	元	角	分		亿	千	百	十	万	千	百	十	元	角	分			亿	千	百	十	万	千	百	十	元	角	分	

总　账

分第____页总第____页

会计科目编号______________

会计科目名称______________

年度

年		汇总凭证		摘要（外汇收支应说明原币及汇率）	借方金额											√	贷方金额											√	借或贷	余额											√
月	日	种类	号数		亿	千	百	十	万	千	百	十	元	角	分		亿	千	百	十	万	千	百	十	元	角	分			亿	千	百	十	万	千	百	十	元	角	分	

第　　页

编号	科目

明细账

年		凭证		摘要																																																								
月	日	年	号		十	万	千	百	十	元	角	分	十	万	千	百	十	元	角	分	十	万	千	百	十	元	角	分	十	万	千	百	十	元	角	分	十	万	千	百	十	元	角	分	十	万	千	百	十	元	角	分	十	万	千	百	十	元	角	分

明 细 分 类 账

计量单位____________ 储 备 定 额____________ 编　　号____________

计划单价____________ 最高储备量____________ 类　　别____________

存放地点____________ 最低储备量____________ 名称和规格____________

年		凭证字号	摘要	收入											核对号	发出											核对	结存										
月	日			数量	单价	金额										数量	单价	金额										数量	单价	金额								
						百	十	万	千	百	十	元	角	分				百	十	万	千	百	十	元	角	分				百	十	万	千	百	十	元	角	分

5. 常用会计科目表

常用会计科目表

顺序号	编号	会计科目名称	顺序号	编号	会计科目名称
一、资产类			二、负债类		
1	1001	库存现金	40	2001	短期借款
2	1002	银行存款	41	2201	应付票据
3	1012	其他货币资金	42	2202	应付账款
4	1101	交易性金融资产	43	2203	预收账款
5	1121	应收票据	44	2211	应付职工薪酬
6	1122	应收账款	45	2221	应交税费
7	1123	预付账款	46	2231	应付股利
8	1131	应收股利	47	2232	应付利息
9	1132	应收利息	48	2241	其他应付款
10	1221	其他应收款	49	2501	长期借款
11	1231	坏账准备	50	2502	应付债券
12	1401	材料采购	51	2701	长期应付款
13	1402	在途物资	三、所有者权益类		
14	1403	原材料	52	4001	实收资本
15	1405	库存商品	53	4002	资本公积
16	1406	发出商品	54		其他综合收益
17	1408	委托加工物资	55	4101	盈余公积
18	1411	周转材料	56	4103	本年利润
19	1471	存货跌价准备	57	4104	利润分配
20	1511	长期股权投资	四、成本类		
21	1512	长期股权投资减值准备	58	5001	生产成本
22	1521	投资性房地产	59	5101	制造费用
23	1531	长期应收款	60	5201	劳务成本
24	1601	固定资产	61	5301	研发支出
25	1602	累计折旧	五、损益类		

表(续)

顺序号	编号	会计科目名称	顺序号	编号	会计科目名称
26	1603	固定资产减值准备	62	6001	主营业务收入
27	1604	在建工程	63	6051	其他业务收入
28	1605	工程物资	64	6101	公允价值变动损益
29	1606	固定资产清理	65	6111	投资收益
30	1703	无形资产减值准备	66	6301	营业外收入
31	1711	商誉	67	6401	主营业务成本
32	1801	长期待摊费用	68	6402	其他业务成本
33	1811	递延所得税资产	69	6403	税金及附加
34	1901	待处理财产损益	70	6601	销售费用
35			71	6602	管理费用
36			72	6603	财务费用
37			73	6701	资产减值损失
38			74	6711	营业外支出
39			75	6801	所得税费用